U0540059

梅花易數三部曲

將生活梅易、姓名梅易和文字梅易,
以靈活的聯想力解讀五行生剋意涵,
從入門到實例點竅一氣呵成,
在短期內體悟梅易之神妙。

命理叢書 1141

大元書局／出版發行

文衡富◎著

目錄

目錄

自序 19

第一章　基礎學理 21
一、周易八卦萬物類象 21
二、64卦卦意 45
三、梅易體用成卦法 66
四、中文筆劃取卦法 70

第二章　生活梅易 74
一、梅易貴人 76
二、建國花市 78
三、對方是否愛我 83
四、投資獲利否 84
五、補習班經營 86
六、理財課程 88
七、資金周轉 89
八、女嬰翻身 91
九、與友開餐廳 94
十、財務危機 95

十一、失而復得 97

十二、蝦子煮麵 99

十三、風水師勘宅 101

十四、融資融券 105

十五、夜店大火 107

十六、住家風水吉凶 109

十七、保險業 111

十八、火鍋生意 112

十九、50元硬幣 115

二十、炒牛肉 116

二十一、錢包遭竊 118

二十二、外遇 120

二十三、社區都更 124

二十四、占卦資料 127

二十五、焦慮症 129

二十六、考駕照 132

二十七、保母執照 135

二十八、緬甸地震 137

二十九、殺手 47 139

三十、雨停 140

三十一、轉工自助餐 142

三十二、工作錄取 144

三十三、402 室 146

三十四、生日禮物 148

三十五、能否上榜 149

三十六、選擇補習班 151

三十七、房仲工作 153

三十八、八字書出版 155

三十九、公務員前景 157

四十、美女桃花 160

四十一、關稅風暴 162

四十二、天下滷肉飯 165

四十三、租屋 167

四十四、外出用餐 168

四十五、運動彩券 170

四十六、社工考試 171

- 四十七、渡假 173
- 四十八、台股大跌大漲 176
- 四十九、佳世達股票 178
- 五十、新建股票 179
- 五十一、台開股票 181
- 五十二、車牌號碼 182
- 五十三、韓國旅遊 183
- 五十四、顫抖功 185
- 五十五、生基改運 186
- 五十六、能否結婚 188
- 五十七、買房吉凶 189
- 五十八、蟑螂戰役 190
- 五十九、胎兒健康 191
- 六十、試管嬰兒 192
- 六十一、何時懷孕 193
- 六十二、店門口有枯樹 194
- 六十三、惡魔島 195
- 六十四、房子續住 197

六十五、凱米颱風 198

六十六、上不上班 199

六十七、明天台股 200

六十八、女兒牆掉落 201

六十九、水餃壞了 202

七十、樂透中獎 204

七十一、投資虧損 205

七十二、工人辛苦 206

七十三、風水改善運勢 207

七十四、打疫苗 210

七十五、新股抽籤 211

七十六、電話號碼信息 212

七十七、鬼門開 214

七十八、巴黎奧運 215

七十九、維他命 E 217

八十、妻子病情 218

八十一、糖尿病症 219

八十二、面試過關 222

八十三、完美告白 224

八十四、登山失聯 225

八十五、學生報名 227

八十六、仲介生意 229

八十七、預售屋 230

八十八、女方想法 231

八十九、雨天摔傷 232

九十、介紹交往 235

九十一、帕金森氏症 237

九十二、被火車撞到 238

九十三、恐怖豔遇4522 240

九十四、郵務詐騙 241

九十五、9字訊息 242

九十六、重大車禍 244

九十七、金融詐騙 246

九十八、視力模糊 247

九十九、在公司發展 249

一○○、懼高 250

一〇一、轉職 252

一〇二、元辰宮 253

一〇三、網戀假韓星 254

一〇四、央行升息 255

一〇五、社區住宅抽籤 256

一〇六、買房詐騙 258

一〇七、涉險失財 259

一〇八、大快朵頤 261

一〇九、機車驚魂 262

一一〇、電器公司開幕 264

一一一、驚聲尖叫 266

一一二、桃花運 267

一一三、陽宅運勢 269

一一四、居酒屋 270

一一五、除痣 271

一一六、背叛 272

一一七、橫財 274

一一八、沖繩旅遊 275

一一九、車號 7879 276

一二〇、大悲咒 277

一二一、拿回貨款 278

一二二、無照闖禍 279

一二三、理念不合 280

一二四、阿貴活海產 281

一二五、楊桃 283

一二六、說曹操曹操到 285

一二七、售屋 286

一二八、國考 287

一二九、夫像小孩 288

一三〇、身體健康 289

一三一、聚寶盆 291

一三二、神明代言人 292

一三三、公關小姐 294

一三四、邊走邊親親 296

一三五、大樂透頭獎 297

一三六、做善事 298

一三七、參拜關聖帝君 299

第三章　姓名梅易 301

一、沈韶華 302

二、吊車大王胡漢龑 309

三、藝人雷洪 311

四、哪吒太子爺 312

五、歌手周杰倫 313

六、驚嚇之旅 314

七、球后戴資穎 317

八、孝女彩金 318

九、阿鸚愛說笑 320

十、戲精馬兒 322

十一、霹靂舞張明 323

十二、文采出眾 324

十三、網紅李子柒 326

十四、玫瑰的故事 327

十五、蛇妖美杜莎 329

十六、才女林黛玉 331

十七、甜心教主王心凌 332

十八、登山失蹤 334

十九、大力女子姜南順 335

二十、投資詐騙 336

二十一、變形金剛 338

二十二、NVIDIA 黃仁勳 339

二十三、文字咒語 340

二十四、行雲流劍 343

二十五、屈原端午節 344

二十六、首富馬斯克 345

二十七、王美姬創意點心 347

二十八、不堪的婚姻 348

二十九、出國失聯 350

三十、許仙白蛇傳 352

三十一、竜樹諒預知夢 353

三十二、連續犯案 357

三十三、未曾有婚姻 358

三十四、中六合彩 360

三十五、黃定宜追回 4 千萬 362

三十六、媽媽的驕傲 365

三十七、武俠泰斗金庸 366

三十八、張無忌九陽神功 368

三十九、掃地僧 369

四十、千千雞肉代言 370

四十一、陸劇紅高粱 371

四十二、那年花開月正圓 373

四十三、魔女朴美珍 378

四十四、袁了凡 380

四十五、歌手江蕙 382

四十六、歌手張清芳 383

四十七、富商郭台銘 384

四十八、116 歲長壽 385

四十九、忠犬帕爾瑪 386

五十、關愛治病 388

五十一、義子義母 389

五十二、張國煒得遺產 390

五十三、奢華無度 392

五十四、花木蘭巾幗英雄 394

五十五、壽山石屏風 395

五十六、樂觀的廖智 397

五十七、連嫁三夫 399

五十八、摔傷長不高 400

五十九、至聖先師孔子 401

六十、五百斤金子 402

六十一、淚揭傷疤 404

六十二、官司訴訟 405

六十三、國際詐騙 406

六十四、婚姻騙局 407

六十五、JOHN WICK 殺神 409

第四章 文字梅易

一、佛 411

二、觀世音菩薩 412

三、天道酬勤 413

四、有錢真好 414

五、鐵公雞 415

六、我愛妳 416

七、你騙我 417

八、中大獎 418

九、哈巴狗 419

十、沉魚落雁 420

十一、媽寶 421

十二、曖昧 422

十三、搞曖昧 423

十四、小確幸 424

十五、雞婆 425

十六、福報 426

十七、以訛傳訛 427

十八、南柯一夢 428

十九、揠苗助長 429

二十、小三 430

二十一、良藥苦口 431

二十二、因果 432

二十三、監守自盜..................................433

二十四、龐氏騙局..................................434

二十五、人善被人欺..................................435

二十六、投鼠忌器..................................436

二十七、草船借箭..................................437

二十八、守株待兔..................................438

二十九、塞翁失馬..................................439

三十、妄自菲薄..................................440

三十一、破鏡重圓..................................441

三十二、名落孫山..................................442

三十三、杯弓蛇影..................................443

三十四、寵子不孝..................................444

三十五、卸磨殺驢..................................445

三十六、乖乖..................................446

三十七、賺得到吃未到..................................447

三十八、夏蟲不可語冰..................................448

三十九、烏鴉嘴..................................449

四十、公雞..................................450

四十一、以卵擊石 451

四十二、對牛彈琴 452

四十三、林森北路 453

四十四、美人計 454

四十五、杞人憂天 455

四十六、吹牛 456

四十七、阿茲海默症 457

四十八、鴻門宴 458

四十九、洗衣機 459

五十、豬 459

五十一、AV 女優 460

五十二、小偷 461

五十三、房思琪的初戀樂園 462

五十四、結婚 463

五十五、離婚 464

五十六、鹹魚翻身 465

五十七、心經 466

五十八、頂客族 467

五十九、庖丁解牛 468

　　六十、東方不敗 469

附錄一：五行行業 471

附錄二：英文字母筆劃數 475

附錄三：中文用字筆劃數 476

附表：六十四卦速見暨旬空表（文老師設計）........ 497

自序

　　丁火日元的我，卯木偏印值月，喜歡天馬行空的想像力，適合玄學研究，生活是五行的總和，值得玩味，術數是精神食糧，醉心癡迷。

　　已經寫過三本書，八字與六爻，每本都有獨特的見解，但也費盡心思，7年前開始接觸梅花易數，一直得不到要領，有些無法理解，卦技無法突破。

　　某日經人介紹，認識住汐止的一位貴人，他是易學愛好者，遠赴大陸學過梅易、風水，大方贈予我許多梅花易數的資料，是進步的基石，腦洞大開，感恩之至。易經博大精深，大道至簡，梅花易數用簡易的八個卦象，就能觀察萬事萬物的種種跡象、預判吉凶，真是令人讚嘆，這是造福人類的神妙預測工具，做為一個探索生活緣由的我，如獲珍寶，學習愈深入，愈能徹悟人生。

　　文字有筆劃，有筆劃就有數，有數就有能量，數字成卦就有卦意，有深層意涵，生活中所有事物發展都有規律，有開始、過程與結果，學習梅花易數，能讓我們用最簡捷的方法，來認識世界，與周遭事情的演繹。

梅花易卦只動一個爻，同一個卦象，可以用六爻來看，也可以用梅易來斷，六爻看內卦，梅易看外卦，比較上，六爻細膩，卦爻刑沖剋變化多，空亡六獸運用要到位，學程不易，反觀梅易，只要明白五行生剋，就可斷卦吉凶，容易得多，當然，也需要勤練，掌握八卦意涵，豐富的聯想力是必備的，能遇上好的老師或書本指導，會大大減少摸索的時間，開竅得快，就看個人緣份。

　　原本意興闌珊，沒想再提筆寫書，但在姓名和文字的破解上有新的見解，發現市面好像沒有類似的梅易書籍，不由得興致盎然，遂想將此獨有的心得，著書分享，為易學盡點棉薄之力。

文衡富
於 2025 年 7 月

第一章 基礎學理

一、周易八卦萬物類象

周易或稱易經,是闡述人類思維與大自然互動的偉大著作,可解惑生活,有非常大的應用價值,研究易經提升智慧,理解萬事萬物哲理,演繹過去預測未來,明白吉凶之所以然,避災迎福,能開闊視野,玩味有趣人生。

乾金 乾三連（☰）

卦象為三陽爻,純陽之卦,其數一,五行屬金,居西北方,色白。乾為天、為圓、為君、為父、為玉、為金、為寒、為冰、為良馬、木果。

乾卦純陽剛健,故為天,天體圓運動不息,故為圓。天生萬物,如君王管理萬民,如父親主管一家,為君、為父。剛健為馬,樹上的果實圓形故為木果。積極的向上、剛健有力、權威、男性長輩、珍貴、富有、寒冷、堅硬皆屬之。

象意：老成、激烈、活動、邁進、決斷、威嚴、功勛、統一、統帥、老、發光、任性、侵略、制裁、強制、冷酷、過份、壓抑、專橫、專利、獨善、獨霸、死喪等。性格剛健武勇、重義氣、動而少靜、威嚴、正直、勤勉、驕傲、霸道。

人物：軍警、執法者、經濟工作者、管錢的人、廠長經理、名人、專家、富有者、國家元首、領導人、當官的、高貴的人、英雄、統治者、獨裁者、掌權者、校長、董事長、寺院主持、老闆、軍官、律師、銀行家、一把手、祖父、父親、家長、專橫者、傲慢者、殭屍、神仙。過於傲慢專橫不講理者為惡人，過於自謙者，則為乞丐、下人。

人體：頭、首、胸、大腸、肺、右足、右下腹、身體健壯、體寒骨瘦之人。
疾病：頭面之疾、筋骨疾、肺疾、骨病、寒症、硬化性疾病、老病、急性病、結腸病。
天象：太陽、晴、冰、雹、寒、涼。

物象：金、玉、珠寶、瑪瑙、寶物寶器、高檔用品、金錢、鐘錶、鏡子、眼鏡、古董文物、神物、首飾、高級車輛、火車、飛機、水果瓜、珍珠、帽子、機器。實心金屬製品、圓形物體、辛辣之物。

動物：龍、馬、天鵝、獅、象。

場所：皇宮、京城、都市、博物館、寺院、名勝、古蹟、政府機構、大會堂、廣場、車站、養老院、會議中心、高樓大廈、古建築、河海、山陵、大川、聖地、神殿、佛堂、教堂、高級住宅、別墅、銀行、警察局、郵局、金屬工廠。

有利時間：喜申酉、辰戌丑未年月日時，不利巳午、亥子年月日時。有利方位：西北、西、東北、西南方，忌南方、次北方。

所喜顏色：喜黃、白色、忌紅色、黑色。

坤土 坤六斷（☷）

卦象為三陰爻，純陰之卦，其數八，五行屬土，居西南方，色黃。坤為地、為母、為布、為吝嗇、為牛、為大輿、為文、為眾。

坤卦柔順、萬物生於地、陰柔故為布。明虛能容物、陽大陰小、坤陰為小，故為吝嗇。地載萬物如車載，故為大車。地生萬物，故為眾。陰則暗，故為黑。凡是消極的、陰柔的、方形的(古天圓地方)、軟弱無力的、眾多的、厚德的、承載的、辛勞的、靜止的、裂開的(三個陰爻中間全部斷裂)等事物都屬於坤卦。

象意：謹慎正直、勤勞忍耐、複雜、吝嗇、優柔寡斷、窮閉沉默、逆利順受、懦弱遲緩、依賴衰緩、敬奉神佛、恭敬撫養、伏藏疑惑、思想狹小。

人物：皇妃、國民大眾、祖母、老母、妻子、女主人、婦女、陰氣盛之人、忠厚之人、大腹之人、農夫、小氣者、**消極者**、

膽怯者、房地產者、泥瓦工、小人。坤主眾也，順也，故能描述一般群眾、無實權的人、群眾關係好性格老實的人，與土地紡織有關的人、服從命令的臣民、長輩級的女人等。

性格：多重性格，溫厚柔順、恭敬謙讓、貞節、儉約、守信誠實、吝嗇、懦弱、謙卑、狹小、感情曖昧、虛耗嫌惡、固執遲鈍、邪惡。

人體：腹部、胃、消化器、肉、右肩。
疾病：腹部、腸胃、消化道之疾、飲食停滯、濕重、皮膚病、濕疹、疣、暈病、中氣虛弱、勞累疲乏、慢性病、癌症。

天象：雲、陰天、霧氣、露、潮濕氣候。先天全陰為水、江淮河海、淵、雲、為雨、為魚。
動物：牛、母馬、百禽、雌性百獸、地下蟲類、貓類等夜行動物。
物象：田、土、窖、方形物、柔軟之物、布帛絲棉、衣服被縟、婦女用品、文章、書報、紙張、箱包袋子、轎子大車、

陶器製品、石灰水泥、磚砂、五穀雜糧、牛肉野味、甘美(甜)之物。

場所：學校、領地、城廓、鄉村田野、平原平地、郊外、牧場、莊稼地、老家故鄉、廣場空地、平房農舍、舊屋糧庫、貯藏室、農貿市場、肉類加工廠、雞窩豬舍兔籠等。

有利時間：喜辰戌丑未、巳午年月日時，忌寅卯、次忌申酉年月日時。

有利方位：西南、東北、南方。不利方位東、東南，西、西北方。

有利顏色：喜紅、黃、忌綠色。

震木 震仰盂（☳）

　　震卦表示一種向上、向外發展的趨勢。震為動、為雷，陰在上，有動盪不已的樣子。陽爻動於初，銳利進取，故決斷躁動。震為動，初陽在下，如花生、馬鈴薯、地瓜之土中物。

象意：上升、進步，出發，興起，新生，勇敢，高，功名大，仁慈，追求，勤思，意氣風發，好動，憤怒，驚恐，虛掠，粗心·輕舉妄動，性急，衝突，誇大無禮，行走，出征，響動，高聲等事物。

人物：長男、指揮員、當頭的、行政人員、有名望的人物、運動員、情緒激動不穩定人物、狂想症、神經過敏不安分、警衛、軍人、安保、法官、警察、中層領導或者管理層、飛行員、列車員、乘務員、駕駛員、青年、社會活動家、激情煽動家、名人、官吏、辛苦工作的人、忙人、狂人、音樂家、大嗓門的人、騷亂搗蛋者、說大話吹牛者、朝氣蓬勃的人、郵遞員、舞蹈演員、足球愛好者、跑的快的人、彈跳力好的

人、活潑快樂者、多動症者、神經過敏的人。勇敢、競爭、憤怒急躁的人。電器商、木匠、旅行者、二把手。

性格：動而少靜、勤奮、有才幹、好動、仁慈直爽、性急易怒、脾氣大、心煩急燥、倔強、自尊心強、虛驚。

人體：足、腿部、肝臟、神經、筋、左肋、右肩臂、頭髮。

疾病：足疾、肝經之疾、肝火旺、肝炎、精神病、狂躁病、多動症、神經衰弱、歇斯底理症、羊癲病、神經過敏、驚嚇病、婦科病、疼痛性症狀、劇烈性症狀、咳嗽、聲帶咽喉病症。

天象：雷、雷雨、雷鳴、地震、火山噴發。
動物：龍、蛇、鷹、鷲、善鳴之馬、鳥、蜂，百蟲、鶴鴒。

物象：樹木、竹子、鮮花、蔬菜、多節物、嫩芽、青綠色物、茶貨、鞭炮、樂器音響、廣播電話、車、火箭、飛機、飛船、大砲槍劍武器、裙、褲、蹄、鬧鐘。酸之物。

場所：山林野地、林區、東向屋舍、菜地、菜市場、地震源、火山口、演奏會場、廣播電台、郵電局、音像電器樂器店、歌舞廳、音樂茶座、雜技場、花店、鬧市、噪聲大之場所、喧嘩地、遊樂場所、大道、機場、發射場、戰場靶場、軍警公安部門。

有利時間：喜寅卯亥子年月日時，忌申酉、次忌巳午年月日時。

有利方位：喜東、北、東南方，忌西、西北方，次忌南方。

有利顏色：喜青碧、綠、黑色，忌白色、紅色。

巽木 巽下斷（☴）

　　巽卦五行屬木，居東南方，色白。巽木為風、為長女、為繩、為長、為高、為進退、為水果，為多白眼，為躁卦。

　　巽卦一陰爻在下，有一種深入地下，向內發展的趨勢，飄動而有滲透性的事物。樹木根善於伸入地下，風無孔不入。無色無味，在高空中飄拂，故為進退為氣。巽二陽一陰，陽多陰少，故為頭髮稀少，額寬大。巽由乾卦初爻變陰而來，乾為金玉，做生意利市三倍。

象意：基礎不穩、直爽、渙散。愛清潔乾淨、整齊、附和、傳達、營業生意、繁榮昌盛、交流、新鮮、書信、教令、教育、合同、證書、捷報、奔波、薄情、幻覺、忙碌、輕浮、掃蕩、憂疑、煩燥、膽略魄力、多欲、權謀等。

人物：巽卦代表能量傳遞、故有靈氣、可代表僧尼、仙道、練氣功的人。巽為長女、歲數大的婦女。亦可表示流動不定的職業人物，精巧的職業人物。文質彬彬讀書人、新聞人員、

能工巧匠、自由業者。建築商、營銷員、木匠、廣告業、出版業、教師、技術人員、流浪者、醫生、教育著、營業員、指揮官、寫作者、宗教家、室內設計師、裝潢人員、公關交際人員、下肢無力的人、頭髮細長而直的人、造謠者、盜賊、外剛強內柔弱之人。文秀之人、造謠者(騙、不實)、優柔寡斷之人。

性格：柔和、細心、責任心強，反覆無定無決斷，心志不定，仁慈直爽、多欲、極愛清潔、疑惑隱伏、說謊。

人體：頭髮、神經、氣管、膽經、股部、呼吸器官、食道、腸道、左肩、淋巴系統、血管。

疾病：膽疾、股肱(腿和胳膊)之症、中風、腸疾脹氣，傷風、感冒、受風、風濕、傳染、坐骨神經痛、神經痛、神經炎、寒痺症、抽筋、胯股病、支氣管炎、哮喘、左肩痛、淋巴疾病。

動物：雞鴨鵝，羽禽，山林禽蟲，蚯蚓等地蟲、蛇、蝴蝶、精蜓、帶魚、鰻魚等細長魚類。虎、貓條紋、勇猛帶響聲之獸。

物象：木材、木製品、繩子、麻、扇、郵件、旗杆、長條桌櫃、床、槍、筆、管形物、刀斧類、褲帶、氣球、氣艇、帆船、飛機、飛船、救生圈。草木之香、香料、草藥、蚊香、花草、柴薪、竹。酸之物。

場所：竹林草原，直而寬的道路、過道、長廊、寺觀、各種線路，管道、通風、通氣、出入通道、郵局、商店、碼頭、港口、機場、發射場、索道、升降機、傳送帶、工藝工廠、設計院。

有利時間、方位、顏色均與震卦相同。

坎水 坎中滿（☵）

　　坎卦陽爻居中，上下爻為陰爻，五行屬水居北方，色黑。坎為水，為溝、隱伏、為弓輪，其於人為憂。陽爻居中，陰在上下，則外柔內剛，坎水無處不流不滲入，故為溝、隱伏、險陷。水能任意曲直，坎又為車象(大輿)，故為弓輪。坎為耳、心痛則耳痛。血為水為紅色，故為血卦。坎陽在中為脊背‧陽為美故為美脊。水流通暢，故坎為通。坎中滿，又水寒，故為月之象。

象意：聰明、智慧、善謀、有主張、堅持不懈、以柔勝剛、多心勞碌、曲折坎坷、漂泊多變、暗昧不變、災難患病、疑慮多心、淫慾、狠毒、破壞、罪惡、進入、險、疾、難、法律、流血、月、酒。善謀多智、多欲、追求時尚、多心計、陰險卑鄙、城府深。

人物：多代表貧窮勞碌之人，動腦筋、流動性強的職業、冒險性職業、心狠手辣人物等。中年男子、思想家、創造發明家、數學家、書法家、逃亡者、盜賊、黑社會、水產工作者、

送水工、誘惑者、有犯罪歷史者、惡人、病人。多情輕浮者、酒鬼、勞苦者、失敗破產者、受災之人、中毒者、船務人員、安全人員、自來水公司工人，孕婦、娼婦、醫生、水貨商、流動性強的職業、教育工作者、宗教家、心理學家、畫家、作家、旅遊家、詐騙犯、吸毒者。

人體：腎臟、膀胱、泌尿系統、性器官、血液、血液循環系統，耳、背、腰、背脊骨。

疾病：腎、膀胱、泌尿系統，腎冷、水瀉、消渴症、血液病、出血症、免疫系統疾病、性病、中毒、病毒性疾病、耳痛、腰背疾病、心臟病、水腫病。

天象：雨、雪、霜、露、寒冷、陰濕、滿月、積雨雲，半夜、水災。

動物：豬、魚、水中物、水鳥、鼠、四足、脊椎動物。

物象：帶核之物、桃杏李梅果實、油酒醋，飲料。脂肪、液體物質、染料、塗料、藥品毒物。酒具、水車、車、車輪、弓箭、法律法則經典、刑具。冷藏設備、洪排水設備、海味、潛艇、計算機、錄音錄相帶、激光視盤。黑色物、煤、弓形彎曲物。鹹之物。

場所：大川、江湖海河、溪潤泉水、濕泥濘地、水道。酒吧、冷飲店、浴所。澡池、魚市、魚塘、水廠、水公司、冷庫、水族館、車站、車庫、地下暗室、黑暗場所、牢獄。

有利時間：喜申酉亥子年月日時，忌辰戌丑未年月日時，次忌寅卯年月日時。

有利方位：北、西、西北，不利西南、東北、東、東南方。

有利顏色：黑、白色，忌黃色、咖啡色。

離火 離中虛（☲）

離卦一陰居中，二陽爻居外，其數三，五行屬火，其性炎上。居南方，色紅(赤、紫)。離為火、為日、為電、為中女、為甲冑、為戈兵、為大腹。離外剛內柔、外硬內軟之性情，由中心向外發展，有離散之象。鱉、龜、貝類，士兵的衣甲冑等外剛內柔之物，均屬離卦。離火燥卦。

象意：光明、進升、華麗、鮮豔、文明、禮儀、擴張、外強中乾、焦躁、煽動、排斥、抗拒、批判、流行、檢舉、偵察、自滿、花言巧語、抗上、乾枯、空虛等。

人物：中女、文人、大腹人、目疾人、戴頭盔者、兵。中年婦女、美人、明星。離為文，表示文學、藝術、醫學等職業。離為兵戈，故引伸為軍隊、法警等職業。貴族、學者、藝術家、演員、名星、博學、博士、判官、獵人、革命者、軍人、戰士、美容師、多情者、想法很多的人、編輯、畫家、財務人員、記者、作家、影視經營者。

性格：重禮、聰明好學、虛心處事、知書達理、內心空虛、愛好書畫和文章、性急、易衝動。

人體：眼目、心臟、視力、紅血球、血液、乳房、小腸。

疾病：眼疾、視力疾病、心臟病、燒燙傷、灼傷、放射性疾病、乳腺疾病、發燒、熱病、炎症、血液病、婦科病、囊腫、肥大症(前列腺肥大、乳腺增生、心臟肥大)，血壓病。

天象：晴天，熱天、酷暑、烈日、乾旱、麗日、彩虹、光、雲霞。

動物：雉、孔雀、鳳凰、鴉，美麗的羽毛類、金魚、熱帶魚、變色龍、蝦、蟹、貝類、龜、鱉、螢火蟲。

物象：文學藝术、美術字畫、文科、醫科、檔案、文章、書報雜誌、地圖課本、文書印章、證件、證券、信、合同、花、鮮豔物品、旗幟、廣告、獎狀、電話、電報、火柴，打火機、火爐、鍋爐、電動機、發動機。玻璃門窗、火車、電車、轎車、火焰噴射器、燃燒彈地雷、焊槍、煎炒、燒烤物品、烤箱、籠子、瓶罐、網袋、花衣服。苦之物。

場所：朝陽的土地、名勝地、教堂、大會堂、學校、博物館、展覽館、影劇院、證券交易所、銀行、圖書館、書店,電廠、印刷廠、醫院、放射科、檢驗科、廚房、華麗大廳、火災場所、陽台,部隊、軍營、派出所、公安局、法院、檢察院,窯爐、冶煉廠、倉庫、空房屋、橋樑、棚子、火車站、電車站,監視塔、電視台、廣告塔(牌)、獵場。

有利時間：喜寅卯巳午年月日時,不利亥子、辰戌丑未年月日時。

有利方位：東、南、東南方,忌北方,次忌東北、西南方。

顏色：喜紅、綠色,忌黑色。

艮土　艮覆碗（☶）

　　艮卦卦數七，五行為土。居東北方，色黃。艮為山、為徑路，為小石、為門、為果瓜、為寺廟、為狗、為鼠。

　　艮卦一陽爻在上，二陰爻在下，上實下虛的事物。事物歲展到了頂點，必須謹慎，否則就要向相反方向發展。亦表示事物有阻礙、困難，停止不前，為山為止，一陽爻在坤之上，故有小路，小石的象徵。上陽下二陰，中間虛空如門。門寺視作門衛，禁止人入內，故艮為止像。手能止住物體，狗吠使人驚嚇止住不前，老鼠牙齒尖剛，烏鴉在喙，又堅硬像小石一樣，均為艮象。

象意：禁止、阻滯、阻擋、靜止、鎮守、界限、抑止、沉著、冷靜、固執、主觀、任性、重新開始、獨立、淪獄、篤實、等待、厚重、表皮背、至少、頂多。

人物：小兒子(少男)、門衛、領頭的。有獨立能力的人，山野僧尼仙道之人，與礦山建築有關的人。官僚、貴族、繼承

人、獨裁者、土建工作者、警衛、石匠、守門員、門衛、主觀主義者、訓犬者、獄吏、犯人、忠實者、孤獨者、保守主義者。山中人、肥胖人、倉庫管理、批發商、土建人員、宗教人員、信徒。房地產商、家具商、學生。

性格：憨厚、安靜、篤實、保守、固執、誠實、守信用、遲滯。

人體：鼻子、胸背、指關節、骨、脾、趾、皮、手、腳背、膝關節、肘關節、左足、乳房。

疾病：腫瘤、結石、消化系統病、癌症、筋骨酸痛、脾胃病、虛弱、小兒麻痺症、瘡腫、瘤、虛脹、痘類疾病。不食虛脹，鼻炎，手腳背之疾，關節病，手指病，氣血不暢病，血液循環不佳，皮膚過敏症。

天象：有雲無雨，山風霧氣，氣候轉折點。
動物：有牙、有角，狗、鼠、狼、熊等百獸，喜鵲等能喙之物。爬蟲類、家畜、有尾動物。

物象：岩石、石塊、凳子、床櫃、桌子、碑、硬木、土坑、櫃檯、傘、鞋、錢袋、列車、金庫、墳墓、土堆、山坡、座位、屏風、手套、門檻、牆壁、階梯。甜之物。

場所：山、土包、土墩、假山、丘陵、墳墓、堤壩、最高點、境界、山路、礦山、採石場、房屋、門閂、貯藏室、帳蓬、城牆、圍牆、倉庫、銀行、車站、監獄、橋樑、休息室、大樓、倉庫、宗廟祠堂、派出所、閣樓、寺廟、洞穴、公安局、巢穴。

有利時間：喜辰戌丑未、巳午年月日時，忌寅卯、申酉年月日。

有利方位：喜東北、西南、南方，忌東、東南方、西方、西北方。

顏色：喜紅、黃色，忌綠色、白色。

兌金 兌上缺（☱）

　　五行屬金，居西方色白。兌為澤，為口舌、為毀折，外柔內剛。兌為少女，主快樂無憂為悅，也為跳大神的巫師。兌為申酉金之秋月主肅殺，萬物毀折。兌為悅，故於動物如羊的歡叫活蹦亂跳。

象意：小錢、能說善道、雄辯、講演、告知、議論、謾罵、吵鬧、譭謗、愛慾、口舌、音樂、破損、破壞、外軟內堅實的事物、上面開口的器物。

人物：可愛女孩、少女，歌手、管財務者、巫師、老師、教授、演講者、解說員、翻譯。外科(手術刀)、牙科醫生、食品廠工人、飯店工人、加工者。秘書、撒嬌的人、性魅力者、媒人、垃圾工(筒)、衛生清潔工、傳達人員、服務員、話務員、演員、鋼琴家、音樂家、娛樂場所人員、小丑、歌女、娼妓、金融界人物、經銷人員、破壞者、律師。

性格：喜悅、吵架、譭謗、拍馬屁、卑劣、奉承、色情、親熱和樂、溫和、善言、唱歌、活躍、溫厚、重感情、感召力強、重義氣、憂愁，破壞性、愛說長短是非。

人體：口、舌、肺、痰、氣管、口角、咽喉、頸骨、牙齒、右肋、肛門、右肩臂。

病象：口、舌、喉、牙齒之疾、咳嗽、痰喘、胸部、肺部疾病、食慾不振、膀胱疾病。外傷，肛門疾病、性病、手術、金屬刃致傷、氣管疾病、頭破、頭痛。

動物：羊、豹、猿猴、兔子、沼澤中之物。

天象：小雨，濕氣、低氣壓、毛雨、新月、星星、露水。

物象：食品、金屬幣、刀劍、剪子、玩具、開口瓶罐、修理品、裝飾金屬、軟金屬、廢物、樂器、帶口的器物、垃圾箱、盤子、鍋、碗瓢、盆、五金工具、帶口之物、碟子、菸灰缸、盛水用具，酒杯、飲料杯、酒水、帶尖金屬用具、手術刀、刀斧、冷藏車、破損物、金銀銅鐵錫等金屬、喇叭、笛子、口琴、簫管。辛辣之物。

場所：沼澤地、坑窪地、水坑、湖泊、溜冰場、遊樂園、會議廳、音樂廳、飲食店、飯館、門口、路口、垃圾站、廢墟、舊屋宅、洞穴、山洞、墓穴、山坑、山口、工會、公關部、交誼所。

有利時間：喜申酉、辰戌丑未年月日時，不利巳午年、亥子年月日時。

有利方位：西北、西、東北、西南方，忌南方、次北方。

顏色；喜黃、白色、忌紅色、黑色。

※八卦與24山示意圖

二、64卦卦意

八宮所屬卦名：(書後有六十四卦速見表)

乾宮：乾為天、天風姤、天山遯、天地否、風地觀、山地剝、火地晉、火天大有。

兌宮：兌為澤、澤水困、澤地萃、澤山咸、水山蹇、地山謙、雷山小過、雷澤歸妹。

離宮：離為火、火山旅、火風鼎、火水未濟、山水蒙、風水渙、天水訟、天火同人。

震宮：震為雷、雷地豫、雷水解、雷風恒、地風升、水風井、澤風大過、澤雷隨。

巽宮：巽為風、風天小畜、風火家人、風雷益、天雷無妄、火雷噬嗑、山雷頤、山風蠱。

坎宮：坎為水、水澤節、水雷屯、水火既濟、澤火革、雷火豐、地火明夷、地水師。

艮宮：艮為山、山火賁、山天大畜、山澤損、火澤睽、天澤履、風澤中孚、風山漸。

坤宮：坤為地、地雷復、地澤臨、地天泰、雷天大壯、澤天夬、水天需、水地比。

1.乾為天

積極努力進取和不斷創新，乾卦剛健，自強不息，六爻圓滿、亨通、成功，但剛多易折，是上級、領導、執法者，有錢而富貴之人。

2.天澤履

圓而有缺損，剛中有險，有官非、爭執、交通意外，乾為父、兌少女，老少配，不利婚，金旺剋木有肝膽之疾，防肺、呼吸道疾病。履卦象徵行動謹慎和踏實。

3.天火同人

日掛中天，照耀天下萬物，志同道合，與人親近友好。乾為體有災，離為體事可成，肺、呼吸系統有疾，有血管硬化症，不利老父、長男。離為火，乾為金屬，發熱的電器物品屬之。

4.天雷無妄

上乾為金、下震為動,乾金剋震木,不能妄動,動則有災咎,是意外、災難之卦,乾為體事成利財官,震為體事難成,危險、多爭執,上司壓制多批評,頭痛、肝病。

5.天風姤

天下起風,乾為天、巽為文,君王頒布命令於天下,乾老男、巽長女非正配,一陰五陽,有一女五夫之象,占婚女人不正,易有外情,另腿部有破相。體用、疾病與小畜同。

6.天水訟

天下著雨,上剛下險,官非口舌、爭訟,天向上、水向下,意見背離,難溝通。內水險而外剛健,象徵一個人剛強求勝,易與人興訟、爭吵。

7.天山遯

遯者有退守、隱匿之意,退守可以保身,若輕舉妄動則會招災,遠小人也。體用與疾病,與山天大畜一樣。

8.天地否

天清在上、地濁在下,天地之氣不相交,閉塞不通,事不順暢、不和諧,如同夫妻相處,有點相敬如冰的意思。防頸椎增生、僵直。

9.澤天夬

有理想抱負,做事果決,健而悅、決而和,得領導、上級之幫助,頭部有破相,體用與疾病,與天澤履一樣,有缺圓滿之意。

10.兌為澤

喜悅快樂、善言喜說,另有殘缺、缺少、損壞之意。沼澤、坑窪地、溝渠。口腔、氣管、肺疾,肝膽疾病、血光、做手術之意。

11.澤火革

兌澤為水開口鍋,離火在下煮水,革為改革、廢除舊老、創新進步。頭部有破相,體用疾病與睽卦同。

12.澤雷隨

上說下動,言行一致,因動而喜悅,隨從、順應之意,兌為體,事可說動、說成,震為體則枉費口舌,反受拖累,剋長子、有血光之災,利器傷身,防肝病、抽筋。

13.澤風大過

二陰爻在外而虛,為一大坎卦,大坎則大險,事不可做過頭。兌為體,賣弄口舌事成有財利,巽為體,有折毀之災,剋長女不利婚,二女同居吵鬧,有腰腿、肝膽病,需防利器傷而破相。

14.澤水困

兌澤為水庫,坎在兌下,澤水滲漏於坎,澤無水,是窮困、危機,遭遇艱難,事不順,須通過智慧和努力,守己待時,方能克服困境。頭部有破相,呼吸道肺部疾病,體用參考節卦。

15.澤山咸

兌上艮下,兌少女、艮少男,剛柔兩氣相咸、相應快速,兌為體財富可得,艮為體付出,破耗損財,另注意腳跛、刀傷、暗破相。

16.澤地萃

萃卦象徵著聚集、合作,水在地上聚集成澤,滋養萬物造福於民,頭部有破相,下肢疲軟無力,體用疾病同臨卦。

17.火天大有

日麗中天,滿天霞光,偉大事業,大有收穫,意味著光明和富有,具組織能力,能擴展大事業,努力完成目標勇氣。但乾為體,過程中離火亦是壓力。防血管硬化破裂。

18.火澤睽

火炎於上,澤水於下,其志不同,二女一室,矛盾背離之象,易有衝突,不利婚。離為體事可成,兌為體有血光之災,燒傷、利器傷、口腔炎症、呼吸道、暗破相。

19.離為火

離卦兩重,光明絢麗,利於文章有文采,測婚亦見分離、離散,六沖同性相斥,雖謀事可成,但有波折,注意眼疾、心臟、高血壓、肺虛症。

20.火雷噬嗑

上下顎咬合,將東西咬碎,才能亨通,木火旺脾氣大,離為體財官旺,震為體,高燒、心臟病、心悸、肝火旺。

21.火風鼎

木助火勢,鼎為食器、祭器,君主權威的寶物、主隆重,立新、鼎立,問鼎奪冠。鼎三足而立,感情出現三人行、外遇的機率高。 折足、跛腳,體用疾病與家人卦同解。

22.火水未濟

火在水上,火向上燒、水向下流,二氣不能相交,陰陽不調和,事情尚未成功,缺乏耐性,神經質,情緒不穩定。體用疾病與既濟同解。

23.火山旅

山上有火,旅行走動、旅居在外,有居無定所、搬家之意,亦有流離顛沛、旅行不安定之象。離火為心、艮為止,心臟停止跳動。體用疾病與賁卦同解。

24.火地晉

晉者晉升、晉級,日自地平線上升,光明之象,離為體失落破耗,坤為體有進財榮升之喜,注意視力差、心衰竭、心血管病。

25.雷天大壯

雷行於天,天上打雷,聲勢浩大,四陽二陰,陰衰而陽盛,愛冒險,領導慾強,忌衝動,體用、疾病與天雷無妄一樣。

26.雷澤歸妹

震長男、對少女,喻男女心動相愛而成眷屬,有感情衝動之象,因悅而動,兌金剋震木有依附之象。體用疾病與隨卦同。

27.雷火豐

上震為雷動,下離為光明活躍,凡事積極奮發,有豐收歡慶之意。另有衝動、暴躁、機動引發心臟病。體用疾病與噬嗑卦同。

28.震為雷

上震下震,震而動,勤思、好動,心直口快,喜怒形於色,較缺乏耐性,建功立業、聲名大噪。肝旺易怒,肝病、抽筋、傷脾胃。

29.雷風恆

恆者恆久,做事有恆心不放棄,震雷長男、巽為長女、陰陽正配,求財求官順利,多得人助,注意脾胃功能差。

30.雷水解

內險而外動,動出困境、解除、解決困難,危險得到了緩解與解脫,憂散喜生之象,雷雨動,萬物生發。體用、疾病與水雷屯卦一樣。

31.雷山小過

小的過錯,四陰二陽,陰多陽少,兩個陽爻象鳥身,四個陰爻像翅膀似飛鳥,為大坎卦,隱伏危險,有志難伸、龍困淺灘,注意金錢、感情受騙。體用疾病與頤卦同。

32.雷地豫

豫卦強調快樂和積極進取,平地一聲雷,名聲響亮,享受安樂,震為體,求財可得,地產獲利,坤為體受剋,易官災是非,有腸胃病,腎虛不利婦女。

33.風天小畜

天上起風,強健如順風而行。小有積蓄,凡事不可貪大,理財均需保守為佳。巽為體有災,金屬器物所傷,乾為體謀事可成,但付出多,用權力制伏他人。有膽經、風寒之疾,男人專權剋婦。

34.風澤中孚

中孚表誠信、實在、心地善良,有同情心,上巽木、下澤水,木在水上象徵船,有船可涉大川,又為大離卦,外剛內柔、外實內虛,無定向、心不定,體用疾病與大過同。

35.風火家人

風從火出,一家人團聚,喜慶、文明之象,象徵家庭的和諧與秩序。巽為體財不聚,離為體事業有成。注意發燒、股部炎症、心臟病。

36.風雷益

上卦為巽風,下卦為震雷,風雷激盪,相互助益,與他人合作,分享利益,這樣才能實現共贏,氣勢愈強。體用、疾病與雷風恆同。

37.巽為風

巽為進出,如風柔順,巽為生意、經濟活動、利市三倍,活躍坐不住,靜不下來,比和卦測事吉。額頭寬髮稀、肝膽疾病、坐骨神經痛、股部痛、風濕中風、脾胃差。

38.風水渙

巽風為船,水面起風、船行水上,坎水為險,有人心渙散、離散、別離,所以,要學會溝通、理解,避免分歧和矛盾。測宅有風水不好、不聚氣之意。體用疾病與井卦同。

39.風山漸

漸者循序漸進,積少成多,上卦為巽木,山上有木,逐漸成長,有耐心,做好長期努力。巽亦為風,山欲靜、風不止。巽喜自由、奔跑,若是車,則防車速過快於山巔,有車禍之險,嬉戲防跌傷。體用病症與蠱卦同。

40.風地觀

風行地上、萬物滋生,有觀看、觀察瞭解之意,進而反思自身,或外出旅遊參觀。巽為體事成,坤為體有災、健康差,女奪母權,有腸胃病或下肢癱瘓之症。

41.水天需

陰雲在天,險難在前,須待時而進,則事可成,有聰明才智,坎為體,有財官之喜,利中男,乾為體,洩氣、災病、降職丟官。

42.水澤節

水在上往下流,兌為口、凹地、容器,河澤水滿,仍須節約用水,不奢侈、簡約,在金錢、感情上有節制。口腔疾病、咳嗽、氣虛、血壓低,坎為體事可成,兌為體有災病、事難成。投資理財需節制有守為安。

43.水火既濟

坎水在上、離火在下，水火相交、兩氣相感，矛盾的兩事物相輔相成，坎險在上，需思患預防，坎為體事可成，離為體有災病，婚姻正配，情投意合。注意視力差、心臟病、血液病、腎臟病(腎炎)。

44.水雷屯

木得天雨而沐之，面對困難而慎思，坎為險、震為動，動則有險，憂患中深謀遠慮，坎為體洩氣無財，震為體則受生獲財升職。防肝病、衰血症、腎虧，患在長男。

45.水風井

木入水出，提井水之象，為通達、滋養，井不可移，保守心態重。坎為體破耗，巽為體有進益之喜，謀事吉，防水厄之災、風濕症、腎虛、膽病。井以水養人，經久不竭，人應取此德而勤勞自勉。

46.坎為水

兩坎相逢為二重險，險上加險，水道彎曲、人生歷程曲折坎坷，坎主智、聰明，比和卦，謀事可成，但有波折。注意腎、泌尿系統、婦科、視力差、心臟病。逢此卦，心裡要經常警惕自我，才可避開險境。

47.水山蹇

上坎為險、下艮為止，山高水深，前途艱難之象，測事多有被人事絆住，抉擇謹慎，坎為體有災，艮為體須付出心力求財，注意腎、泌尿系統結石、血液阻塞、耳病。

48.水地比

比象徵兄友比肩而站，一片融合互持、比和。地上有水滲透，有水潤澤大地之象，融合、相親、相依附，主吉象。水溶入土中，膠和在一起，親密的卦象。病情與師卦同。

49.山天大畜

登高山而觀天下，勤勞而有大的積蓄而富有，山中有礦石寶物，畜有守財之象，乾為體獲大財、升職，成大業。脾胃虛寒、艮少男體虛。

50.山澤損

上山下兌(口、缺、洞)，有山被盜空，形成缺口減少之意，或山高澤深，澤水減損、以增山高，艮為體，求財則多見虧損，兌為體受益。體用、疾病與澤山咸同。

51.山火賁

山下有火有喜慶愉悅之事，離火亮麗，裝飾、打扮，艮為墳，也有祭拜之意，疾病則見血液循環不暢、心肌梗塞。

52.山雷頤

外實內虛，為大離卦外強中乾，頤為頤養，自求口時，艮為體事難成有災，震為體，操心事可緩成，另有脾胃病、活動受制、背沉、膽結石、肝腫瘤、脂肪肝、高處跌傷。

53.山風蠱

山下有風，風被山阻而不流通，腐敗之象，艮為體凶，巽為體事可成。腸胃欠佳，艮土為鼻，鼻子敏感，有被蛇狗驚嚇之險。

54.山水蒙

山下有水有險，啟蒙教育、教化，跌落水中之災，或腎結石，泌尿系統結石，失聰，艮為體有辛勞之財，坎為體受剋有災壓力大，不利中男。

55.艮為山

山外有山、山峰重疊，不動、靜止、停止，剋制、穩定、誠信。兩床、兩桌相連。艮為停止，外出暫不能行，行人暫不歸。若為朋友，則相互扶持。有脾胃病、腫瘤、腎病、癌症。也有墳墓之意。

56.山地剝

艮山在外，山高而危必剝落，陰爻成長，陽爻已到極位，不可貿然行動，小人得勢，女得此卦危女中豪傑、女強人，但亦有跌傷、從高處落下，下肢無力之象。

57.地天泰:

天地之氣相交，安泰亨通，坤為體洩氣，迎奉權貴，乾為體有升官發財之喜，眾人擁戴，坤為胃，有胃寒之疾。

58.地澤臨

大駕光臨，貴人來到之意。從上往下看，象徵上級督導。兌為體，坐享其成，為坤土母親的掌上明珠，測婚老少配婚變，另腹部動手術，有疤痕。

59.地火明夷

太陽光明入地，晦暗之象，是受傷的卦，陽氣被陰氣小人所傷，行事謹慎， 體用與疾病與火地晉一樣。

60.地雷復

地震卦,又有一陽復起,向上推升、自我奮鬥、進取之象,好靜思、有悶脾氣,腸胃不佳。

61.地風升

占仕途有晉升、生職之象,象徵逐漸進步,而巽為棺木,亦有棺木入土之象,注意腦中風、腦溢血,腳有破相,體用與疾病與觀卦一樣。

62.地水師

地下藏水,內心陰險。興師動眾、統領軍隊。有腎病、泌尿系統結石,腹瀉,母有病,不利中男,女人當權。

63.地山謙

艮山居於坤土之下,為謙卑之象。地中有礦石財富,謙虛退讓不自滿,比和卦事吉,測婚老婦配少男,有婚變之兆,有脾胃病,腎虛之疾。

64.坤為地

坤卦陰柔,厚載萬物,運行不息,有順暢之象。但坤六爻皆虛,有斷破裂之意,意味陰暗、陷害、靜止不動,小人。

複習:

乾三連(☰),兌上缺(☱),離中虛(☲),震仰盂(☳),巽下斷(☴),坎中滿(☵),艮覆碗(☶),坤六斷(☷)。

卦序與方位:

乾金 1(西北)、兌金 2(西方)、離火 3(南方)、震木 4(東方)、巽木 5(東南)、坎水 6(北方)、艮土 7(東北)、坤土 8(西南)。

意象:

乾天為健為馬、兌澤為說為羊、離火為麗為雉、震雷為動為龍、巽風為入為雞、坎水為陷為豬、艮山為止為狗、坤地為順為牛。

【乾金】為頭、父親、金錢、權力、重義氣。

【兌金】為口、少女、喜悅、說唱、破壞力。

【離火】為目、中女、愛美、好學、較性急。

【震木】為足、長男、喜動、勤思、較易怒。

【巽木】為股、長女、仁慈、細心、負責任。

【坎水】為耳、中男、智慧、多疑、防災險。

【艮土】為手、少男、固執、誠信、有佛緣。

【坤土】為腹、母親、溫柔、穩重、較守財。

五行生剋: (學會生剋，就會斷卦。)

金生水、水生木、木生火、火生土、土生金。

金剋木、木剋土、土剋水、水剋火、火剋金。

依農曆 24 節氣劃分: 寅卯木旺於春天、巳午火旺於夏天、申酉金旺於秋天、亥子水旺於冬天，辰未戌丑土旺於四季。

四墓庫補充: 辰土為水之墓庫、未土為木之墓庫、戌土為火之墓庫、丑土為金之墓庫。

三、梅易體用成卦法

卦象成列後，有主卦、互卦、變卦之分，靜卦為體，有動爻者為用卦。

用生體有進益之喜、用體比和順遂，體剋用為吉，事可成但遲些，出力辛苦有得。用剋體、用洩體(體生用)為凶，有災病損耗，事難成。互卦是將主卦去掉初爻和上爻，中間四個爻，再分上下卦(二三四爻下卦、三四五爻上卦)。

凡人事、家宅、婚姻、生產、飲食、求名、求財、交易、出行、失物、疾病、官訟、墳墓…等，體卦皆為占問者，或所問之人事物，用卦為所對應的事物。

八卦卦序:

乾金1、兌金2、離火3、震木4、巽木5、坎水6、艮土7、坤土8。

時辰序數:

子時 1（晚上 11 點至 1 點）、丑時 2（1 點至 3 點）、寅時 3（3 點至 5 點）、卯時 4（5 點至 7 點）、辰時 5（7 點至 9 點）、巳時 6（9 點至 11 點）、午時 7（11 點至下午 1 點）、未時 8（1 點至 3 點）、申時 9（3 點至 5 點）、酉時 10（5 點至 7 點）、戌時 11（7 點至 9 點）、亥時 12（9 點至 11 點）。

成卦法:

1.數字卦：（報數、抽籤、手錶時間、撲克牌、翻書…）

（1）報數說 3 個數字，或限定數字 1 至 10 內，如報數 2、3、5 三數字，2 為上卦兌金、3 為下卦離火，5 是動爻，為澤火革之雷火豐。

（2）報數說 2 個數字(個位十位或百位數皆可)，再加上時辰取卦。如報數 10、12，10 除以 8 餘數 2，2 為上卦兌金，12 除以 8，餘數 4，4 為下卦震木，此時為上午 10 點巳時，時序為 6，10 加 12 加 6 為 28，28 除以 6，餘數 4 為動爻，卦象澤雷隨之水雷屯。

（3）直接看手錶時間，如9點10分，9除以8，餘數為1乾金，10除以8，餘數2為兌金，9加10是19，19除以6，餘數為1是動爻，為天澤履之天水訟。

（4）手機和家中座機號碼，取後尾4個數字。
如5689，56之和11，11除以8，餘數3為上卦離火，89之和17，17除以8，餘數1為下卦乾金，5689之和28，28除以6，餘數4為動爻，卦象為火天大有之山天大畜。又如1234，12之和3為上卦離火，34之和7為下卦艮土，1234之和10，除以6，餘數4為動爻，卦象是火山旅之艮為山。

機車、汽車號碼(英文字不論)，如9355，93一組、55一組，又如19355，19一組、355一組，做法與電話號碼一樣。

2.時間卦:查萬年曆，西曆須換成農曆。

（1）事發在農曆丁酉年1月12日，年數取地支序數，酉為10，將年月日數相加為上卦，10加1加12為23，除以8，餘數為7，即是上卦。晚上亥時發生，亥為12，將23加

12 等於 35，同樣除以 8，餘數為 3，即為下卦。後再將 35 除以 6，餘數為 5，即是動爻。上卦 7 為艮土，下卦 3 為離火，動 5 爻，即為山火賁之風火家人。

（2）事發在農曆丙申年 12 月 15 日，年數取地支序數，申為 9，將年月日數相加為上卦，9 加 12 加 15 為 36，除以 8，餘數為 4，即是上卦。晚上戌時發生，戌為 11，將 36 加 11 等於 47，同樣除以 8，餘數為 7，即為下卦。後再將 47 除以 6，餘數為 5，即是動爻。上卦 4 為震木，下卦 7 為艮土，即為此卦名，雷山小過之澤山咸。

(當日晚 11 點後即為子時的開始，即以隔天日子論。)

四、中文筆劃取卦法

　　在教育部字典國語辭典網站,查得姓氏和名字的筆劃,以其為標準,請注意寫幾劃就是幾劃,譬如:艸部首以 4 劃論(草 10 劃),水部首以 3 劃論(清 11 劃),阜部首以 3 劃論(陳 11 劃)。將姓氏的筆劃除以 8 為上卦,名字的筆劃總和除以 8 為下卦,再將兩者相加總和除以 6 為動爻,皆以「餘數」為主,即成卦象。(使用簡體字,就依簡體筆劃起卦。)

(一) 作者筆名「文衡富」

上卦:文是 4 劃,沒超過 8,筆劃數 4 為震(雷)卦。

下卦:衡是 16 劃、富為 12 劃,16 加 12 是 28,28 除以 8,餘數是 4,4 為震(雷)卦。

動爻:4 加 28 是 32,32 除以 6,餘數是 2,2 是動爻數。

◎卦象即是震為雷之雷澤歸妹。

(二) 陳美美

上卦：陳是 11 劃，超過 8 劃，則以 11 除以 8，餘數是 3，為離(火)卦。

下卦：美是 9 劃，美美總和 18 劃，18 除以 8，餘數是 2，2 為兌(澤)卦。

動爻：11 加 18 是 29，29 除以 6，餘數是 5，5 是動爻數。

◎卦象即是火澤睽之天澤履。

(三) 歐陽娜娜

上卦：歐陽為複姓，歐是 15 劃，陽是 12 劃，15 加 12 是 27，27 除以 8，餘數是 3，為離(火)卦。

下卦：娜是 10 劃，娜娜總和 20 劃，20 除以 8，餘數是 4，4 為震(雷)卦。

動爻：27 加 20 是 47，47 除以 6，餘數是 5，5 是動爻數。

◎卦象即是火雷噬嗑之天雷無妄。

（四） 鈺

上卦：金是 8 劃，筆劃數 8 為坤(地)卦。

下卦：玉是 5 劃，筆劃數 5 為巽(風)卦。

動爻：8 加 5 是 13，13 除以 6，餘數是 1，1 是動爻數。

◎卦象即是地風升之地天泰。

（五） 周易

上卦：周是 8 劃，筆劃數 8 為坤(地)卦。

下卦：易是 8 劃，筆劃數 8 為坤(地)卦。

動爻：8 加 8 是 16，16 除以 6，餘數是 4，4 是動爻數。

◎卦象即是坤為地之雷地豫。

◎上(下)卦除以 8，餘數為 0，為坤卦。

◎上下卦相加總和除以 6 為動爻，餘數為 0，動爻為 6。

※請注意，當字的前後意思相連時，就不一定是第一字為上卦，譬如股票「國泰金」，國泰 2 字為上卦，金為下卦；「金城武樹」，金城武為上卦，樹為下卦。

第二章　生活梅易

　　生活中，我們常遇到許多大大小小的問題，無非用經驗、情緒選擇性作為，至於正不正確，做了再說，小事無妨，大事如投資、職場攻防、生意經營、策略計畫、婚姻、求醫治病、旅遊吉凶等等，經不起一個錯誤抉擇，徬徨無助時能請教誰呢？

　　此時占卜就是解決問題的最佳工具，六爻卦與梅花易數兩者都能提供信息，差別在六爻較為細膩，學理複雜許多，而梅易簡捷，只需懂基本的五行生剋，就能解卦，入門容易得多。

　　卦象無論用哪一種方式取得，如報數、翻書，或用銅錢搖的六爻卦，若只有一個動爻，可以用梅花易數作解，也就是說，卦象內部是六爻卦，外部是梅易，信息可通有無，但有時答案並非完全一致，須常練習領悟。

看似簡單的五行交戰,也有許多拐彎抹角的地方,若沒人提點,較難開竅。五行的旺衰與生剋意涵是梅易解讀重點,與八字中的印剋食傷、財剋印、官剋比、食剋官、比奪財的多重意境相似,十分重要,因為五行演繹是相通的,同樣的體剋用,在不同環境的解讀不一樣,可參考著作六柱十二字推命法一書。此外,用剋體或洩體沒有百分百不好,有時是承擔責任或付出心力,是個人生活態度的表現。

梅易三部曲

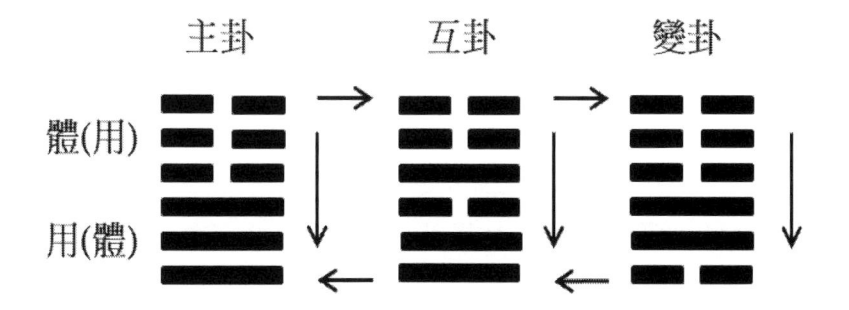

	主卦	互卦	變卦
體(用)			
用(體)			

一、梅易貴人

澤山咸之澤火革　亥年辰月癸酉日

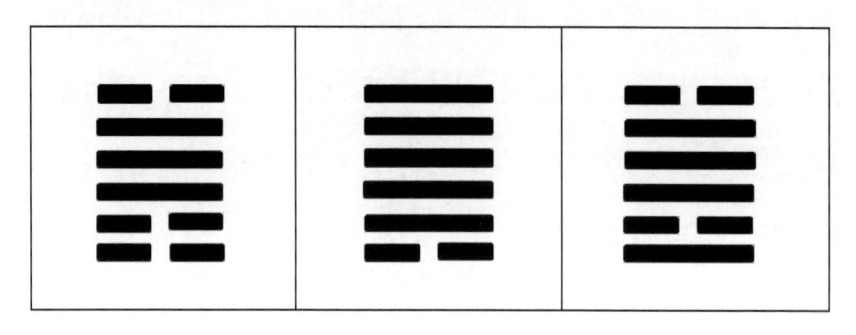

　　2018己亥年戊辰月，得機緣經人介紹相助，其人曾到大陸學習風水與梅花易數，願意將資料講義割愛於我。癸酉日丁巳時丁未分於汐止相見歡，貴人陳先生已79歲，高大神采奕奕，電視台高級主管75歲退休，能力強得到公司慰留，現在正進一步研究靈學，相約指導三次，受益良多。

　　其所贈予的梅易資料是進步的基石，第一次相見前取卦271，問順利否？得澤山咸之澤火革，咸為快、革者迎新，腦洞大開。

主卦艮山為貴人，艮為高，其人長得高大，兌金體卦為歡喜，艮土貴人生兌金，說明很願意幫助我。互卦天風姤，乾金剋巽木，巽風為教育，即是贈與的易學講義，乾金剋之努力學習，他沒給錯人，我是個術數迷，研究學問有時會廢寢忘食。

　　變卦離火為文書壓力，說明火煉兌金，需經過長時間磨練成器，數年摸索驗證，遇事隨時起卦研究，耗費許多精神，直到2024甲辰年體旺，逐漸開竅收穫甚多。目前教學是我的興趣，講義的故事精彩，短期可成，事半功倍，所謂秘訣就是正確的生剋觀念，將生與剋的意涵釐清、整理，避免繞彎路，靜待有緣同學。

二、建國花市

地雷復之水雷屯　酉月壬午日

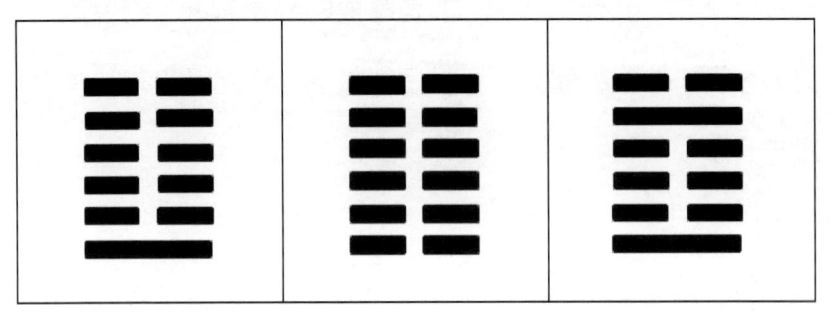

今天我想去台北建國花市買花,此行如何?取數845。主卦震木剋坤土,震為動,坤為農產品,互卦坤土比和為人潮,變卦坎水生震木,此行順利。一分鐘簡捷清楚。

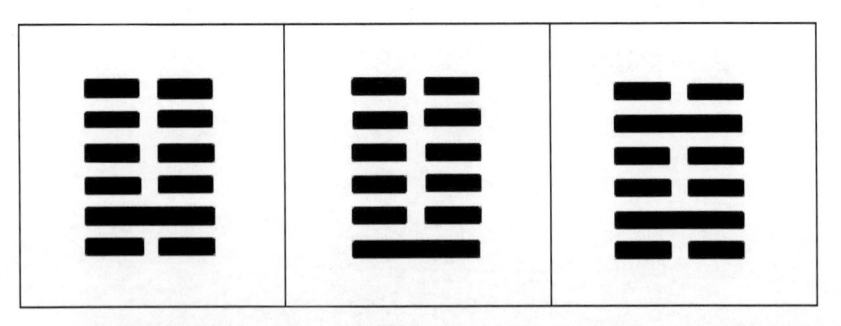

能買到麒麟花嗎?取數865,主卦地水師,坤土為花卉市場剋坎水體卦,心有所繫,互卦地雷復,震木上剋坤土動身前往,變卦坎為水比和,水臨酉月旺相事可成。

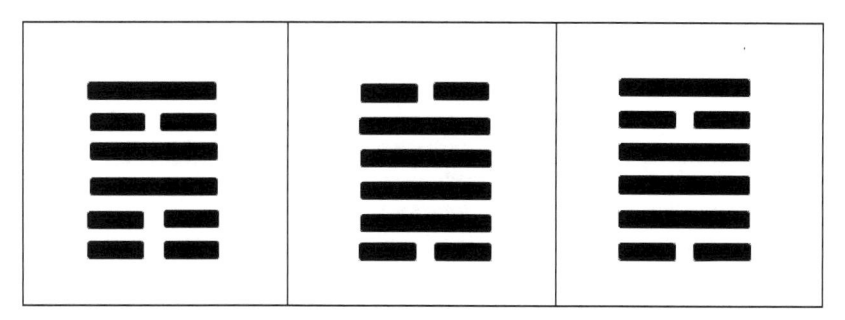

11:15 出門:11 除以 8，餘數 3 為離卦，15 除以 8，餘數 7 為艮卦，11 加 15 為 26，26 除以 6，餘數 2 為動爻，主卦火山旅出門,互卦澤風大過,兌金剋巽木買花,變卦火風鼎，巽木生離火順利,符合實情,每分鐘都有故事。

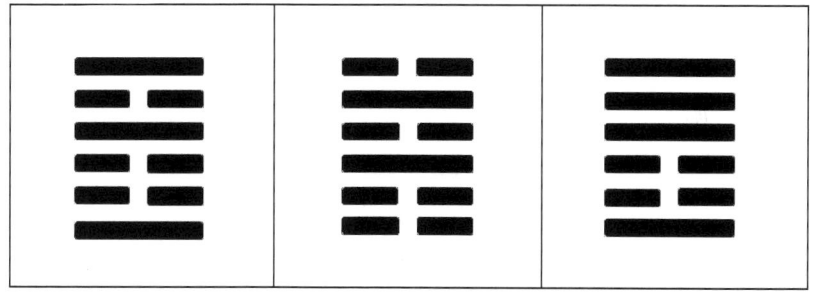

11:36 午時卯分山下等車，車何時來？主卦火雷噬嗑，震木心急等車，互卦水山蹇，坎為車，艮土排隊，變卦天雷無妄，乾金剋震木，照理說用剋體事不成，但眼前是自己不出力，乾金為 1 為大車臨月旺相來剋體，車子很快就來，沒想到才列出卦，11:37 車就到，一分鐘就上了車。

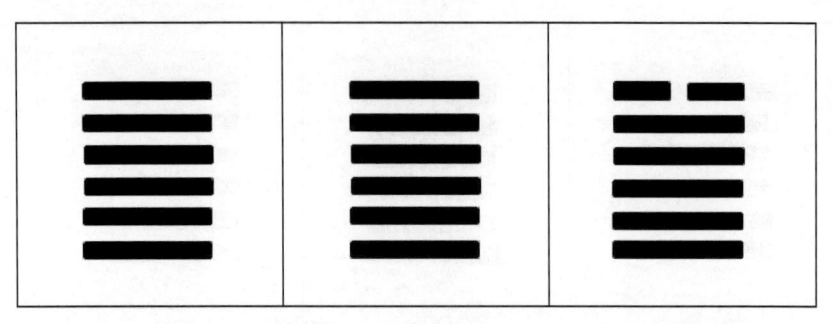

11:55 左右在客運車上的電視影片,播出戒菸宣導片,戒菸專線後 4 碼 6363,前後兩數各一組上下卦。6 加 3 為 9,9 除以 8,餘數 1 為乾卦,主互卦乾為天,變卦澤天夬,夬為下決定、果斷和行動,金旺剋木、火熄,戒菸意思明顯。

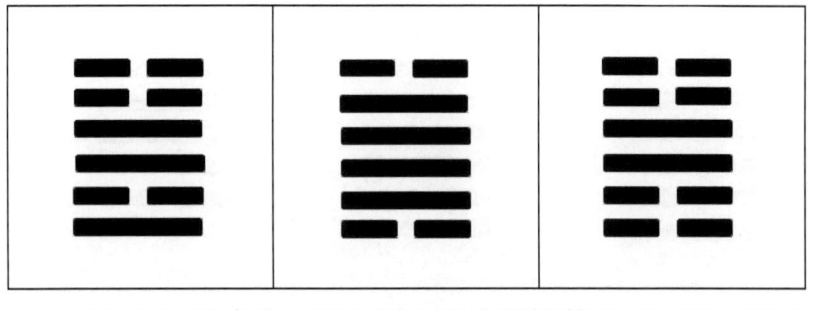

12:43 午時戌分之卯分買 2 兩盆麒麟花共 300 元,逛了好幾攤,找不到之前想要的品種,買到的是無刺的麒麟花,紅色花朵也比原來的大,心滿意足。主卦雷火豐,震體生離火花錢,離為 3,互卦澤風大過,看中巽花,變卦雷山小過,震木剋艮土花盆,我剋為財,提著花盆回家。

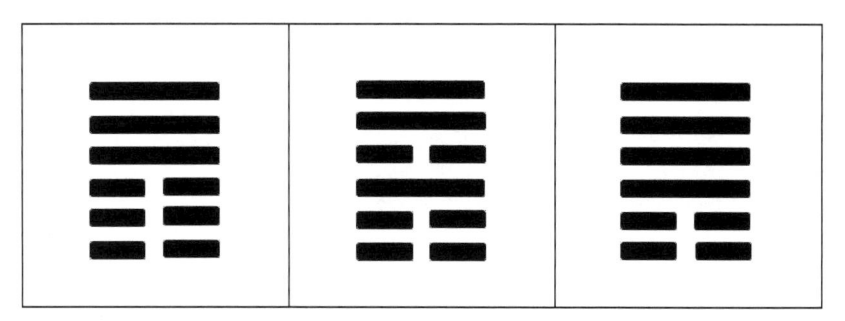

1:00 整未時候車,車何時來?跑馬燈上顯示還有 6 分鐘進站,1 為乾金,0 視為 8,主卦天地否為吉,互卦風山漸為吉,變卦天山遯,艮土為車生乾金體卦,卦才寫一半,客運車已來,用生體應速,顯示的時間有誤。

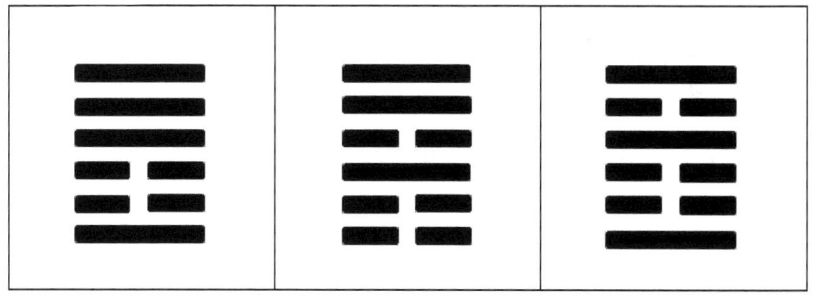

1:04 台北轉運站上來一位金髮美女,五官精緻、氣質身材佳,著一身緊身運動服,舉止優雅,正好隔著走道,在我旁邊坐下,即刻以時間起卦,看合乎卦意否?1 為乾卦,4 為震卦,1 加 4 是 5,動 5 爻。(也可以視為 13:04,隨當時心念,13 除以 8,餘數 5 為巽卦,主卦變成風雷益。)

沒想到和我一樣在長庚醫院下車,她看車牌摸不著頭腦,當時約1:45左右,我趨前用英文聊起來,她要去鼻頭角遊玩,是德國人,會德英雙語,才來幾天,在台大語文學院讀中文,住過新加坡、大陸等國,我說她年輕獨立有膽識,在陌生環境,敢一個人去景點遊玩,順便聊到易經,她很感興趣,我將易經二字寫在紙上讓她拍照,2:09告訴我她的名字:Nila,20多分後車子一直沒來,猛然發現不對,原來要在對面站牌搭車才是,只好說抱歉,要她到對面等。

　　主卦天雷無妄,乾金用卦剋震木體卦的我,乾金美女為高貴、完美、漂亮,吸引目光,互卦風山漸,巽風為風景區,艮土為鼻(鼻頭角),艮土生乾金為遊覽地,變卦火雷噬嗑,離為眼,會吸睛的女孩,但震木生離火剋乾金,有被我誤導的樣子,是看錯了,應在對面坐車,卦意靈活。

　　一趟台北行,就能玩許多有趣的卦。第一卦845此行如何?六爻:世持子水財爻旺相,今天午日,子午桃花沖,算不算巧遇桃花呢?子午卯酉4桃花。

三、對方是否愛我

雷風恆之澤風大過　申月戊申日

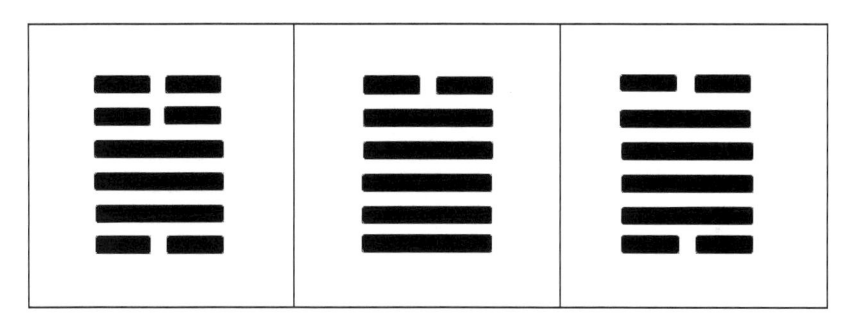

一位年輕小姐下午2點未時來問：我想知道，對方愛我嗎？前面4個字為震卦，後面5個字為巽卦，4+5+時序8=17，17除以6，餘數5為動爻。

主卦之震木用卦與巽木體卦比和，男女正配不錯，可惜卦氣弱，雙方都在試探階段，互卦澤天夬，兌為缺、乾為圓，缺圓滿，交往過程不順，變卦兌金旺相剋巽木，結局不佳，移情別戀居多。爾後告知雙方都另有喜歡的人，愛戀的對象在互卦中，兌金剋震木，乾金剋巽木。

四、投資獲利否

水地比之坎為水　卯月辛巳日

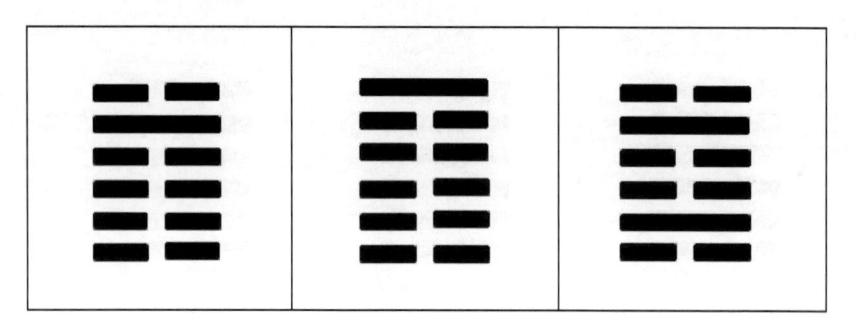

2025.3.13 酉時，一男問:目前工作已被同事中傷的體無完膚，打算兩個月內先離開公司。沒工作期間，透過既有的投資理財，是否也是可賺錢，暫時渡過這沒工作的薪資空窗期？

這是在奇門社團的一則提問，奇門遁甲有其解讀，梅花易數同樣可用時間卦解析。主卦之體卦坎水，坎為憂為陷，有困頓之意，在卯月休囚，說明現在心情跌入谷底，用卦為坤土，是一個大坎卦，坤土為眾剋坎體，剋我者為官為壓力，可見工作不順，精神上受打擊，遭同事中傷可見，至少是他的思維如此認為，卦象予以配合演出，坎水壓力沉重。

互卦山地剝，有剝落崩塌之意，艮坤同事比和中帶沖不合，艮為東北、坤為西南，很明顯的對沖卦，艮坤土都會讓坎水無處躲藏，離開公司是好的選擇，因為再2個月進入夏季，火盛土旺，坎體四面楚歌。

　　變卦坎水比和，六沖為散，吉中帶凶，孤立無援，卦中無離火財星，只出現在變卦二爻至四爻中之離卦，身弱不擔財，投資不宜。希望在問此卦前，他尚未出手，否則投資理財注定要虧損。

　　許多人開店做生意，是不會先做預測的，年輕時不懂，也沒有機緣福氣接觸占卜，我也有過盲目投資損財，學會占卜，看清吉凶，就是改運的方法。八字相同者上萬，命盤一樣，但運氣不同，財福差別大矣！

五、補習班經營

雷地豫之澤地萃　子月己巳日

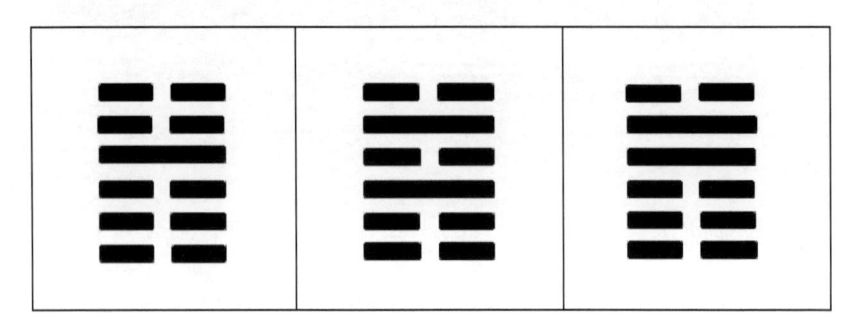

在公立學校教書的老師，私下兼營補習班，是不允許的，這位老師在此同時，也因學生招收困難，前來占卜論八字，八字印剋食傷，食傷是學生，受剋不能生財如何招生？讓她報數485。

主卦雷地豫，子水月生震木剋坤土體卦，坤土為文為補習班，坤見子水為財，財生官剋身，與八字論法一致，坤土得巳火日生，有一定的規模，去為她調整辦公桌收銀台的位置時，學生仍不少，只是覺得後繼無力。

互卦水山蹇，山高水遠，蹇卦行走艱難，互卦為過程，體剋用仍賺錢，只是辛苦些，離火居中，水火戰，心理有壓力。變卦澤地萃，坤土體卦洩氣於兌金不吉，兌金為財，財進又財出，還怕兌金開口有人告密，學校教職不保。

震木為公家機關、軍警，擔心被查到兼差，還是轉手好了，當然，卦象分析是一回事，選擇權還在卦主手上。爾後女主告知，在丑月丑日與人簽約轉讓，拿到一萬五千元簽約金。(坤體為補習班，坤的三個方位未坤申，於丑月丑日，未土逢月破日破，補習班結束。)

六、理財課程

風澤中孚之天雷無妄　卯月癸未日

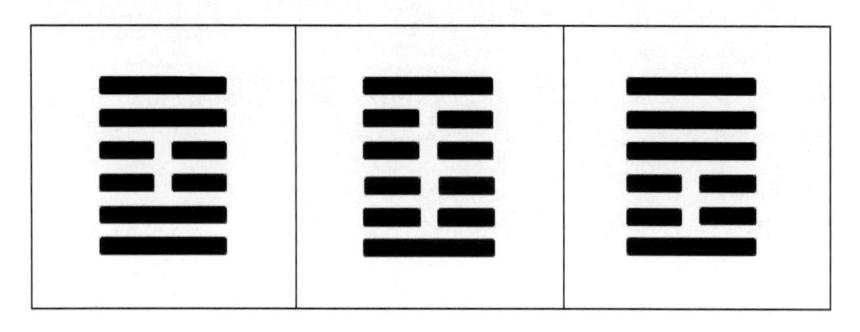

社團一女問:我和這位老師報名理財的課程,好不好？我是學了想賺錢。這是一個以銅錢占卜的六爻卦,動了兩個爻,二爻與四爻,如此也可以用梅易卦來解嗎？上卦四爻為世爻,以世爻位置巽風為體卦,下卦兌金為用卦。

主卦之體卦為巽風教育學習,兌金為財來剋巽木,合起來讀就是學習理財的課程,兌卦中有酉金,與月令卯木相沖為破,學不好的,對方教學能力有限,但兌金得未日生為說,肯定有三吋不爛之舌,體卦會受吸引,心甘情願被剋,剋即指點。互卦山雷頤,艮山為巽木之財,震木剋艮土劫財,震為動,擺明要體卦的錢,還可以看見學的同學不少,山雷頤

是個大離卦，離火熱情，學習情緒高昂熱絡，想賺錢無可厚非，就看值不值得了。變卦無妄卦，乾金為大錢為圓滿，上過課後信心大增，乾金剋震木為財，心想學得秘訣，這下發了，可是無妄會告訴我們不要妄行，否則有災，畢竟剋是出力付出有財，今明是巳午火年，乾金頭上一把火，切記莫誤判形勢，否則依然有損財的機會。

六爻卦:世爻未土兄弟持世，申金子孫逢空，子水財爻伏藏無氣，學了也難賺錢。

七、資金周轉

天風姤之天山遯　卯月乙酉日

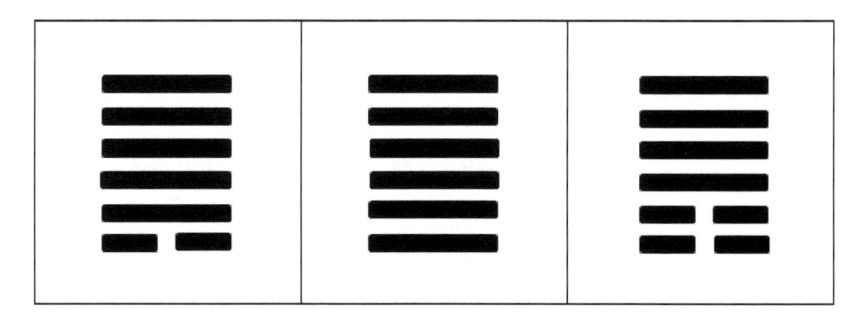

今天傍晚 5 點多出門，在信箱發現一張名片，正面寫著息低保密，30 分鐘放款，中間上面是店名，名片東方印著有收入就能借錢的紅字，符合卦位意涵，最下一排是電話號碼。名片背後寫著政府立案、手續簡便、免押免保、資金周轉、免看臉色、立即放款。取電話號碼後四位數字成卦，看看是否真是如此。

　　45xx 之卦象，主卦乾金體卦，有如這家放款公司的老闆，乾金為權位為大錢，用卦為巽木借款人，是乾金的財，姤者不期而遇，的確，借款人與放款人偶然相遇，不認識的人來借錢，巽木為生意人或缺錢的人，有乾金錢的壓力，成為此公司的客戶，金剋木，受到規範、要求，有舉例說明，利息頗高，一點不像名片上說的低息。

　　互卦乾為天，乾金如健馬為快速，乾金為圓滿，放款速度令借款人滿意，但金旺木衰，借款人也是壓力重重。變卦天山遯，艮土生乾金，艮中有丑土為金庫，乾體坐收財利，你可能會問，萬一借款人賴賬怎麼辦？艮土倒卦為震木烙跑，

跑不掉的，老闆哪會做虧本生意？乾金剋震木鎖定，一定有辦法掌控借款人的財。

八、女嬰翻身

雷澤歸妹之震為雷　卯月己卯日

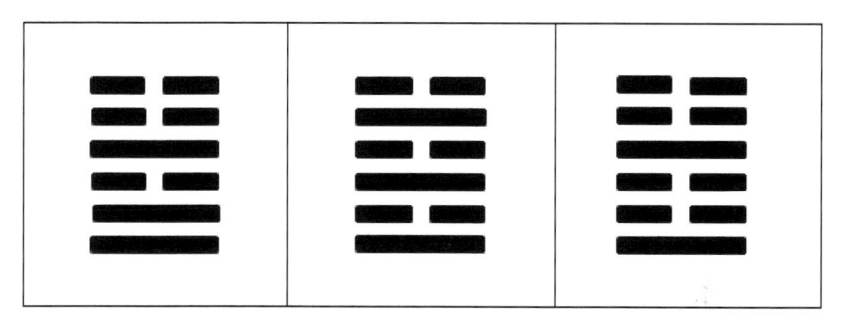

新聞報導:一位媽媽上網爆料，2025.3.11 早上 8 點多餵完奶後，將 4 個月大的女嬰送到托嬰中心，女嬰剛剛會翻身，卻讓其趴睡地墊上 40 分鐘沒人去看，導致窒息，9 點 50 分托育人員發現女嬰沒有呼吸心跳，趕緊急救，幸好送醫後恢復心跳，目前在加護病房觀察中，陳報檢方偵辦。四個月大的嬰兒才剛會翻身，脖頸肌肉正在發育，一旦翻身臉朝下，就不容易自己抬頭脫困，希望女嬰能順利度過難關。

當日已見新聞，直到今天 3.18，才想到用事發時間卦(農曆 6.2.12.6)，來看看此事件。主卦之震木為體卦，臨日月旺相，是一家網路五星評價的托嬰中心，兌金為兌少女為女嬰，兌金卦氣弱剋震木體卦，剋不動，不利兌金。互卦水火既濟，體互坎水休囚剋不了離火，也說明震木托嬰中心人員沒及時注意，離火旺、兌金弱，不利女嬰。

　　變卦之下卦為震木，是因為主卦二爻動的關係，二爻為陽爻，為身體的正面，動了變為陰爻，為身體的背面，好似女嬰翻身的象，有沒有看出來呢？這是我突然的靈感想到的，卦爻好神奇！震為雷為六沖卦，用震可為檢調單位，變卦的互卦為水山蹇，艮土醫院救兒女，坎水為震木的印星，艮土亦為震木的財，財剋印說明誤判、疏忽工作。

　　媽媽在 3 月 17 日晚 11:43 卯月丙戌日在臉書新竹大小事社團貼文，女兒在加護病房，情況不樂觀，懇請大家集氣，丁亥日凌晨 1:15 我也去按了讚，約有 1.3 萬人集氣。數日後新聞，女嬰在加護病房救治多天後沒能度過難關。

3月17日晚11:43，超過11點就以隔日計(農曆6.2.19.1)，為卯月丙戌日，卦象火雷噬嗑之山雷頤。

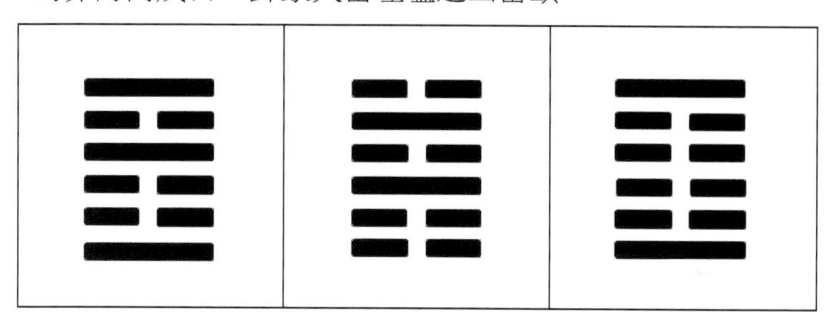

主卦火雷噬嗑，震木體卦為媽媽，離火為女嬰，離火旬空、入日墓，病情不妙，木生火旺為女兒事焦急不安，互卦水山蹇，艮土剋坎水，財剋印尋求大家的關心。變卦山雷頤，艮土為社團，坤為眾在其中，上艮為手，與下卦震木之倒卦艮土互相擁抱，形成一個大離卦，離為火，整個卦像不像是大家聚在一起集氣，為主卦的離火女嬰加油呢？學到集氣意涵，真神奇！

關於八字，晚上11點後有分早子時和晚子時之說，我以11點後就以隔日計，在取時間卦時也一樣，經常實證即

明。而事情發生,就以當地時間取卦,國外亦然,幾點幾分就幾點幾分,也不用轉換太陽時,約定成俗,大家可再求證。

九、與友開餐廳

雷山小過之澤山咸　巳月甲辰日

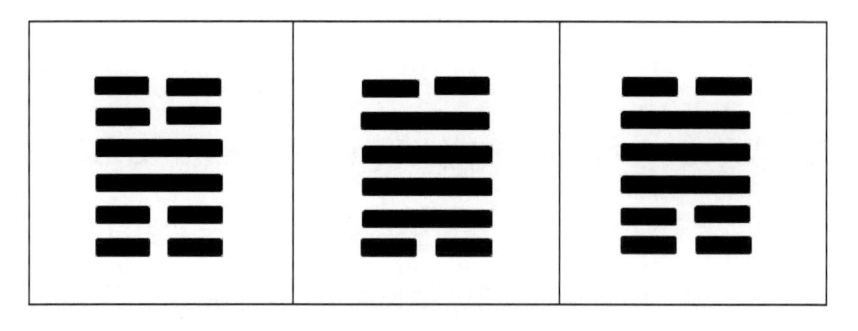

一個卦 3 分鐘不到即可成、知吉凶,開店做生意必須預測,有些人不信卦或無緣,開店裝潢數十萬或更多,幾個月就成泡影,損財是可以不發生的,知識是力量,用心學占卜,生活大小事了然於胸。

某男問與友開餐廳有財運嗎?取數 475。主卦雷山小過,震木剋艮土體卦,震為動,朋友主動招手,巳月明剋暗洩,

震木生巳火生艮土有賺錢的欲望，但震木剋艮土已有先兆，朋友視己為財，有想佔便宜的念頭。互卦澤風大過更明顯，兌金為吃喝為飲食，正是開餐廳之意，對艮體而言，又剋又洩，兌金剋巽木，體互吃虧之象，會發生甚麼事呢？巽木主神經，兌金剋巽木，會為錢財事傷神，於己不利。

變卦澤山咸是結果，兌金洩體卦之氣不吉，三卦無吉象，秋冬都對體不利，不合作開餐廳為妙。(但同樣此卦問考試，卻有機會考上，請讀者思考一下。)

十、財務危機

雷風恆之澤風大過　子月辛卯日

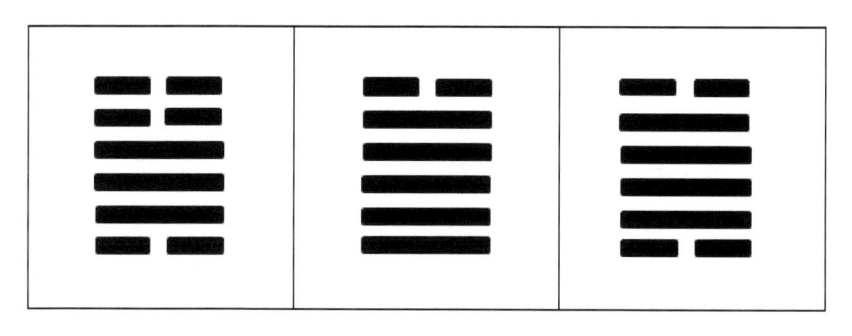

江先生在股票市場慘賠,想知何時有翻身機會?報數455。在申年午月其誤信股市消息,大舉買進股票,申酉月來不及賣出,以為股價會再反轉,以致虧損大半,現在來問,為時已晚。

其實若問股票買賣,我通常不會回答,因為心理作用會影響判斷,股價高了捨不得賣,可能隔天就反轉向下,一去不復返,有的一日行情,卦準也沒用,反應不及,或因八字印剋食傷,造成誤判。短線買賣緊張生活,最好逢相對低點買進績優股,長期持有較佳,輕鬆過日發財,這是經驗之談。

主卦巽為風為消息易受騙,與震雷相呼應,天上打雷,地下的風隨之起舞,聽甚麼信甚麼,震巽木為比和,同事、股友間互通信息,午月洩木之氣,誤信消息,木生火追財為損財的開始。互卦澤天夬比和卦,兌為缺為損、乾為大錢,在申酉金月旺相,互卦有財的壓力,江先生說,就是在那時慘賠千萬,變卦用剋體,兌金剋巽木,木氣太弱難逃,現在套牢中,一時難以解套,如果是自己的錢,只能靠時間等待。

兌金為酒水，李先生承認喜歡杯中物，酉字加三點為酒，受剋就是受擺布，經不起誘惑，當然，兌金也是少女，好酒色風流，會付出代價。

一個卦值多少錢呢？知識無價，預知無價！江先生聽完很感興趣，想跟我學占卜，巽為教育，這個卦讀書好，本月學得快，怎麼看？

十一、失而復得

地風升之地水師　戌月丁巳日

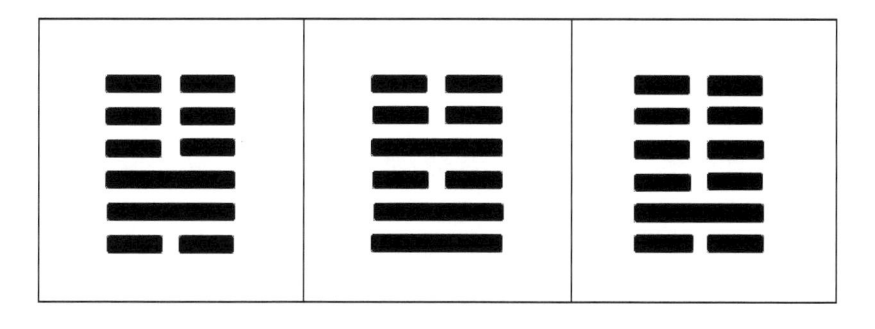

1989己巳年10月24日早上8點，妻子準備上班，卻發現停在樓下的機車不見了，找了幾分鐘找不到，8點半要到公司上班，只好搭共乘計程車，到市區下車，離公司還有一小段路，遂沿著大樓的騎樓走，竟然看見自己的機車停在一間傢具行門口，看了車牌、試了鑰匙無誤後騎走，實在神奇難以置信！離家遙遠的距離，不可能自己半夜騎來放的吧！妻子壬水日元身弱，天干甲木食傷生丁財機車，甲辰時壬申分發現車子，是丁壬合，無關身弱甲木喜神也！

以時間成卦，是農曆己巳年9月25日，巳火序數為6，6加9加25等於40，40除以8除盡，上卦為坤土，40加5 (8點辰時時序)等於45，45除以8，餘數5，下卦為巽木，45除以6，餘數3為動爻數。

主卦地風升，巽木為車為賊，剋坤土體卦，剋我者為官，官為壓力，找不到車心急。互卦雷澤歸妹，兌金剋震木，震為工作，受剋動不了，或影響上班。變卦坎水為車，坤土剋坎水，我剋為財物不失，坤體臨月日旺相，有驚無險找回，

從不見到找到約 30 分，不可思議! 若偷車賊發現車子回到原處，怕會嚇呆，舉頭三尺有神明。

六爻:世爻持丑土妻財臨月旺，三爻酉金官鬼動化午火子孫回頭剋除壓，亦是尋回之意。而梅易以體卦為物主，用卦為失物，體剋用、用生體、體用比和物不失，變卦是結果，前兩卦不吉，若變卦再洩氣，失物難尋。

十二、蝦子煮麵

雷水解之雷地豫　午月辛未日

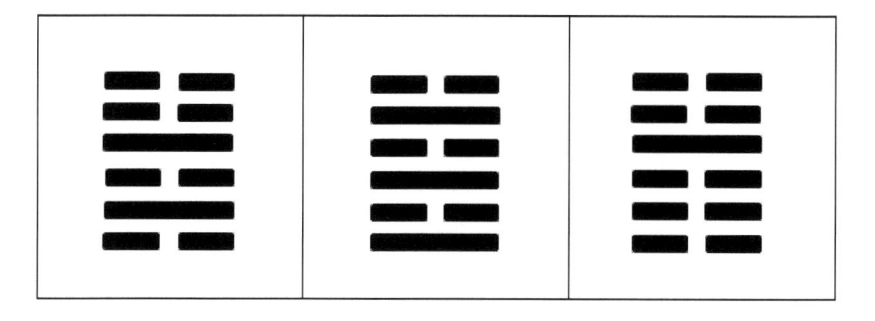

2024 年 7 月 6 日下午 4:46 (甲辰年庚午月辛未日丙申時)，妻子、女兒外出買電腦鍵盤，只有我獨自在家，通常

會自己動手做晚餐，冰箱有蝦子、瘦肉、青菜，另有麵和白飯，那麼，晚餐煮蝦子麵好，還是瘦肉炒飯好呢？看了一下手錶，由時間 4:46 決定好了，這是梅花易數的隨意性，4 為震卦，46 除以 8，餘數 6 為坎卦，4 加 46 為 50，50 除以 6，餘數 2 為動爻。

主卦雷水解，坎水生體卦震木，坎水為海鮮為蝦子，震為動，也是蔬菜、麵條，在申金時，金生水旺生木，體旺煮蝦子麵方便。互卦水火既濟水火戰，是水煮蝦子 PK 熱炒瘦肉的攻防戰。變卦震木剋坤土，坤土為五穀米飯，土也可看成肉肉，木剋土付出費勁，所以，煮蝦子麵最佳。分辨得出來嗎？

十三、風水師勘宅

山水蒙之風水渙　寅年酉月庚午日

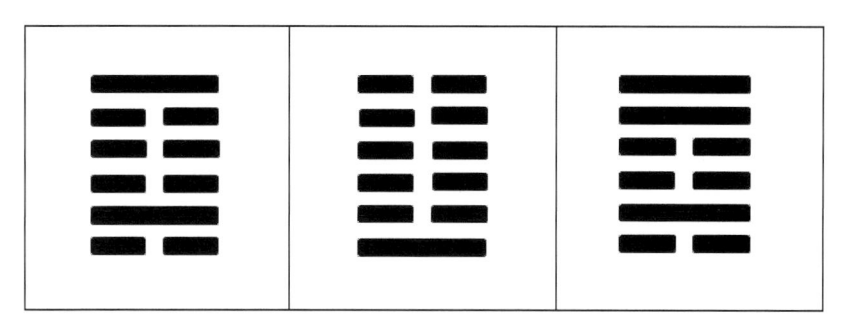

　　網友 2010 年入伍當兵，今年積極想改變命運，在退伍前先充實自己，報名上室內設計課程，在論命社團提問，之後私訊:為提升財運，想邀約一位有名氣的風水大師堪宅，有用嗎？並說那個老師滿有名的，看風水看到國外去了，已預約近期到宅看風水。

　　我相信風水，住家物品因擺錯位置，或人睡錯方位導致疾病，一經變動床位或拿走物品，病症馬上消除，親身經歷過好幾個實例，相當神奇。

風水門派多，各有各的學理，也就是說請 10 位風水師勘宅，各有不同的調理方法，真的能助人發財解災嗎？不全然，但也有真功夫的。在學了六爻和梅易後，一個卦象就能知住宅吉凶、風水師傅的勘宅能力，這個預測才是我嚮往的技法，不花冤枉錢，因為調理不好更糟，廣告都是老師成功的例子，失敗的可能不少，但不會秀出來。

　　請某大師調理住宅風水後，財運能變好嗎？讓其報數 765 取卦。主卦山水蒙，艮山為房，坎水為憂，是房子有毛病，正是住房不順之象，用剋體，可說是為房子的事憂心。互卦地雷復，震為動，坤土為地，想花錢動土調理修繕之象，當然，仔細一點，震為積極態度，木剋土，想藉由對方風水師改運，剋是一種依賴與期待。變卦風水渙為渙散，體卦坎水洩氣，調後不利己，損財做白工，真有風水二字。不知網友後來情形如何？

　　其實，影響我們命運較大的有八字，還有看不見的各人福氣，有時是發財的運勢到了，正好呼應風水師調理，覺得

有效,如果八字走凶運,那麼風水師踢鐵板的機會就多了,好的風水會提升運勢,但仍要其他條件配合,又如疫情肆虐時,許多餐廳關門,再好的風水也難救援。

順應此例,將自身風水經驗分享:住家附近,一家店賣大腸鮮蚵麵線羹,好吃、生意相當不錯,一天只賣3小時,每天見排隊人潮。房東可能忌妒將其趕走,店內擺設、收銀機位置都沒變,換房東自己來賣,同樣麵線羹,味道有別,沒啥人買,一二週就收攤了。

相同風水,換了主人,氣場就變了,原來的店家在附近重開,只在門口遮雨棚下做生意,依然火爆如昔。店名:澤火革之澤雷隨,賺錢的卦象。

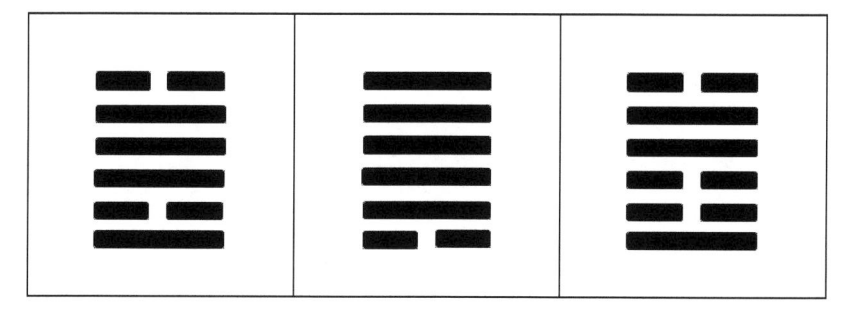

主卦兌金體卦為吃喝，用卦離火為熱，直讀熱食，互卦天風姤，巽風為木為細長麵線，變卦兌金剋震木為財賺錢。一家芝麻街美語生意好，換業主、招牌，格局不變很快關門，說明財福不單看房子的風水，老闆的福氣和八字走運相當重要。

學好六爻和梅花易數，可謂知識寶藏。住家風水聚財否、祖墳穴場地氣有無，不需羅盤、不用到現場實勘，卦意會說明。此外，家裡放開運商品，如貔貅、蟾蜍、招財貓…，能否助財運，占個卦即明，不會受騙上當。

十四、融資融券

水風井之水天需　辰月庚子日

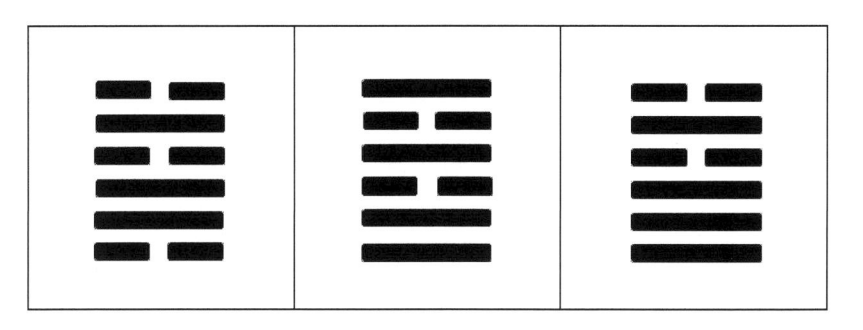

　　網友擔心提問，其子見同事做融資融券賺上千萬，年輕人想一夜致富，也想跟隨賺大錢，異想天開，同事告知方法，就是損財的開始。事實上，每個人的機緣福氣都不同，和富商郭台銘八字一樣的人，可能只做個小生意，或只是個上班族、市井小民。八字看趨勢，後天大環境與自己的行業抉擇，決定財富層次，選擇對否最重要，這就是我為何要學六爻和梅花易數的原因，預知吉凶太重要了，一個卦可能值數千、數萬或數百萬，能不花點時間研究嗎？

　　戊辰月庚子日(4月6日)，占卦看做融資融券行不行？讓其子報3個數，651。主卦水風井，體卦坎水為險為陷，

立馬提醒有風險,巽木為股票,坎體洩氣不吉,互卦火澤睽,體互離火剋兌金為財,一心想賺錢,但離火也乏力,說明心有餘而力不足,須量力而為,變卦水天需為結果,坎體得乾金生助,乾金為大財,好像有希望,但坎水入墓於辰月,辰土剋水,由乾金輾轉相生,力量變小,何況接下來巳午月卦氣更弱。。

從六爻來看,世持戌土財爻,在辰月月破,午火子孫福神暗藏不現,受子水日沖不吉,告知不要做,各人福運有別,看他人風光,自己照做未必如意。六爻比梅易細膩,解卦有些難度,但有時卦意也相當明顯。

事實上,其子在卯月已買了 2 檔股票都大漲,其中一檔記得是半導體金麗科,約 300 元左右買入,卯月庚寅日最高 577 元,相當高興,但沒有逢高出脫危機意識,辰月股價逢高反轉下滑,夢醒時已來不及,後來天天跌停賣不出去,4 月 25 日辰月己未日跌破 300 元,2 檔都沒賺到,與卦意一致,這就是命運,沒福氣賺到錢。

投資股票要看長期還是短期，逢低買績優股長期持有，每年或季領股息，不太需要占卜，但如果做短線風險高，最好先占一整年的財運看看，若卦意不好，千萬別炒短線，容易賠錢套牢，因為人有貪念或猶豫的心理，即使卦準都有誤判時，特別是逢八字印剋食傷，或財生官剋身，明知不能買或賣，會糊里糊塗去做，事後懊悔。某日有網友私訊，只想學股票占卜，我說我教梅易是綜合性的，不會單獨教股票買賣，占得準未必賺得到，小玩參考是可以的，膽子不要太大。

十五、夜店大火

天火同人之天雷無妄　卯月甲申日

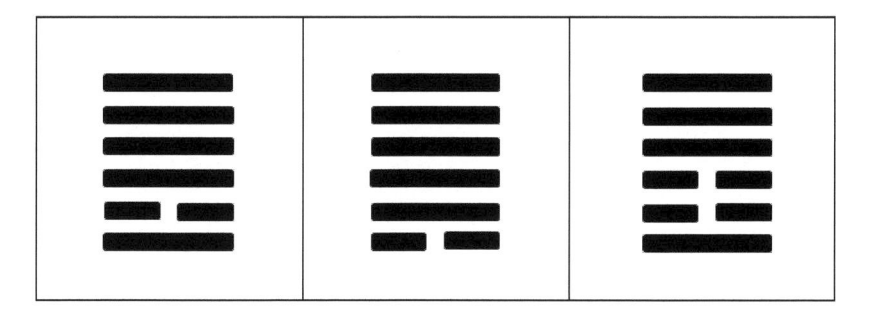

北馬其頓當地時間 2025 年 3 月 16 日 2:35 am(UTC +1)，Pulse 夜店大火，造成至少 59 人死亡，155 多人受傷住院。事發時夜總會在舉辦音樂會，有人點燃煙火引發火災，這是北馬其頓歷史上最嚴重的夜總會火災。

　　八字有一說，需將出生時間轉換成太陽時，是否要如此？應用六爻與梅易的時間卦，我皆以發生事情的當地時間為主，驗證結果都與事實一致，大家可再著墨。

　　當地事發時間卦(6.2.17.2):主卦乾金為體，乾為高貴為皇宮為動，可視為夜總會，用卦離火為熱鬧，影片畫面是舞台左右燃放煙火，增強音樂氣氛，互卦天風姤，乾金剋巽木而動生離火，有如點燃香火，火苗燒到旁邊物品引燃火災，變卦為無妄之災，震木回頭生離火，卯月火旺助長火勢剋乾體夜店，一發不可收拾。

十六、住家風水吉凶

天地否之天雷無妄　巳年卯月辛卯日

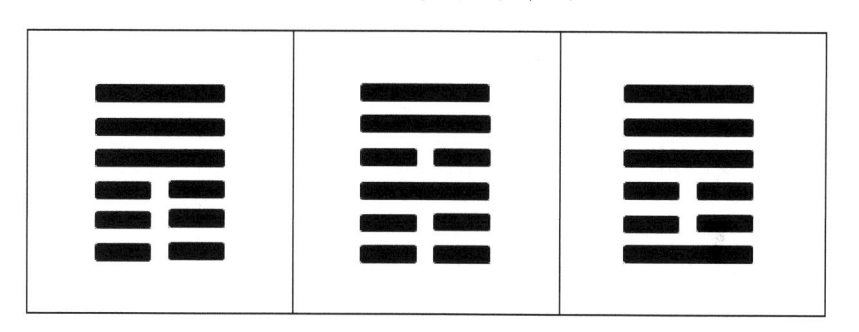

一男占問陽宅，報數 187。占陽宅風水，主要看體卦旺不旺，能不能擔財？體衰身體差，體受剋多，此房不吉不宜居住，但若運勢不佳，也找不到好的房子，能不能找風水師調理呢？運勢低迷，是請不到明師的。

主卦乾金為體，乾金為大錢，得坤土住房生，雖日月休囚，但有巳火太歲扶助生坤土，再生乾金，不能說沒錢，旁敲側擊，說有家產數千萬，股票超過 500 張，坤土不旺，說明是幾十年的老房子。坤土個性節儉也是妻子，對乾金老公照顧有加。

互卦風山漸，巽木為乾金的財，巽木也是股票，巽木序數為5，卯月卯日巽旺剋艮，離火居中轉化，艮為家為金庫(艮中丑土)，為乾金之印星，代表夫妻二人持股多，妻子愛買股票。互卦是隱藏的事情，除了證券營業員，家中小孩略知，乾金在外受太歲剋制，低調生活，財不露白。變卦天雷無妄，乾金剋震木為財，無妄卦是不要妄為則無咎，乾金守財，守住老婆，剋是依賴，無妄是六冲卦，卦主說夫妻相互關愛，也會爭執吵嘴。

　　風水好不好呢？還算可以，樸實過生活，不過，卦主說長年頭痛、腸胃不好、腳較無力，為何？乾金為頭、震木為足、坤土為腸胃，從五行旺衰的角度去看即明。六爻:卯財旺相持世有錢人，入未土動爻之庫，個性低調。

十七、保險業

風天小畜之巽為風　辰月丁丑日

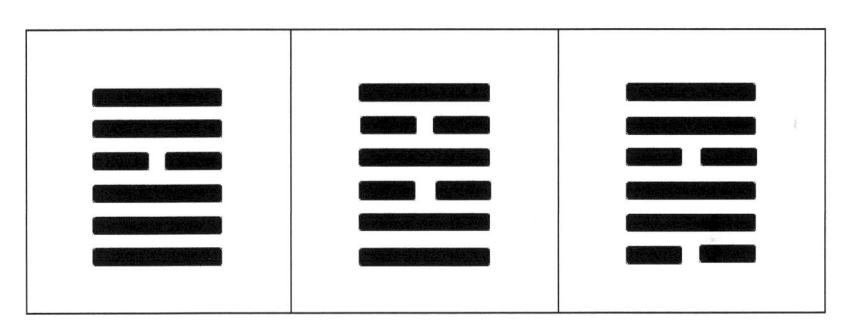

一位女孩 25 歲，剛出社會不久，事業、愛情都不順，做保險業，保單常簽不成功，提問原因？讓其報數 511。

主卦巽風為體，在辰月丑日卦氣弱，弱則能力不足，巽風為教育訓練，經驗明顯欠佳，用卦為乾金老闆是客戶，臨月日旺相，金剋木表達能力差，客戶問題無法招架，保單怎麼簽得成？互卦火澤睽，用卦兌金為說受離火剋，但辰土洩離火生兌金，說不動客戶的心。變卦巽為風比和卦，卦氣弱無心、難有大的交集，又是六沖卦，保險談不成，甚麼時候巽風強，說服能力佳則順，也會遇到好的客戶，看來是冬天比較有機會，在那之前，只能多多磨練了。

此外，乾金為對象男友，剋巽木體卦不感興趣，愛情不成，乾金是官星事業，也是男朋友，當事業運不佳時，愛情跟著不如意，業績轉佳時，喜氣上身氣色佳，愛情也會跟著順遂，一卦可以多斷，可以說的信息還有許多，父母親、子女關係都可論述。

十八、火鍋生意

乾為天之天火同人　丑月戊辰日

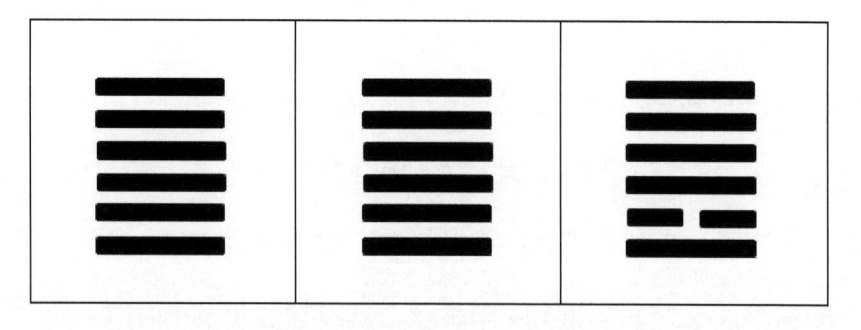

市區街上一家石頭火鍋店新開張，2022.1.15 (辛丑年丑月戊辰日) 試營運，裝潢氣派，卻連幾天用餐時間路過，不見任何客人，這個店面已換手多回，最後都收攤。此店開在

一家石頭火鍋正對面,食材做法一模一樣,然而對面老店生意太好,排隊等候人多,難得有客人會到新店用餐。這和疫情有關嗎?可是對面老火鍋店生意依然很火。開店務必先預測,少走冤枉路,一個卦可能值數十萬或百萬。該店 2024.4.30 (辰年辰月甲子日) 結束營業,歷經 2 年多,怎麼撐得過去?店名 X 鍋,主卦乾為天比和,但六沖不聚氣,開店或住宅皆不宜,變卦離火剋乾金損財卦,又正好歷經寅卯年,木生火旺剋體卦乾金,財官壓力重重。

取其電話後 4 碼為 2666 立卦,2+6=8 為上卦坤土,6+6=12,12 除以 8 餘 4 為下卦震木,8+12=20,20 除以 6,餘數 2 為動爻,卦象地雷復之地澤臨。

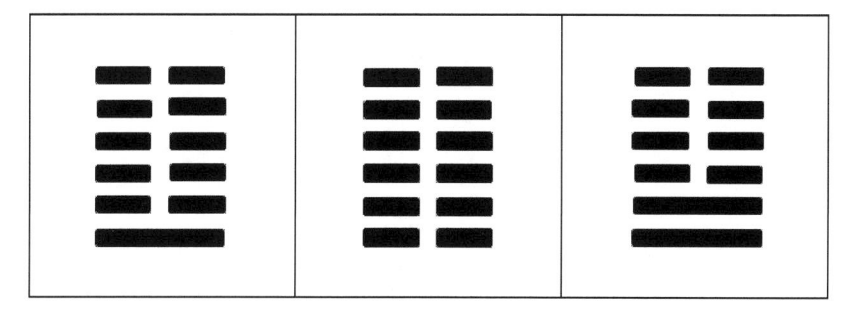

主卦坤體為店，用卦震木剋坤土不吉，變卦兌金為財洩坤土，損財耗財明顯。開店做生意，店名、電話號碼都有許多信息，不能只看八字，運勢不佳時，取的名字與號碼一定沒啥福氣，知識重要，選擇正確比努力更重要。

巳月起，一家小吃店重新裝潢進駐原來的火鍋店，號稱50年招牌老店，小吃店大門面，午未月經過此店數次，仍是看不到什麼客人，對面石頭火鍋仍是人潮不斷，看來不妙！這間店面換過很多行業了，是風水問題？申月丁未日外出路過，見門口已貼店面頂讓。

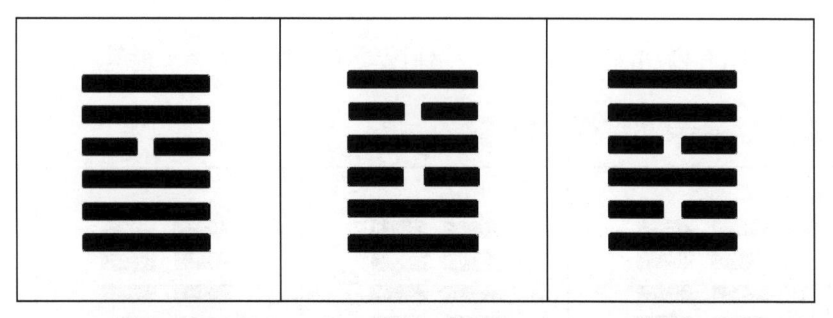

店名XXX小吃，XXX是29劃、小吃是9劃，風天小畜之風火家人，很明顯巽木體卦又剋又洩，在申月巽木受剋嚴重，撐不下去了，不過3個月。取店名很重要，店內風水

跟著店名轉,有啥店名,就有啥風水擺飾,店名即是店面風水吉凶,如果是分店,位置不一,還要加上店長的八字,而最簡單的就是開店前要先預測投資能不能賺錢,吉凶如何,三分鐘搞定,而不是先請大師看風水,若要請風水師,一樣事前先占問能否改善增強財運,免得花冤枉錢。

十九、50元硬幣

天雷無妄之火雷噬嗑　午月乙卯日

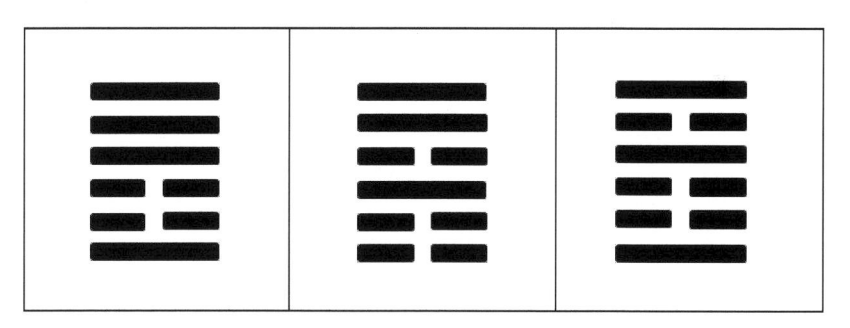

2014年6月13日 下午1:52 (甲午年庚午月乙卯日癸未時丁巳分之壬寅分),搭公車坐下時,發現椅子下有50元

硬幣，遂撿起之，我是丁火日元，八字行庚金財月剋甲乙印星，財剋印見意外之財，壬癸水官星小驚訝！

　　以 1:52 為時間觸機，主卦天雷無妄，乾為錢剋震木體卦，乾金為圓為銅板，乾 1 震 4，1 加 4 為 5，正好 50 元，財來找我，乾金休囚錢不會多。互卦風山漸，巽風為車，艮土為馬路，車在道路上行走，車開得快，艮山亦為座位，變卦震木為手，生離火剋乾金，不就是撿錢的動作，有看到畫面嗎？

二十、炒牛肉

山天大畜之風天小畜　　卯月庚寅日

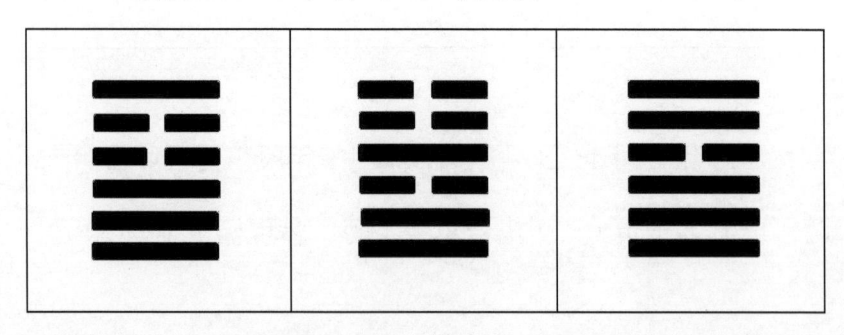

昨晚 11:40，見網路介紹一家附近約 15 分鐘車程的熱炒店，受其沙茶牛肉燴飯吸引，今天下午 1:12 出門前往品嚐，臨走前快速占一卦，現在去吃某店的炒牛肉燴飯，滿意否？抽籤取數 715，一看就知會上當，不過，不是大投資無妨，即使一頓午飯也想驗證卦意。

　　主卦艮土網路生乾金體卦為吉，艮中丑土為牛，想吃牛肉，互卦雷澤歸妹，兌為悅、震為動，滿心喜悅出發，變卦乾金剋巽木，我剋為財為吉，三卦皆好，一定會吃得開心？

　　如果只看體用生剋就下結論，是不行的，今天卯月寅日，乾金和艮土休囚，哪有好事等著？網路寫的讚美之詞，不能當真，有些與事實相差十萬八千里。我還是和妻子去了，抱著吃一次看看的心理，期待不高，傷害不大。

　　結果牛肉是小碎肉，三分之一嚼不下去，貴又不好，再也不來，這家店經營 20 幾年了，還是有顧客。回程到全聯

買牛肉片和小罐沙茶,加上洋蔥蔬菜,自己動手炒一盤,配上白飯,真材實料,色香味俱全,讚嘆自己手藝。

二十一、錢包遭竊

山天大畜之山澤損　辛巳月庚子日

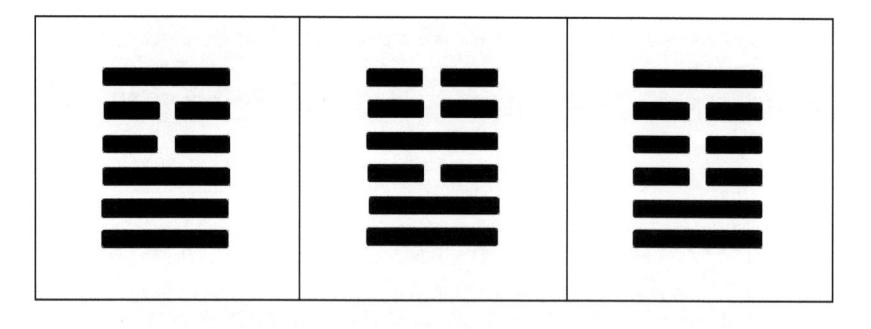

晚上遇到鄰居面色有憂,告知方才(2005 年 5 月 16 日)約下午 6:05 酉時,下班回家途中,將機車停在便當店門口,進店買飯盒,不過幾分鐘,出來一看,機車後座遭小偷撬開,錢包內的兩萬元和證件不翼而飛,隨即報警、信用卡止付,怕是找不回了!

以時間成卦，是農曆乙酉年 4 月 9 日，酉金序數 10，10 加 4 加 9 等於 23，23 除以 8 餘數 7，上卦為艮土，6:06 酉時序數 10，23 加 10 為 33，33 除以 8，餘數 1 為下卦乾金，33 除以 6，餘數 3 為動爻數。

　　主卦艮土巳月體旺但洩氣，三爻至五爻為震木為動，艮為車為座為止，機車是停止不動的狀態，二爻至四爻是兌金，兌金為財為二，座位內有兩萬元，用卦乾金是竊賊。互卦雷澤歸妹，震木為軍人、警察，兌金為說，直讀報警，金剋木動，木動剋艮土，可想像內心緊張，壓力不小，子水日為艮體的財，為失財而憂心忡忡。

　　變卦兌金洩體卦艮土，艮土追兌金，很明顯是損財難回，物失難尋。讀者可能會想，巳月的火生艮體，體旺不怕震木來剋，乾金兌金在月休囚又日洩，怎麼有能力劫財呢？是的，這是當初學習生剋不明白的地方，這需要反覆思考開悟，如果巳火生艮土生乾金，金又生子水生震木，木又生巳火生艮體，一個大大的循環，哪還會有盜竊的事情發生呢？

提醒:案發在酉時,乾金老手臨旺,不需日月生助,一個酉時,就可以讓艮體損失慘重。

二十二、外遇

風天小畜之水天需　卯月癸巳日

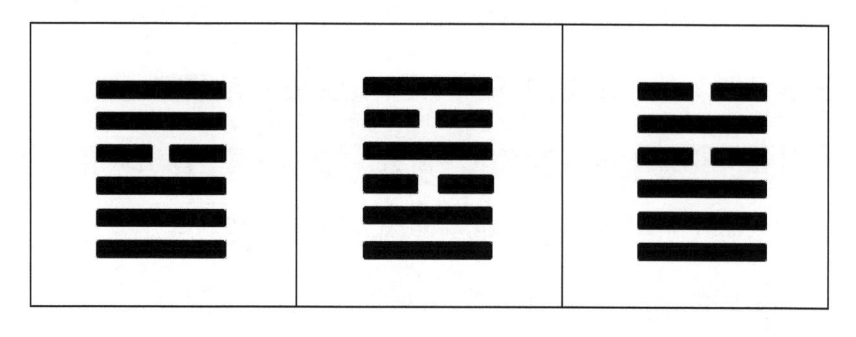

2023 癸卯年 3 月某日在此店買雞排,聽高大魁梧的老闆向熟識人訴說,妻子與店內年輕員工婚外情而離婚,損七、八百萬。我一聽來了興趣,但又不好意思隨便問老闆的名字或八字,此時突然想到其店名,或許有些蛛絲馬跡。

店名XX取卦:店主是老闆本人約51歲,主卦風天小畜,夫妻反目卦,乾金體卦老闆剋巽木為財,巽木為雞,乾金為

骨，生意經營獲利，雞排味道不錯，巽木也是妻子，妻子受剋有壓力，巽為風愛自由。

互卦火澤睽，離火剋兌金，口舌吵架，也表示妻子愛財、不滿老公，變卦水天需，這是最令人玩味的地方，坎水為坎中男，是店內的員工，年輕小伙回頭生巽木妻子，兩人好上了，妻子與小鮮肉外遇跑了，乾金生坎水洩氣損財，坎6乾1=7，又與妻子離婚。簡單主互變三卦，竟有如此畫面，是八字或店名影響呢？還是有什麼運勢就會取什麼名字相呼應呢？五行陷阱無所不在。

2025年卯月癸巳日傍晚，又與妻子一起到此店買雞排，老闆的媽媽來店幫忙生意，突然有意無意的和我們聊起兒子離婚的事，我看錶5:57，老闆媽媽還特別拿20年前，其子與妻子的結婚照數張，數落起兒子的前妻，說其似詐騙集團。

原來夫妻無小孩，妻子目前 49 歲，年輕時就不想要生孩子，思想好先進，2023 年之前三年(坎水子年)，就開始與店內年輕員工曖昧，搞婚外情，對方小她 20 歲，又以老公名義在外多處借錢，在事情爆發後要離婚，才知妻子欠債多，夫妻法院見，最終要賠 7、800 萬元。最扯的是離婚後，前妻居然和年輕小王也在隔壁開一家雞排店搶生意，今天隔壁有喜事不營業，原來是前妻與小王結婚日，老闆媽媽愈講愈生氣，聽了 15 分鐘故事。返回主卦，巽為妻子，巽木象意為騙，與乾金老公對峙，想想為何金剋木，反而是金敗？

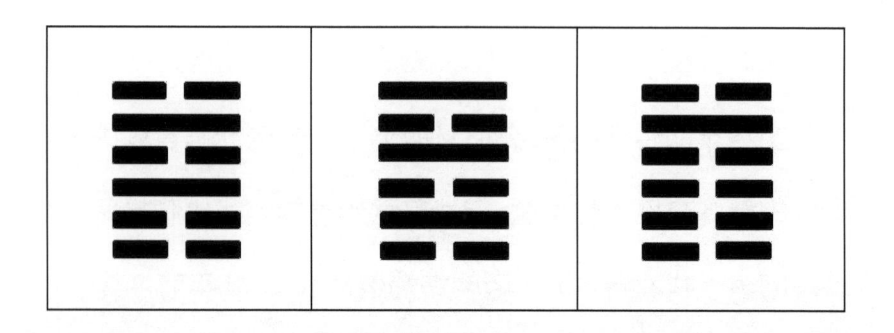

　　前妻店名 XXX，水山蹇之水地比。主卦水山蹇，坎水體卦桃花水，艮土為艮少男，一個柔情似水，又有男人的個性，一個土剋水迷戀，互卦火水未濟水火戰，今天卯月巳日

通關，正好辦婚宴，店面貼紅紙，沒有營業，離火為喜宴、婚證，變卦水地比，土水相剋又相容，幸福長久與否就待時間來證明了。

老闆媽媽說故事時間 (6.2.26.10):澤雷隨之兌為澤。

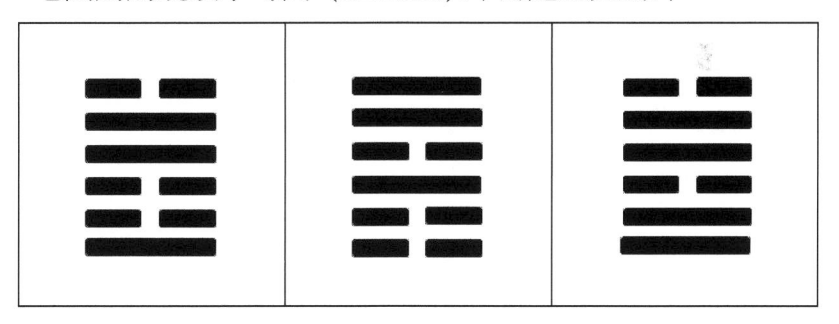

主卦兌金剋震木，兌金為體為前妻，能說善道，剋用卦震木丈夫，老婆厲害，互卦風山漸，巽木剋艮土奪夫財，變卦兌金六沖卦，夫妻分道揚鑣，小鮮肉在哪？請讀者找找看？小鮮肉為何願意和年紀大的老闆娘在一起呢？

二十三、社區都更

火天大有之火澤睽　癸未月乙卯日

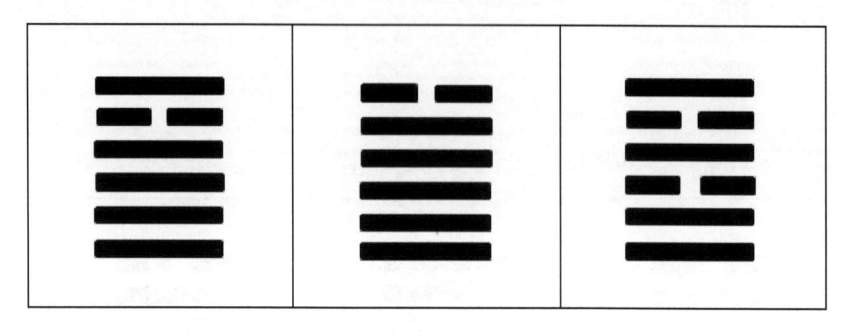

　　收到開會通知單:本社區謹訂於 2020 庚子年 7 月 11 日上午 9 點 30 分，在里民大會堂召開都市更新法令說明會，因本區建築物老舊，已有 30 年歷史，可進行都更重建。都更會議發起人是認識的女鄰居，曾經出來競選過里長，為人熱忱，這兩條巷子每一棟 4 層公寓住戶，都挨家挨戶拜訪過。說明會時間卦：庚子年癸未月乙卯日辛巳時(1.5.21.6)，1+5+21=27，27 除以 8，餘數 3 為離火上卦，27+6=33，33 除以 8，餘數 1 為乾金下卦，33 除以 6，餘數 3 為動爻，火天大有之火澤睽。

都更能取得住戶的認同嗎?時間卦會知悉。主卦為房子翻新之事,離火為房,未月洩氣房子老舊,乾金為剛健豪華,有老房翻新之意,互卦澤天夬,夬為果決做決定,兌金為說,乾金為大,集眾人意見一起討論,變卦睽為乖離,同床異夢,各有打算,兌金為缺,缺火缺心,三至五爻為坎水,水火戰,很難一次就達成共識,離火在未月難成,後因疫情愈趨嚴重,只開此一次會議就沒下文。

庚子年亥月甲寅日晚上 9:44,自占:本區住宅都更能成功嗎?取數 821,地澤臨之地水師。

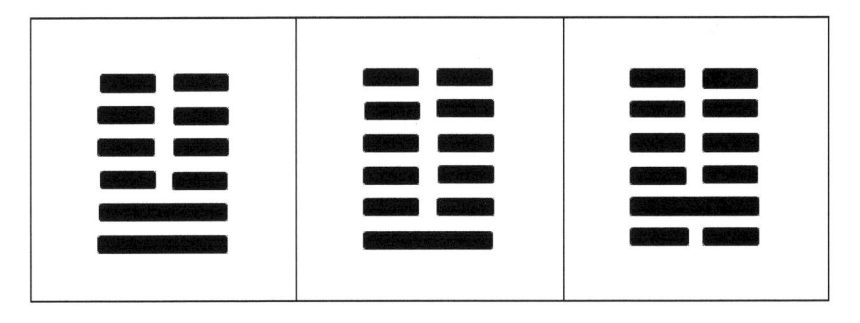

主卦坤土體卦,坤為眾為虛,洩氣於用卦兌金又不當令,互卦地雷復,震木為動、坤為土,有動土之意,但用剋體反而停擺事不成,變卦坤土無力剋水,坎水艱難不成之象。

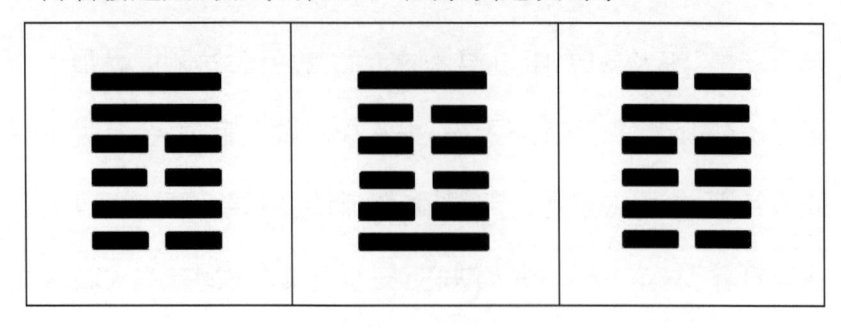

再看發起人的名字:葉 XX，風水渙之坎為水。

主卦之用卦巽木洩坎體，樂於助人，服務大眾，互卦山雷頤，艮山為房，震雷為動，動房改造、翻修之意，子水年震木的力量強烈，興起都更念頭，名字神奇都有跡象，變卦坎為水重險為陷，六沖卦不易達成目標，隔年丑年剋體、寅年洩體之氣，只能作罷，看來冥冥中皆有定數也。

二十四、占卦資料

澤水困之坎為水　癸卯年巳月乙酉日

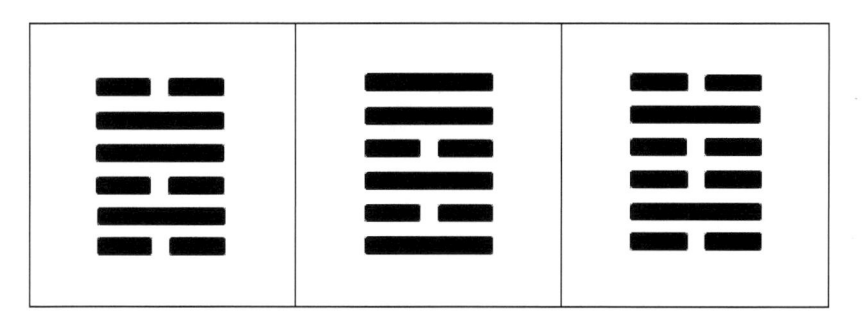

之前占過弟弟的辭職卦有紀錄，資料太多，這幾天一直找不到，今早10:30，取數264起卦，占何時能找到？主卦兌金生體卦坎水，生我者為父母有利，互卦風火家人木生火，巽木為文書資料，火旺為急，用生體為吉，變卦坎水比和卦應期快，雖巳月卦氣弱，但有日辰酉金生助，一定能找到，多久呢？沒有把握。

已一本一本翻閱兩次，平時紀錄太多，旁邊又加註解，文字密密麻麻，眼拙難找，幸運的是，10:34巳時酉分之辰分，恰好翻到此卦，只花4分鐘，太高興了。 主卦兌2、坎6之數，可以是2加6為8分鐘，或6減2為4分鐘，再

久一點為 26 分鐘。用生體、比和的應期快，體剋用慢些，體生用或用剋體難尋。

當時弟弟問:想退休，此事如何？癸卯年未月戊辰日晚 6:45。他之前在科技公司，後到銀行技術部門任職 20 多年，工作繁重想退休，今晚適時問我，讓他任意報三個數，34、44、56。第一數 34 除以 8，餘數 2 為上卦，第二數 44 除以 8，餘數 4 為下卦，第三數 56 除以 6，餘數 2 為動爻。卦象澤雷隨之兌為澤。

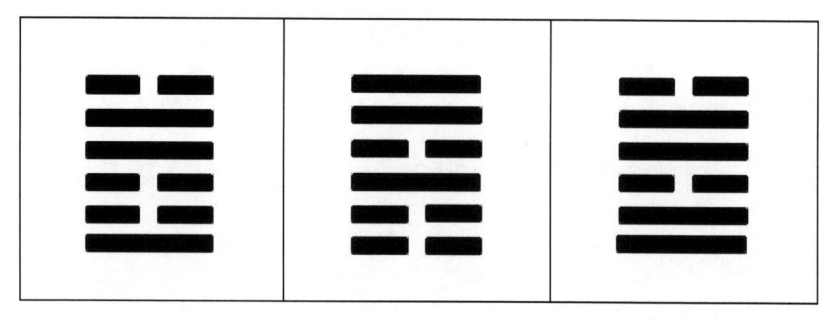

主卦兌金剋震木工作，兌金體旺，震木為副職(副科長)，剋者付出辛苦，初爻至四爻為離卦，離火剋兌金有壓力，互卦風山漸，體互巽木剋用互艮土為財，工作盡心盡力，為何想辭職退休？看得出來嗎？互卦即原因,巽木為教育所學知

識，已剋不動艮土。變卦兌金比和六沖卦，明顯不想繼續了。震木化兌金回頭剋，為辭去職務之意。

兌金體旺能力強，之前提交辭呈多次遭慰留退回，結果12月甲子月再提辭呈，這回奏效，子月丙寅日生效。子水月洩主卦兌金體卦之氣，不再剋震木任職，無事一身輕，這是體卦休囚，而事反成之例。

二十五、焦慮症

雷山小過之澤山咸　卯月丙申日

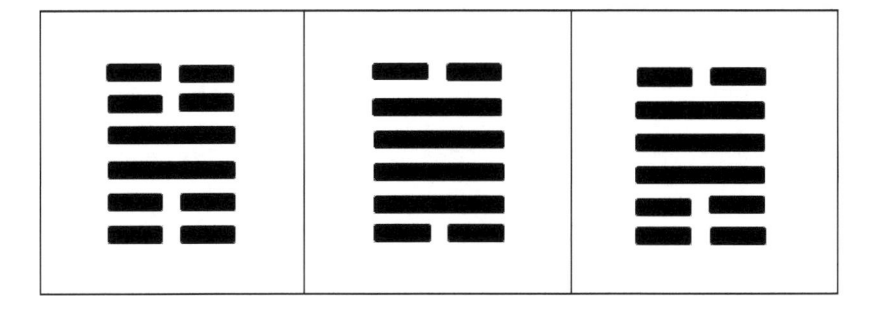

2025.3.28 晚 8:19 天機社團團友女問:最近幾個月健康出問題,仍不見好轉,想知道會有好轉的一天嗎?是焦慮症和特定事物恐慌症。胸口很痛,有熱氣吐不出來超級不舒服。丁卯年庚戌月乙卯日丁丑時生,33 甲寅 39 乙巳,甲膽乙肝,庚金近剋乙木日元,丙午大運耗洩乙木之氣,最近戊己土增強庚金官煞之力,乙木日元壓力大增,肝氣鬱結。

氣功老師彥寬:焦慮是過度期待和思慮。焦是火燒灼熱,慮對未來的思考,對還沒發生的事過於擔憂,導致心火過旺、肝氣鬱結,肝氣無法正常疏泄,血液就無法正常運行全身,心情失控,容易憤怒、鬱悶、煩躁。建議練「疏肝展胸法」擺脫焦慮,肝指數、膽固醇都改善。

依提問時間起卦(6.2.28.11):主卦震木用卦剋艮土體卦,震木為肝臨月旺相是病源,承受大的壓力,艮土為胸部受剋不舒服,艮土為腸胃,消化系統也會有毛病,山上打雷,有受驚嚇之意,焦慮之心油然而生,互卦澤風大過,巽木為膽為神經,兌金為口為缺損,膽小害怕,神經緊繃,恐慌症是

五行交剋產生的病症，心情要得到舒緩，鬱悶焦慮才能緩解。

變卦澤山咸，兌澤為金洩艮土體之氣，洩氣是抒發情緒，但要有方法、管道，艮土為坐不動如山，艮土為家，待在家不出門，只會更加胡思亂想，無益病情，兌金在卯月月破，顯然沒有解決之道，艮體在卯月處於挨打的份。

主互變卦說明事情緣由，病情好轉得靠自己，若調整風水緩不濟急，是否管用不得而知，除了諮詢醫師意見，最好的方法應是適當的活動，氣血循環得到改善，神清氣爽，不好的運勢也會減輕許多，畢竟人體本身就是風水，另外，避免到住家東方，另外，加強火的能量如運動。

二十六、考駕照

地澤臨之山澤損　午月丁卯日

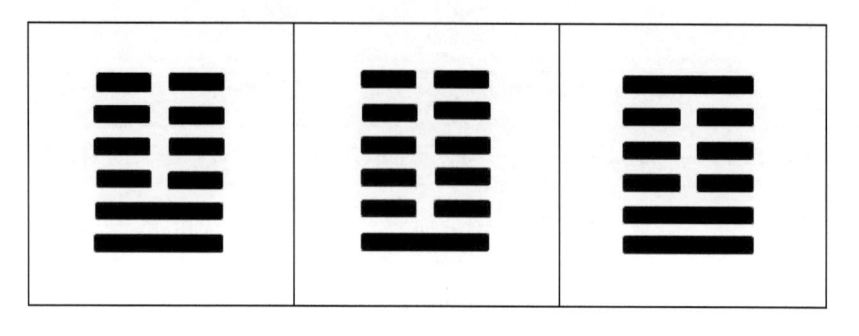

兒子明天要參加機車駕照考試,已練習一段時間,駕輕就熟,做為父親的我代占,取數826。主卦之用卦坤土生體卦兌金兒子,在午月兌金較弱,但有坤土轉化午火,順利得多,坤為母親,之前多次帶他去大的公園附近練習,而互卦地雷復,震木剋坤土,體互剋用互為吉,實力能發揮出來,變卦是艮土生體卦亦是吉論,明日戊辰日土旺,對兌金更有利,巳時考試,現場看他輕鬆過關。

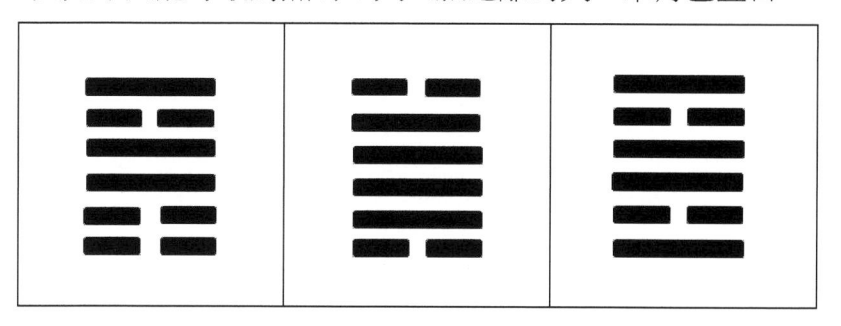

女兒今天能考取駕照嗎？火山旅之離為火，未月己丑日。

妹妹見哥哥已考得駕照，也躍躍欲試，同樣是媽媽陪練，從練習騎機車至昨天，總共才 11 天，她的平衡感不太好，剛開始有些氣餒，但她學什麼都很用心，那麼短的時間去考照，全家都擔心，路考能過關嗎？父親的我先代占一卦，取數 371。

主卦之離火體卦在未月洩氣於艮土，日月無助體卦，可見信心不足，今年為甲午年，午火得太歲比扶，勉強應戰。互卦是過程，澤風大過卦，兌金得日月生扶，旺剋巽木，剋是操控、駕馭，巽為考試又為車，有考上機會，結果應考時間 9:38，巳時卯分之酉分上場，我在旁做紀錄，9:43 巳時辰分之卯分結束。變卦離為火，在巳時火旺時間考試，有加分

作用,日月都不幫的情況下,居然在時辰上得助,可謂幸運,在沒有閃失的情況下,順利過關。

離為火為比和,又是六沖卦為散,一定有某種意義存在,寫此文時想到,自從她考得駕照後,至今難得有機會騎車,平時有需要都是坐媽媽的車出門。

上述 9:38 是巳時卯分之酉分,讀者若有興趣,可在博客來網購六柱十二字推命法一書,有分柱的算法,這是四柱八字的延伸,教您眼前的五行生剋如何多重作戰,故事性十足,沒有身強身弱取用神的煩惱,會有更多命理上的領悟。

二十七、保母執照

天風姤之火風鼎　　己亥年酉月己未日

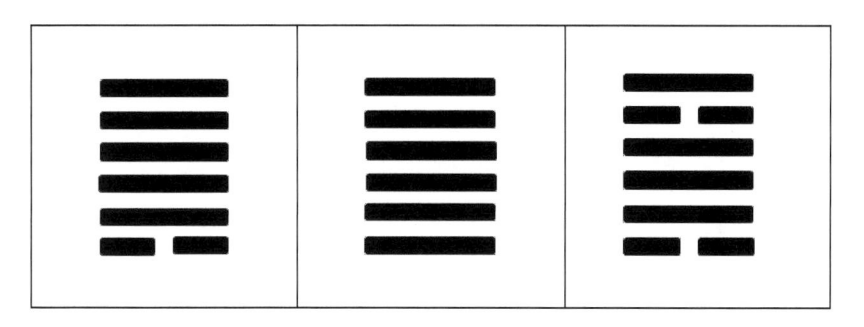

　　網友40幾歲，近來想找工作，去托兒所、育嬰機構上班，需要保母執照，2019年7月中已考一次沒上，考到沒信心，越到考試日子越擔心，9月28日另一次機會，64人參與考試，錄取16人，想到私訊我看八字考運。

　　她是丁火日元身弱，9.28是癸酉月戊辰日，若以強弱取用神，戊辰土日食傷為忌神，剋癸水官煞，官為名次，受剋怎麼考得上？我說食傷即鬥志，剋官煞是將壓力除去，有信心就能成功。後來告知考上，學科90分，術科實際操作難度高，但過關了，謝謝我給的鼓勵。

當時並沒有讓其報數，直接以她提問時間 2019.9.19 下午 9:23 (農曆 12.8.21.12)，由卦象解之，這部份她並不知道，我會從命理和占卜同時參照給答案。

　　主卦天風姤，用卦乾金為國家舉辦的考試，剋巽木體卦，巽木為教育、文書證照，乾金如同官煞剋身，緊張壓力大，互卦上下卦乾金比和為吉，在酉月金旺，競爭者眾，但乾金勇往直前如健馬有毅力，互卦是過程很重要。

　　變卦巽木生離火回剋乾金，鼎卦有冠軍之意，突破困境，月令卦氣重要，但太歲亥水助巽木體卦，也可列入考量，類此，要給予鼓勵加油，或有奇蹟出現，除非三卦都不吉。

二十八、緬甸地震

風雷益之風澤中孚　卯月丙申日

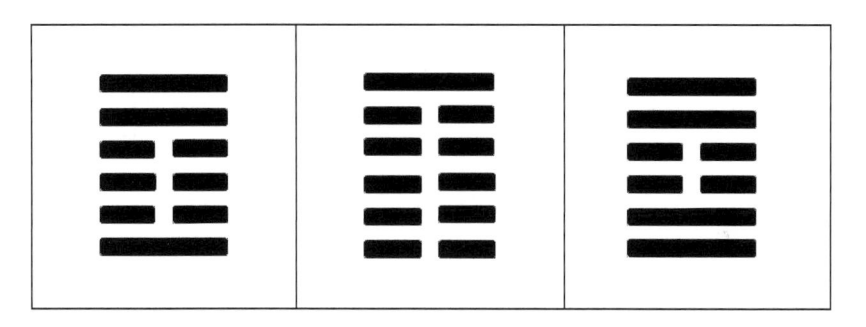

緬甸當地時間 3 月 28 日 12:50(台灣時間下午 2:20)發生規模 7.7 地震，多人死傷，距離震央 1300 公里的泰國曼谷也有感，一處正在興建中的 30 層審計大樓整個倒塌，估計有 83 名工人困在大樓內。泰國上次大地震是 34 年前，很多泰國人這輩子都沒經歷過地震，感到很害怕。

3 月 28 日 12:50 當地時間盤:

分分時日月年

甲己甲丙己乙

子巳午申卯巳

木剋土動為地震，今年乙木年，時干分干甲木在卯月旺相，甲木己土作合，合中帶剋引發地震，地支子沖午動，午剋申金，卯木無制，木氣最旺，剋土最劇烈。

以當地地震時間起卦(農曆 6.2.29.7):主卦之巽木為體卦，視為建築物，用卦震木為動，受日辰申金之剋，震木在地下震動，上面的巽木也跟著搖晃，中間二至四爻為坤土為地面，巽木樓房矗立在大地上，互卦山地剝，剝為剝落、陷落，房屋倒塌，艮土在上，坤為眾在下，說明有群眾受困於崩塌的高樓下，形象思維。

變卦兌金剋巽木，兌金為損傷、破壞，有建築物毀損之意，當然，也可以將巽木視為人，受剋則有人死傷。六爻:寅木兄弟旺相，在二爻發動化進神，兄弟動劫財、毀壞財物，也非常清楚。能預知的是，逢甲乙木剋戊己土時，有地震之象，但確實地點、時間難測，天災難以防範。發生事情以當地時間論斷，八字亦同，沒有轉換成太陽時。

二十九、殺手 47

雷山小過之澤山咸　申月戊辰日

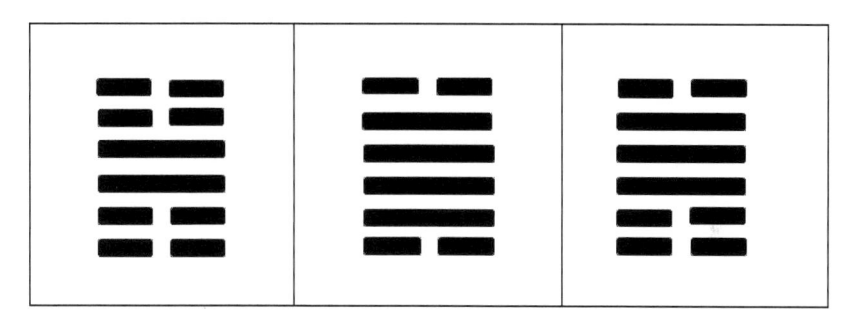

　　殺手 47 是一部電影，上映日期是 2015 乙未年申月戊辰日，47 是殺手的代號，特徵是他的光頭，由實驗室基因改造而成，從小訓練，執行特務工作，成為頂級職業殺手，47 的經典服裝打扮是黑西裝、白襯衫加上紅色領帶，與一副黑色皮手套。他的體能隨時保持在最巔峰的狀態，感知能力過人，記憶力與思維能力超群。

　　數字是一種暗藏的能量，電話、汽機車號碼、身份證字號、選手衣服上的編號、出生年月日時，都可以化成卦象，知運氣吉凶，所以，八字只是命運其一，有時解讀不準，是因人生的信息是多元的，同一時辰出生者上萬，不會有相同

的境遇，八字看不到的秘密，會在其他方面呈現，只學八字信息有限。

代號殺手47，4為震卦、7為艮卦，4加7為11，11除以6，餘數5為動爻。主卦之體卦艮為少男，從小受震木組織控制，剋即是改造磨練，承受壓力，震為動為敏捷的速度，互卦澤風大過，兌金為刀、槍，巽木為教育訓練，上下讀卦，做為殺手的必備條件，變卦艮土生兌金，看似洩氣，但艮土旺相，兌金即食傷秀氣，反擊震木阻力、對手，對狀況做出迅速直覺反應，為殺手本色，如同殺人機器。

三十、雨停

風火家人之風天小畜　甲辰年未月癸酉日

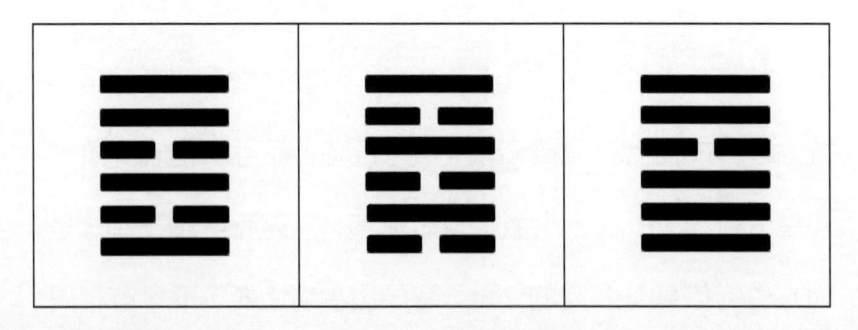

今天下午申時突然打雷,接著傾盆大雨,妻子 5:27 拿手機氣象信息給我看,寫著再過 32 分鐘基隆地區雨停,氣象有那麼準嗎?就以 5:27 觸機取卦看實情,5 為巽卦、27 除以 8,餘數 3 為離卦,5 加 27 為 32,32 除以 6,餘數 2 為動爻。

下雨看坎卦的水旺衰,主卦木火在未月酉日休囚,不見太陽,互卦火水未濟,坎水臨酉日申酉時旺相下大雨,變卦乾金也會生坎水,到 5:59 酉時巳分,正好 32 分如氣象所說,雨果然漸停,幾乎無雨,天空出現淡藍白色,烏雲散去。6:00 是酉時午分,午火剋乾金、沖掉坎中子水,五行微妙細膩至極。

乾金晴天、寒涼,兌金小雨、潮溼露水,離火烈日、彩虹,震木雷雨、地震,巽木大風、刮風,坎水下雨、霜雪,艮土有雲無雨、山風霧氣,坤土陰天、霧氣。

三十一、轉工自助餐

天山遯之天火同人　卯月甲申日

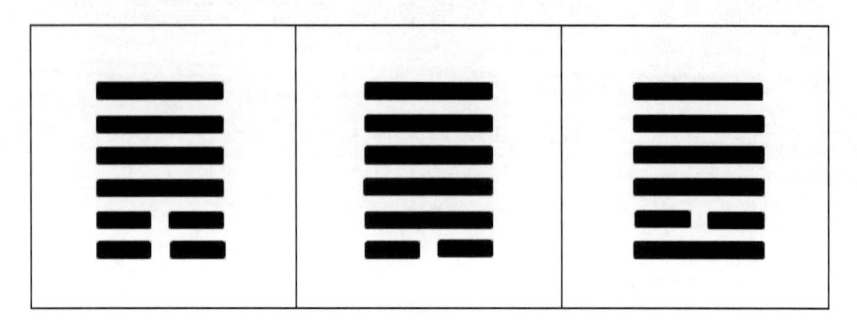

2025.3.16 早 10:05，六爻社團某人提問:現在我從事保全業，因身體種種因素要轉換工作，占卜時候我有明確指出要去哪一間的自助餐得此卦，是否合適？以前 10 幾年保全經驗大多兩段班較為習慣，現在一天 12 小時，原本患肢變嚴重，越不舒服。

這是六爻卦占卜，用梅易解析。首先主卦之體卦為乾金卦主，乾金為權為領導，今年乙巳年，巳火剋乾金，官煞壓力蓋頭，憂心的事情多。乾金在卯月休囚，幸好有日辰申金比助，算是有能力的人，個性積極，用卦艮土生體卦乾金，

生我者為印星,艮土為穩定,那就是有穩定的工作。乾金為警察、警衛,艮土為門,從事保全業。

互卦天風姤,體互為乾金,用互為巽木,乾金剋巽木,巽為腰腿,正如其言,下肢有病,不利腰腿,巽也是合同工作,金剋木亦是轉工之意。變卦離火屬自助餐業,這是想轉去的行業,但離火在卯月旺相,又臨太歲巳火,剋乾金不吉,很明顯不適合去。假如卦主不來預測,逕自前往任職,日後勢必後悔,火剋金是傷肺傷骨,或是燙傷皮膚呢?還是老闆對他不好、不順利?這是未知數,總之,事先預測能避免不必要的風險。

主互變三部曲,開始、過程、結果,簡捷清楚。我在他的卦下留言後,他回覆是否腰腿不好,是互卦的金剋木,原來他也學過一點梅易,沒時間研習,需要靈活頭腦,身體欠安中。

三十二、工作錄取

山天大畜之風天小畜　戌月癸亥日

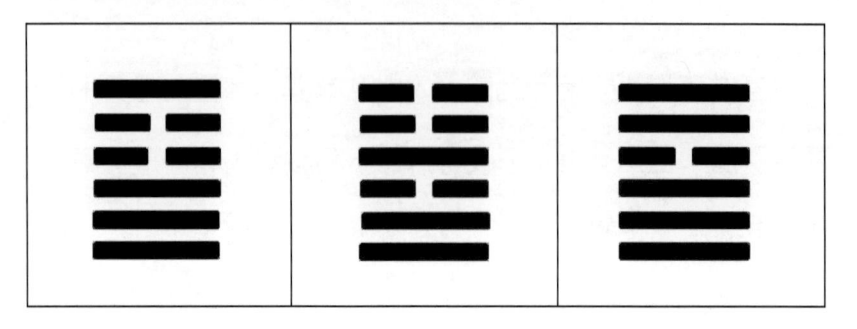

　　一位女網友私訊，說 9 月 15 日入職，在大學找到一份很好的工作，但要 3 個月試用期，聽人說難過關，所以很擔心。想問試用期過後，能順利率取嗎？通常要對方報數，可是靈感來了，就以提問時間取卦。

　　2023 癸卯年 11.1 下午 5:48 (查萬年曆之農曆 4.9.18.10)，4+9+18=31，31 除以 8，餘數 7 為艮卦，31+10=41，41 除以 8，餘數 1 為乾卦，41 除以 6，餘數 5 為動爻。主卦山天大畜，大有積蓄，乾金為體臨月旺相，工作能力強，艮土用卦生體卦，很得上司和同事喜歡，開始為好兆頭，互卦雷澤歸妹，體互兌金剋震木，震為職務，能做好本身的工作，掌握

得宜,有目共睹,變卦風天小畜,金剋木為財,能抓緊目標受肯定,錄取無虞。

另外,主卦山天小畜老少配,同性相斥,不利婚姻,得知其早就離婚,艮土化巽木,又受震木之剋,前夫錢財不如意,互卦雷澤歸妹,仍傾其所有助前夫,能看出來嗎?

再看一下六爻:卦中子水財爻逢空發動生官(職位),目前財弱,應是試用期,12月15日試用期滿,屆時是子月出空,希望網友能如願,有好消息要回饋。果然,2023/12/18 下午12:56,甲子月庚戌日午時報喜,順利過關。

12:56 報喜有何玄機? 雷地豫之雷水解。

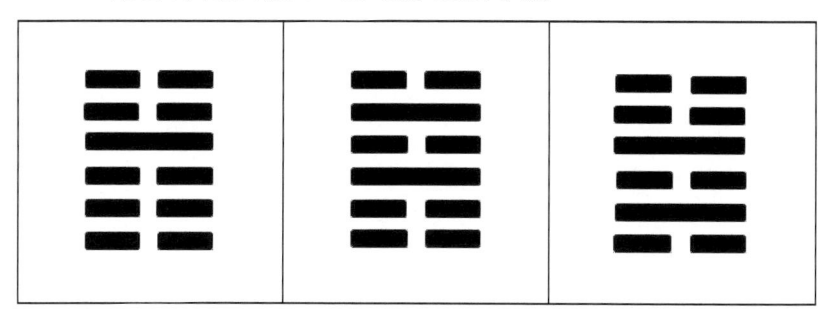

12 除以 8，餘數 4 為震卦，56 除以 8，餘數 0 為坤卦，12 加 56 是 68，68 除以 6，餘數為 2 是動爻。主卦震體為工作，子月旺相剋坤土為吉，互卦艮土剋坎水是財剋印考核，變卦有子水印星貴人生扶，得學校聘用，震為職位穩定。不需看八字，提問立有答案，即時解憂。

三十三、402 室

雷澤歸妹之火澤睽　庚午月辛丑日

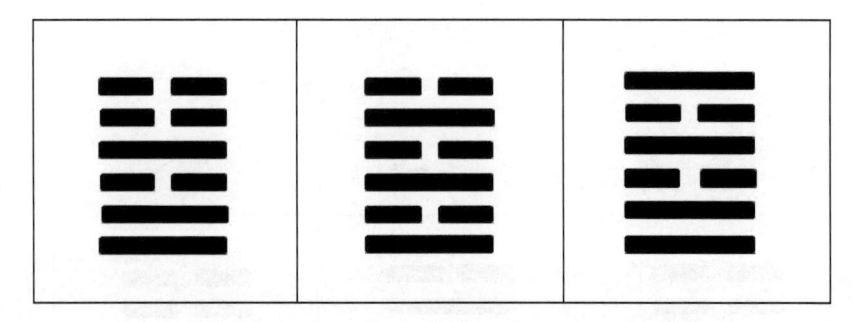

《鬼神的香氣》是 2019 年 7 月 3 日(亥年午月丑日)韓國上映的電影，是一部很溫馨的鬼故事。劇情:車東錫在出國留學前一個月認識並愛上金智妍,但豪門媽媽不同意他們一

起出國，車與金約定六個月後回來，卻在求婚當天遲遲不見金的蹤影而黯然出國。六個月後，東錫回來，發現金所住的社區即將拆遷，而附近住戶告訴他，其女友住在鬼屋，遲遲不肯搬走。

原來求婚前一天，金女的繼父好賭來要錢，兩人扭打，金女傷勢過重而亡，鬼魂留在402室屋中等男友不肯走，期間發生了許多鬧鬼的搞笑劇情，等到6個月後，東錫趕回來，卻在中途車禍也過世，靈魂回來找女友，最後抓鬼大師為他們兩人辦理冥婚，以圓滿結局收場。

將數字402成卦，就能明白號碼有多神奇，超乎想像，汽機車、手機號碼亦然。主卦之兌金體卦為少女，金在午月休囚，入丑日之墓，就是死去的人，震木為男友，金剋木，女生愛著男生，但金弱留不住他，震為動在外卦，出國留學，互卦水火既濟，坎水為智慧、學習，水火戰，男生在國外想著女友，內心壓力大。

變卦離火洩震木之氣，震木亦死於午月，男友車禍亡，但橫看用卦，木生火剋兌金，不就是回來找女友，離火為官星為結婚證書，兌金為喜悅，用剋體也有快樂結局。卦的解析是多層面的，信息多元，非只是上下卦的關係。

三十四、生日禮物

水地比之坤為地　辰年辰月庚戌日

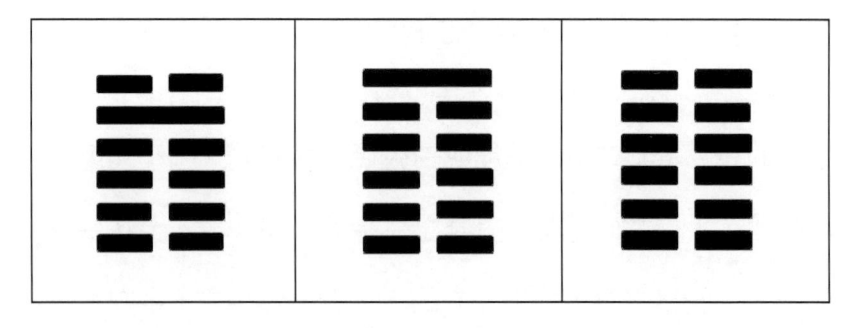

　　陳小姐 4.16 在卦理社團提問，曖昧對象的男生，會送給我生日禮物嗎？主卦坤土為體卦，剋坎水男生，有愛慕之情，坤土主靜不會主動，土旺滿懷期待，但卦中土旺，又逢土年土月土日明顯過旺，物極必反，坎水是對象休囚，入辰

月之墓,根本沒不會有反應。互卦山地剝比和,兩人有同儕關係,剝卦又有山體剝落之象,變卦坤土比和,比和可當作朋友對待,但坤六斷為六沖卦又為虛象,婚姻情感卦,逢六沖不吉,與六爻觀念一致,不會送禮物。

六爻:子水為財為禮物,年月日休囚,五爻戌土動剋子財,卦意明顯,可互參。5.31巳月乙未日回覆,確實沒收到禮物。

三十五、能否上榜

澤水困之澤地萃　卯年甲寅月庚子日

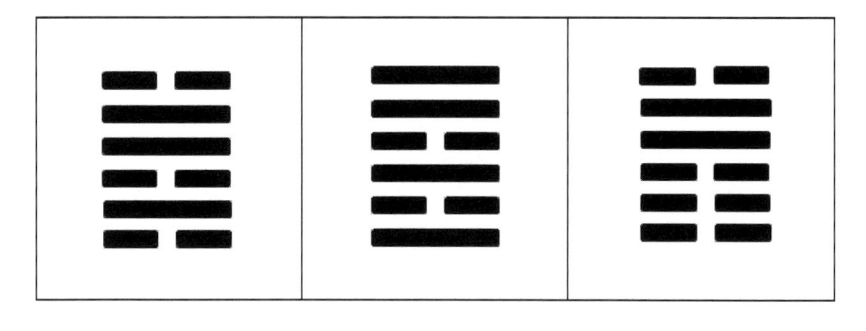

2023/2/11 下午 10:13 網友私訊:老師,下禮拜一放榜,想從卦中得知能否上榜？其實,我從論命社團知道他參加社工考試,有說可以有說難,不會有一致的答案,占卜要比八字來的清楚些,現在私問,知其猶豫,不冀望潤金,簡單回答。

沒有讓他報數,直接取時間卦,卯年甲寅月庚子(4.1.21.12)。主卦兌金體卦在寅月休囚,又洩氣於坎水,卦氣弱對自己沒信心,互卦風火家人,體互巽木為考試,生用卦離火,亦不利考運,變卦坤體生兌金,總算抱著期望,然,坤土同樣弱地,對體卦沒啥助力,考不上已注定,坤土為妻,幫不上忙,應該會說些鼓勵的話。

六爻卦:官鬼爻主事,發動有利但逢空,寅財入墓,力量減少,財官弱則錄取有難度,我還是說希望你能成功,後來知道他沒考上。

每一回說話或動作的時間，都有卦象與之呼應，這就是占卜令人著迷之處。

三十六、選擇補習班

天澤履之乾為天　辰年巳月庚辰日

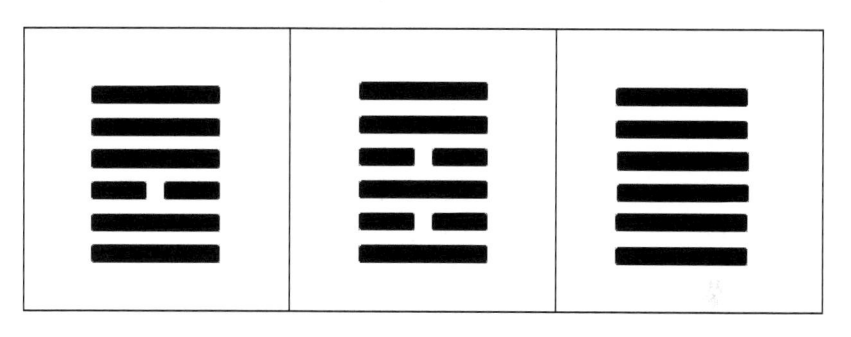

生活中處處是抉擇，梅易解疑快捷、有所據。一位媽媽擔心兒子明年升高中會考，上哪家補習班為宜，家長求測，讓其報數成卦，結果與補習班教學方式，完全一致，兩家分別占卜較清楚，接受卦神指導，避免錯誤抉擇。

第一家補習班報數 123:

主卦天澤履,乾為天為體為兒子,金氣得太歲和日辰生扶,金氣論旺,兒子聰明積極向上,但現在是夏天巳火月,金氣受火剋,兒子學習有壓力,乾金與用卦兌金比和,但兌金為補習班,兌為説,開口管得嚴,互卦巽木為教育、學習、成績,洩氣於離火不佳,意味成效不佳,兒子也不喜歡,變卦乾金六沖,互相排斥,有不歡而散之意。

第二家補習班報數 134:

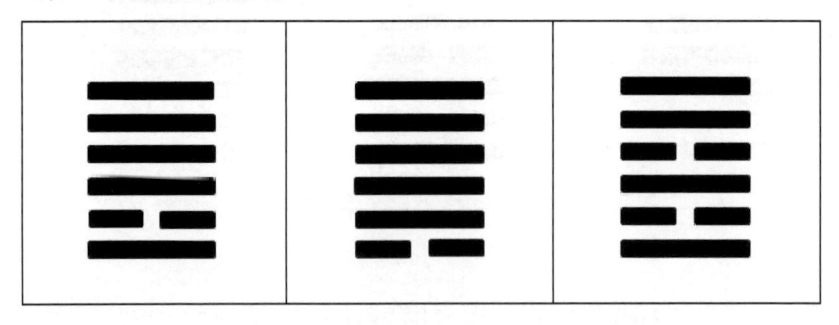

主卦天火同人,離火為文書為兒子,離體臨月旺相,剋乾金補習班,能掌握學習方向,互卦是乾金補習班剋巽木教學,補習班教學認真,互卦亦是大巽卦生離火,對兒子有利,變卦巽木生離火,選這家對兒子學習好。

媽媽說：第一家比採制式高壓，第二家重視學生的意願和自主，與卦象完全符合。第一家金氣旺，金主剛、肅殺，採高壓式管理。第二家離火旺，火主禮、光明，重視學生想法。

媽媽表示，雖然我很想選第一家，覺得很省事，但又會擔心兒子反彈。兒子較適合第二家的學習方式，對他有利，就看妳的抉擇了！你想最後媽媽會選擇哪個方案呢？人生處處是抉擇，為兒子做判斷，走錯一步，結果迥異。

三十七、房仲工作

天水訟之天澤履　寅年未月己丑日

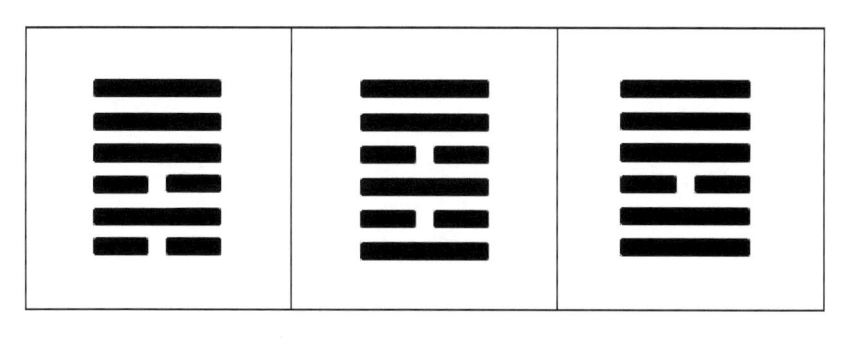

想知道新工作適不適合?是看八字就好,還是與占卜同參呢?女性親友原在大學執教,壬寅年離開學校,想從事房仲業,其個性活潑、善言,適合房仲業務。但仔細看其八字,命盤前三柱無財,大運行甲寅官星,會不會沒財運呢?其實,八字財弱或無財,並非財運就差,用六爻梅易來看,可能財旺官興呢!八字可轉換六爻、梅易,日元強弱立判,財氣輕鬆辨別,有教學課程。

八字戊辰年戊午月己亥日生,大運33歲甲寅、流年34歲壬寅。火土乘旺,土為地產,歲運壬甲財官剋戊土,房產服務,但己土日元坐亥財,午月財處弱地,業績能好、做得長久嗎?八字相同,福氣機緣未必一樣,選對行業、財氣大不同,占卦立見分曉。親友在臉書發文,我主動代占,取數167,問其從事房仲,財運如何?

主卦乾金體旺生坎水,乾金臨日月旺地,與事實相符,此女能力強,積極肯努力,坎水為智慧知識。互卦風火家人,巽風為學習生離火房屋,對房產情有獨鍾,對待客戶誠懇有

禮，離火熱情，會為買賣雙方考量。變卦比和，乾金兌金大小財豐收，乾金成功、兌金喜悅，兌金客戶與之有緣，喜歡找她服務，行業適合能做得久。

數月後某日，見其在臉書貼文，多次地區業績百萬，第一名受頒獎，為她高興，體卦乾金卦序為1，代占一樣準確，爾後常見其慶賀成交發文，所以，不要只看八字，占卜更重要，為選擇加分。

三十八、八字書出版

雷山小過之澤水困　乙未年亥月己亥日

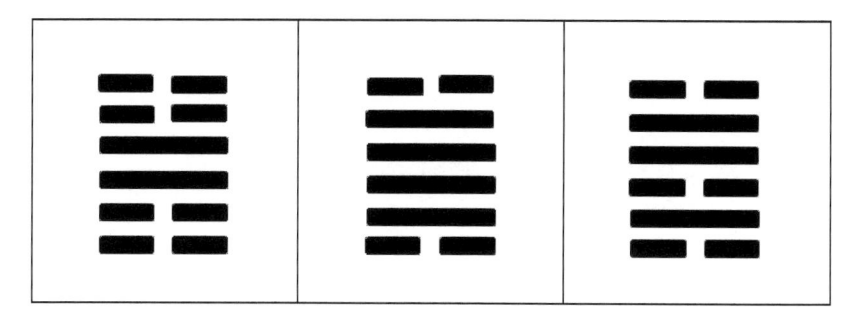

筆者已有27年的命理研究,最早有4位子平傳統老師,學身強身弱、調候取用神,爾後有了電腦資訊,名人命盤驗證,方知喜忌神隨環境變化,喜神會變忌神,忌神也會成喜神,喜用不會固定,遂出書六柱十二字推命法分享心得。問八字書能否出版?這是銅錢搖卦法,有三個爻動,可參考六爻神卦推運法一書。在學了梅花易數後,想看看是否也可以解密?

梅易只有一個動爻,體用容易區分。此卦將世爻所在位置視為體卦,應爻為用卦。主卦震木為體卦,受月日亥水生助為旺相,水為父母文書智慧,身旺為喜,也說明有貴人(書局老闆)幫助,震體剋艮土,艮為玄學、為財、亦為講台、厚的書本,互卦澤風大過,兌澤為說、巽木為書、教育、出版社,金剋木找出版社,巽木旺相,震巽比和,出版社出書意願高,隔年丙申年出書,變卦兌金生用卦坎水,洩氣為付出教學, 與書局合作招生開課,分享利潤。

坎水順勢生巽木與震木,出版的書,對卦主和書局都有益處,而主卦雷山小過,有山上打雷之態勢,體旺意味此書與眾不同,震為動為靈活,教的是多重五行交戰的順序,以食傷生財法敘述有趣的故事。讀者在練卦時,梅花易數以動一個爻為主,多個爻動會亂套,此卦僅供參考。

三十九、公務員前景

雷地豫之雷水解　辰月丁未日

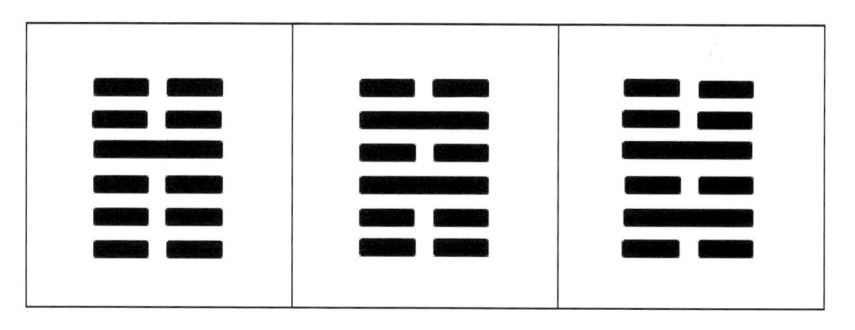

　　2025.4.8 晚 9:27 男問:剛任職公務員,前景看好嗎?自述身材高瘦膚偏白,個性極度安靜,不活潑。本人 18 歲有牢獄之災、20 歲有嚴重精神分裂症住院,其後從事灰色產業

好幾年。2012 和 2014 年接續有朋友和情人相繼過世，身體也出免疫系統上的重大疾病，身體無法生育，膝蓋有傷。癸亥年乙卯月乙卯日甲申時生，大運 38 辛亥，流年 41 乙巳，犯官非時間是 2001 年 7 月 15 日當晚八點多(辛巳年乙未月己卯日甲戌時)，八字逢辛金官星年不利，但不一定是牢獄之災。提問時間卦(6.3.11.12)是否有其所敘述的事情呢？

主卦震木體卦，震為高為官職，辰月休囚，身體不好，入墓於未日個性安靜，震木卦氣弱，應是基層公務員，震木剋艮土為財，但剋不動，普通薪資，互卦水山蹇用剋體，坎水弱，水主血液循環必差，健康不佳，變卦震為頭為足，坎為病，頭、腳有毛病，震為男性生殖器官，水衰木弱，無法生育必有原因。18 歲辛巳年洩震體之氣犯官非，應與財有關，20 歲癸未年，震為頭為神經，震體入太歲之墓，有不愉快之事，精神有疾。時間卦是一種觸機，化成卦象能提供許多信息。

問前景如何？變卦雷水解，坎水生震木體卦有利，但未來幾年皆巳午未年，不利坎水與震木，真正有轉機在亥子水年，那是好幾年以後的事囉！

犯官非時間卦(6.5.25.11):雷山小過之澤山咸，未月己卯日。

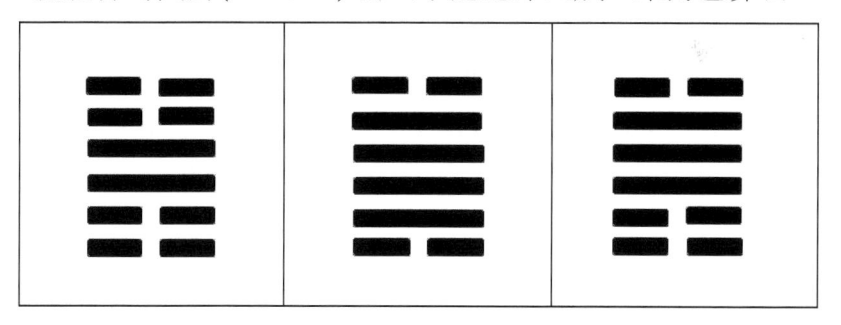

主卦小過犯過錯，震木為警察為官剋艮土體卦，即是有官符，互卦澤風大過，為大坎卦有險，變卦澤山咸，艮體洩氣運氣差，艮為牢獄。

四十、美女桃花

澤山咸之澤火革　辰年巳月辛巳日

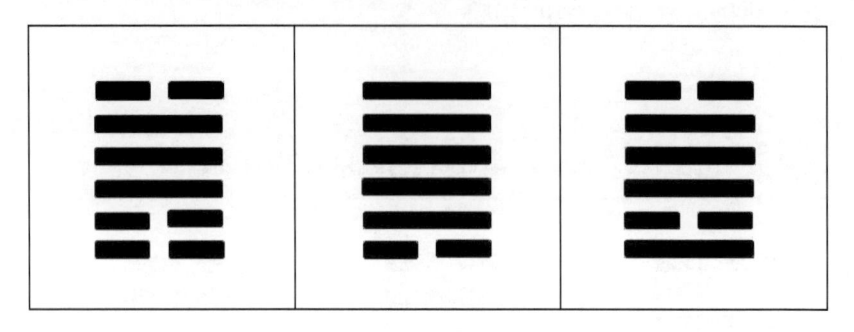

　　研究易理怡然自得,享受解密人生的樂趣,是我每日的精神食糧。巳月辛巳日上午 10 點 39 分(癸巳時辛酉分),見有一位美女私訊 say hello,臉書這種曖昧常有,野花不要採,千萬不能理會,起卦就知對方心思。梅易功能強大,10 秒鐘立卦知來意,就以 10:39 起卦。

　　我是丁火日元,辛金偏財日,癸水官殺時之辛金偏財分,金水財官美女攻入,臉書上幾點幾分就是幾點幾分,不需再換算或修正時差,準到爆,會不會上當,就看個人修為,能

不能拒絕誘惑，否則就是損財運了。(分的演繹，可參閱六柱十二字推命法一書。)

　　主卦澤山咸，艮土美女生兌金體卦的我，土生金 say hello 示善意，艮土是美女嗎？大頭照嬌豔欲滴真美，但看山不是山，網路詐騙多，艮的倒卦為震木，別有心機，好奇害死貓。互卦天風姤，邂逅不期而遇，乾金剋巽木，能理會嗎？這就是個選擇題，考驗人性心理學，金剋木動，回應美女，木動生變卦的離火，這下就有戲了，變卦澤火革，離火臨巳火月旺剋兌金，擺明吃定體卦，準備失血損財，火旺金衰被控制、設局，纏著不放，所以，不能惹也，學會梅易，凡事謹慎多了。

四十一、關稅風暴

水山蹇之地山謙　己卯月辛丑日

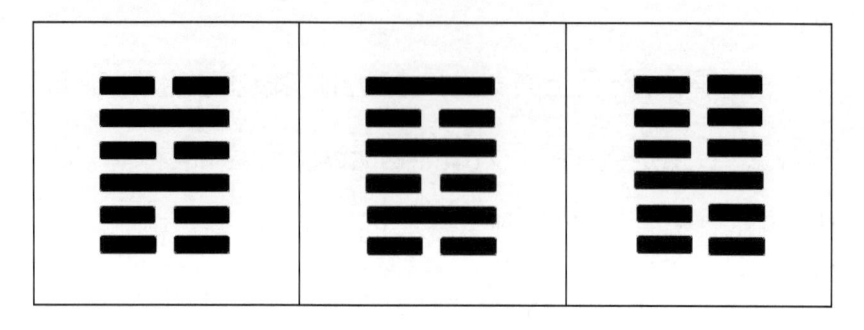

　　美國總統川普當地時間 2025 年 4 月 2 日下午 4 時（台灣時間 3 日凌晨 4 時）在白宮公布對各國的不同「對等關稅」。影響全球經濟甚鉅，遭多國領袖譴責，美股應聲暴跌。

　　當地 4 月 2 日時間卦(6.3.5.9):主卦艮體為門為關，代表美國，坎水為財，艮土體卦剋坎水用卦，即是徵收關稅。互卦火水未濟是原因，離火卯月旺相是對美貿易順差高的國家，川普認為對自家坎水不利。變卦坤艮比和表面對等，但實為對沖卦，震卦居中震盪，將拖垮世界經濟，美股崩跌大刀自傷。比和卦主協商談判，但艮土體卦姿態高，美國仍是主導，壓制坤土各國。

美國總統川普在美東時間4月9日下午1時18分宣布，對超過 75 國的新關稅暫緩實施90天，在此期間僅實施10%的對等關稅，立即生效。關稅政策大逆轉，道瓊指數9日收盤飆漲近 3000 點，創2020年3月以來最狂漲幅。

1:18 時間卦(6.3.12.8):巽為風之山風蠱，庚辰月戊申日。

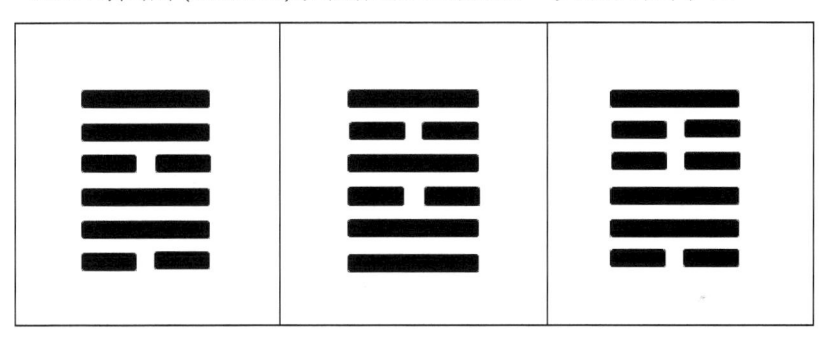

主卦巽為風比和卦協商，巽木為政令，風為搖擺，政策改變，互卦火澤睽，離火剋兌金，離火為口各方反對聲浪，只好採柔和策略，不再強硬，變卦山風蠱，艮土大石用卦旺相在上，巽木體卦在下，木弱剋不了土，改變態度，政策大逆轉，時間明示言行與作為。

網路川普八字：

時日月年

己己甲丙

巳未午戌　　大運 78 壬寅，流年 78 乙巳。

　　八字五行是一場心理戰，壬水財星進駐，丙火印星受剋，財剋印是打破傳統，是計畫策略運用的貿易戰，始於辛丑日，辛金食傷剋甲木官星強硬、生壬水滅丙火開打，在戊申日，戊土阻壬水流動時暫緩動作，命盤清楚記事。

　　任何事一體兩面，川普是美國總統有權勢，壬財剋丙印即是關稅戰，但對一般人而言，印是記憶，財剋印也有可能得老年癡呆症，或是瘋了，頭腦不清。所以，即使八字和川普一樣，吉凶、成就也不同。這是八字附加說明。

四十二、天下滷肉飯

火地晉之火雷噬嗑　辰月己酉日

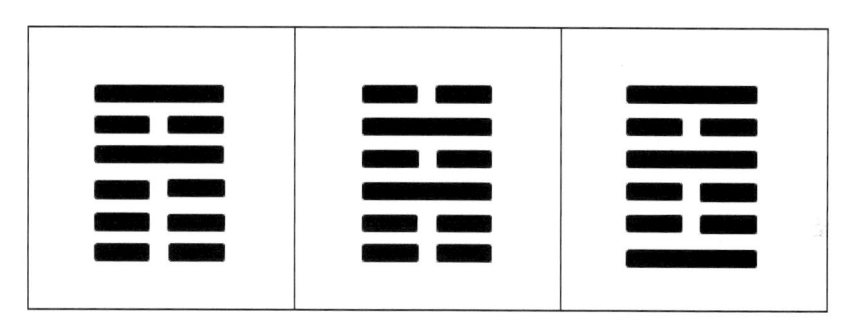

今天下著小雨，我獨自撐傘走到附近餐館買午餐，11:54 到達，見排隊約 20 人，隊伍已到隔壁第三間店面，不知要等多久，既然來了，只好排隊等待，無聊看一下手錶 11:56 時間起卦，多久才能輪到我？

主卦之離火體卦張口吃飯，坤土用卦為排隊人群，為買午餐，互卦水山蹇，對體卦又剋又洩，蹇為停止，寸步難行，坎水為官殺耐心，有人一次買 6 盒飯菜，許久才前進一步，變卦震木生離火，沒問題，一定買得到，等多久呢？震木在寅卯木的時分，11:20 至 11:40 寅卯分已過，現 12:00 午未分不可能，只有 12:20 至 12:30 申分最有可能，申金沖震木而

動生離火，或是離為 3、震為 4，30 或 34 分鐘。結果 12:26 輪到，一共等了 30 分鐘。

天下魯肉飯這家店開很久了，幾乎每回來都要排隊，排骨+三菜+滷蛋只要 50 元，聽說老闆已經 30 年沒漲過價，市面很難找到這個價格，真是佛心經營。

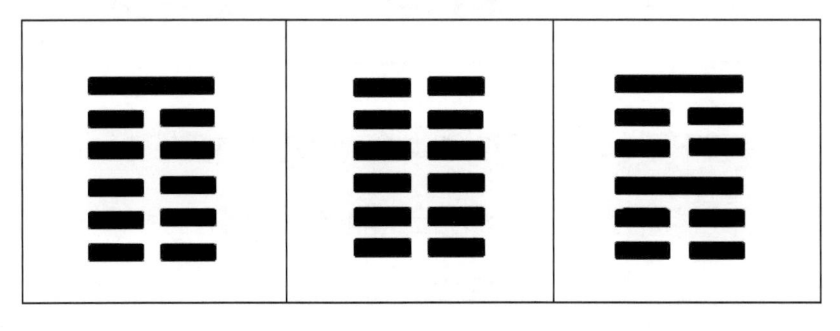

天下 7 劃、滷肉飯 32 劃，主卦山地剝，艮土為體卦為店面，艮為鍋子、坤土為肉為農產食物(米飯)，互卦坤為地，坤為群眾，取象排隊人潮，變卦艮為山，上艮下艮比和六沖卦，坎水居中為財，買了就走，知道為何有人潮了嗎？艮為佛為寺廟，老闆有佛心，卦意真神！文字組合取卦，能揭開深層意涵。

四十三、租屋

水地比之水雷屯　辰月己酉日

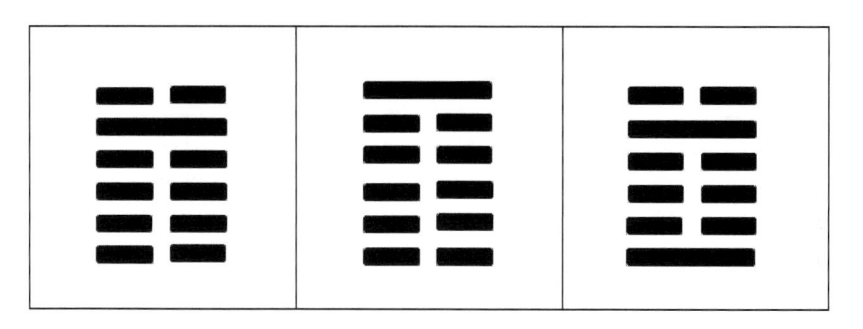

2025.4.10 午時六爻卦男問:何時租到適合的房子？我已經連續兩次租到有問題的房子，住不到一週賠押金退租，已經損失兩萬，一直賠錢愈來愈沒信心，目前居住環境不太好，很想趕快找到，找不到租屋又很心煩。

主卦坎水體卦為憂慮，坤土為房，卦意明顯，為房子事情煩惱，互卦山地剝，剝為剝落不順，艮坤二房為大艮卦，艮為阻，對坎體不利，變卦坎體洩氣於震木，錢財損耗，短期難尋到適合的房子。變卦已說明，預算夠的話，租金高的地方，環境好些，無法兩全其美。

四十四、外出用餐

天雷無妄之澤雷隨　卯月戊戌日

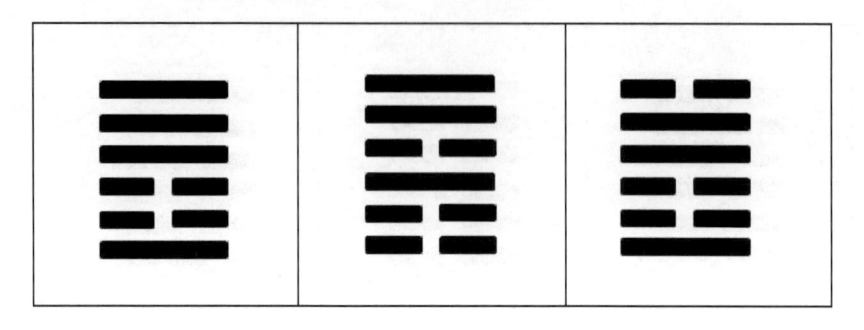

現在我和妻子要去野柳薆悅酒店用餐,此行如何?兩星期前就已訂位,11:17 出門,氣象說今天會下一整天雨,目前雨勢稍大,地點離家約 25 分鐘車程,騎機車前往,沿路走海線,10 分鐘後就會看到大海風景。

卦出覺得不妙,主卦乾金用卦得日生剋震木體卦不吉,又是無妄卦,心裡起疑,卦沒錯吧?互卦風山漸,巽木剋艮土為財,艮土也是震體的財,木旺客人多,坎水為雨居中,變卦兌金剋震木亦是不吉,兌金為吃,是吃得不愉快嗎?去過許多次,今天這個卦最不佳。

知道不吉，有心理準備，出門不久就遇堵車，今日星期天假日，往金山萬里的車多，又近清明節掃墓人潮，再逢下雨，立馬想到乾金為車，震木為動，金剋木，車子行駛緩慢，機車鑽縫隙前行有險，更絕的是風非常大，尤其走濱海公路，有點像颱風，機車感覺不穩，驚嚇數回，這是互卦巽風旺相，艮土為馬路，已告知路上風大，到時比平常晚了 10 幾分鐘。

　　餐廳在假日增加了幾道菜，這是第一次在星期天來此，食材可以，有些不合胃口，回程時依舊下雨風大，避風選擇不走海線，改另一條公路，但還是錯了，因為紅綠燈多車也多，堵的更厲害，花了 50 分鐘更久才到家，褲腳、鞋子全濕透，兌金剋震木，動則不利，卦意如此，怎麼選都是錯的。這是預訂了座位沒辦法，如果不是，今天此卦主互變皆不吉，不宜出門，諸事不順。(今日辰巳旬空，巽木卦位辰巳，風應該不強勁，但事實上，風依然很大，旺不為空，空不空還要多驗證。)

四十五、運動彩券

山火賁之風火家人　卯月乙亥日

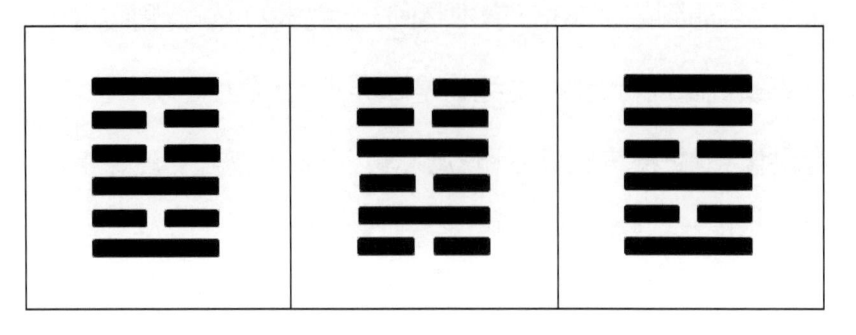

　　學會預測，有勇有謀，投資可避免踩雷，勇是膽識，謀是什麼？不外乎計畫、策略、學問，想發財需要兩者兼備，否則卦準也沒用，最怕的是有勇無謀，草率行事，只憑運氣，那是賭徒心理不靠譜。

　　世界棒球經典賽，日本隊冠軍機率高，同學想買運動彩券獲利，許久沒聯絡，這時會想到我？讓他報數735，問日本隊與美國隊冠軍戰，買日本隊勝能獲利嗎？

　　主卦山火賁，離火體卦卯月旺相，生艮土洩出為投資，互卦雷水解，震主神經，坎為病，神情緊張，主互兩卦都不

吉，變卦風火家人看到希望，巽木生離火，火旺奪冠之象。己卯日有結果，巽木利市三倍，日本隊以 3：2 擊敗美國，同學賺了 10 萬元，還真的敢大手筆押注，事後高興告知，卻也沒分點紅。易經是人生導師，學會應用生活，心情會整個亮起來!

四十六、社工考試

雷澤歸妹之震為雷　寅月庚戌日

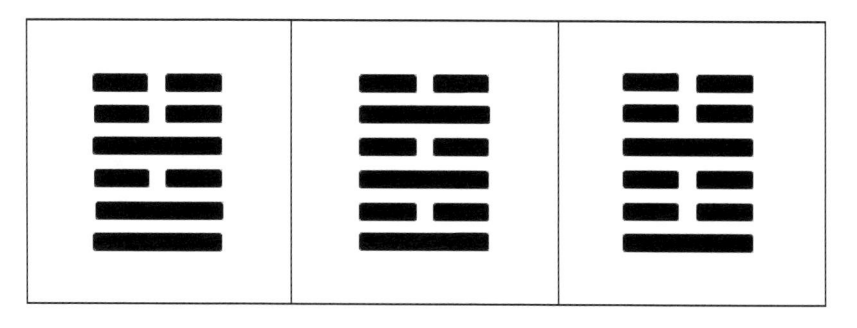

2025.2.10 上午 10:14(6.1.13.6)社團一男問:這兩天剛考完社工師證照考試,請問考上的機會大嗎？2022寅年沒考過,他說有社工執照,就可考公職社工師。

主卦兌金用卦得戌日生，兌為缺損，剋震木工作體卦不吉，互卦水火既濟，水剋不了火，離為心，心中有壓力，離火剋兌金，準備考試盡心，但離火有入日墓之意，變卦震木比和為吉，但為六沖卦，因主互卦皆不利，可能吊車尾或不上，坎水為震木的印星成績，印星休囚，震木無水如枯木。

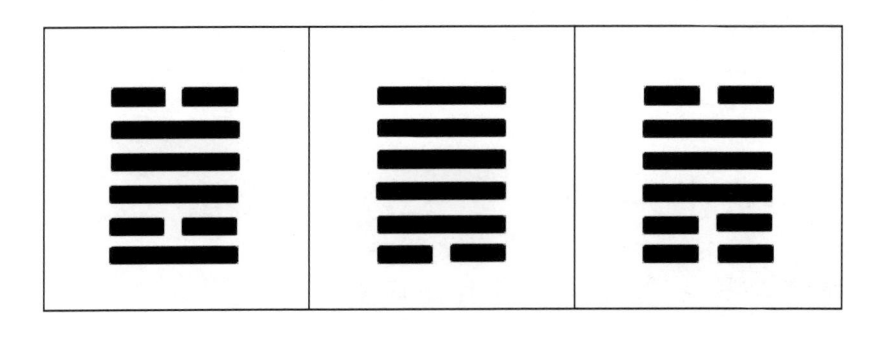

3月25日下午3:35卯月癸巳日申時回饋:確實沒通過，總成績52.69，及格標準60分。從時間卦(6.2.26.9)來看，主卦澤火革，兌澤為體卦，受離火旺剋不利，兌金為口，有口難言，運勢不佳，互卦天風姤，巽木為成績，乾金兌金都剋不了巽木，意味掌控不了考運，變卦澤山咸，艮土生兌金看似不錯，其實不然，土金休囚，使不上力。

四十七、渡假

澤地萃之澤山咸　辰月己未日

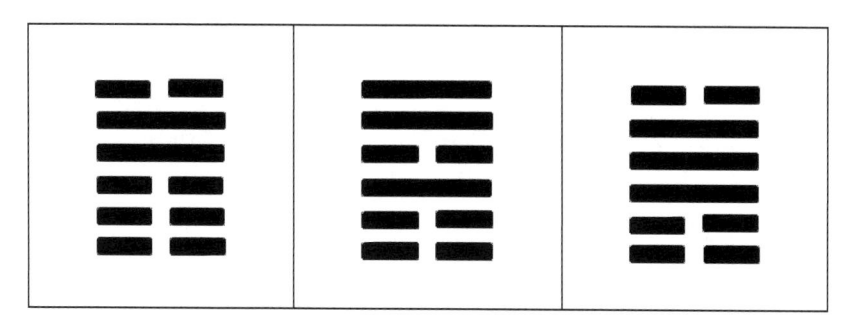

　　今天我和妻子要去礁溪長榮鳳凰酒店渡假,一泊二食,此行如何?0:16 取數 283。12:57 出門,每回必先預測,心裡有個底,實證卦意。

　　主卦坤土生兌金體卦,兌為吃喝,坤土心態消極不積極,那就是放輕鬆去渡假的,互卦風山漸,巽財剋艮土印星,也說明不工作去享受,變卦艮土大樓、酒店,旺生兌體,兌為澤為水,也有泡湯之意,我告訴妻子,此行愉快。結果也是如此,屋內泡湯加歐式自助餐美食,相當滿意。

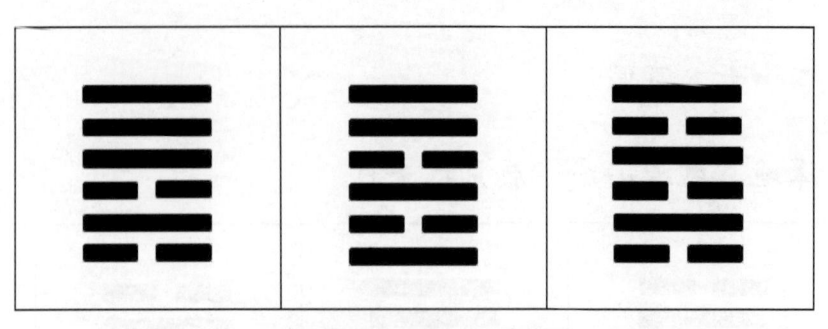

下午在火車站樓梯間，預搭普悠瑪號，突然飛來一隻大的黃色彩蝶，在我身邊繞，停在我的左褲膝附近數秒，再翩然飛離，看手錶 1:22 起卦。主卦天水訟，乾金生坎水體卦為吉，互卦風火家人，巽木蝴蝶生離火亦吉，變卦火水未濟體剋用佳，都顯示此行順利有收穫，能開心渡假。

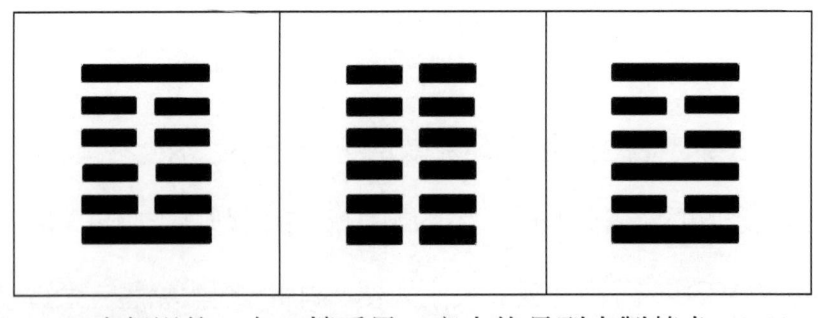

　　晚餐過後，在二樓看見一座大的長型木製茶桌，7:20 見一尊大木雕的開心大肚彌勒佛，捧著元寶，我上前摸一摸元寶和圓圓的大肚，當然是祈福發財囉！以時間起卦，主卦山雷頤，艮山為佛，震木為長桌，互卦坤為地，坤土為大腹

大元寶，震木剋坤土，摸摸肚子和元寶，變卦山火賁，離火生艮體，用生體有福氣。整個卦是兩者互動，體用交互作用。大元寶在哪？坤土旁通卦為乾金元寶也。

之後與妻子漫步礁溪街道，7:52見一間食品店人潮洶湧，有點震撼，店名奕順軒，賣宜蘭餅、奶凍捲、牛軋糖、鳳梨酥伴手禮，超誇張，幾乎人手大小包，今天可是星期一非假日，顧客絡繹不絕，有點不解，生意超好。

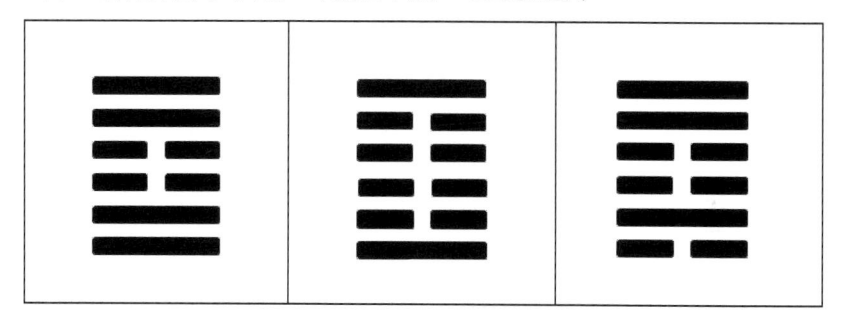

店名:奕順21劃、軒10劃。主卦風澤中孚，巽風為生意，利市三倍，兌金為吃為財，財來找我。互卦山雷頤，大離卦店面為熱鬧，坤土群眾居中，是大排長龍景象。變卦風水渙，坎水生巽木，用生體為吉，坎水主財，象徵財源滾滾。隨時起卦應用，陶醉在易經世界，有趣又好玩。

四十八、台股大跌大漲

水山蹇之水風井　戊辰月癸丑日

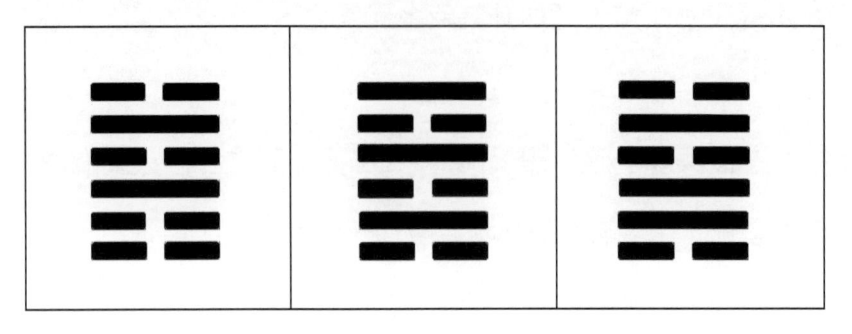

每日占卜生活點滴、股票，玩味中提升卦技，找出 2 個卦例，甲辰年今日台股盤中大跌千點，創史上第二大跌點，驚濤駭浪，終場以 19527 點收盤，跌 774 點，盤前取數 6.7.2 測今日台股走勢？

梅易:艮土用卦剋坎水體卦不吉，蹇卦險阻難行，井卦泉水乾涸，土旺水休欲振乏力。六爻:申金兄弟旺相持世，官鬼發動，殺氣騰騰。一卦兩參，有時六爻明確，有時梅易簡捷，可相輔相成。

2025年4月23日(辰月壬戌日)，因川普關稅問題，近期股市震盪，今日大反彈，跳空開高走高，飆漲845點，加權股價指數以1萬9639收盤，且收在最高點。

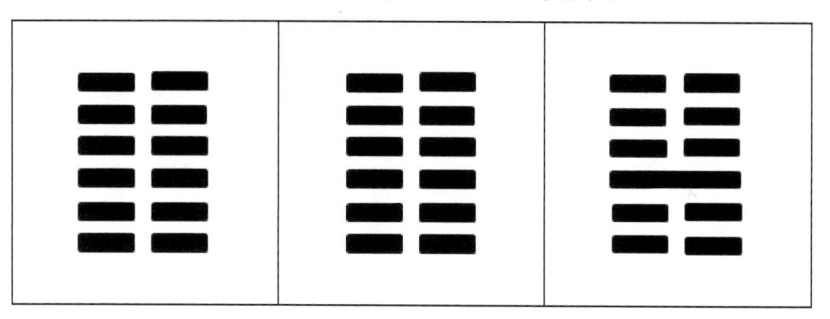

☷	☷	☷
		☶

盤前取數883，主互卦坤為地，臨日月比助坤土體旺，變卦地山謙，坤艮比和，開高一路飆漲。六爻:三爻卯木官鬼動化申金子孫旺相回頭剋，沒壓力大漲，與梅易同步。

四十九、佳世達股票

艮為山之風山漸　寅月壬申日

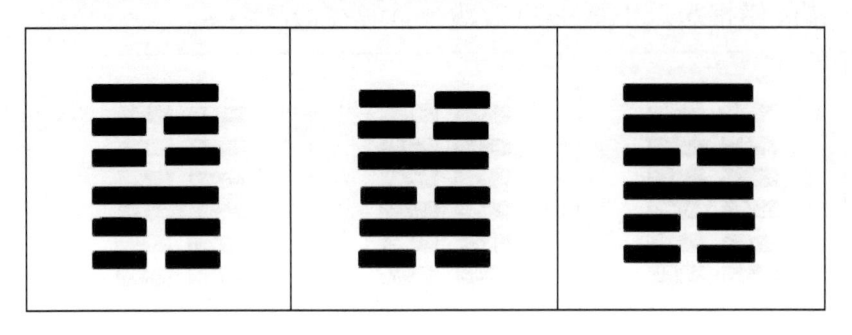

佳世達 2 月 27 日(四)，大紅 K 棒大漲 1.35，收 36.45 元，買盤湧入，買進信號出現了嗎？之後幾天小跌小漲。

測買進佳世達股票，會賺錢嗎？3 月 4 日(二)寅月壬申日，股價 36.55 元。取數 775，就知此時不能買進，結果今天 3 月 6 日(四)大跌 2.75，收 34.35 元，佳世達辦理現金減資，投資人對其營運持觀望態度，股價走弱。後又碰上川普關稅戰，股價一路崩跌，4 月 9 日 21.55 元最低。

主卦艮為山比和卦，卦氣已弱，互卦雷水解，體互坎水洩氣，變卦之用卦巽木臨寅卯月來剋體卦，一路下殺。占卦解卦不過幾分鐘，事關錢財，焉能不小心，投資學習值得。

五十、新建股票

風火家人之風山漸　亥月庚子日

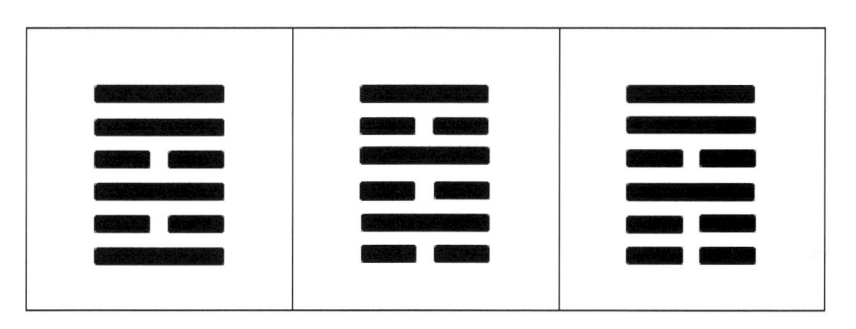

　　識命則知足常樂，用六爻測股市 20 多年，勤練卦技，現與梅花易數併參，相輔相成更精彩，但仍須有賺錢的命，逢八字凶運，亦會坐失良機或是誤判，建議不要過於大膽冒進。

買進新建股票有利否？取數531，2024.12.2亥月庚子日，股價13.5元，12.23子月辛酉日股價最低12.4元，之後向上2025.3.5寅月癸酉日，最高25.5元，小兵立大功，先小跌後大漲。

主卦巽木體卦生離火洩氣，互卦火水未濟，用互坎水剋離火，股價先跌，變卦巽木剋艮土為財，寅月巽木體旺大漲，但到了卯月，巽體依然旺，卻漸漸下殺拉回，4月9日辰月戊申日最低來到15元。同樣木月，寅卯兩樣情，為什麼？因為逢高必然會再向下修正，股價有滿足點，所以，占卜經驗多了，就會明白賣出落袋為安，不能貪婪。

梅易在測股票有其限度須謹慎，有時寅月體旺，以為會大漲，卻只風光二、三天就回檔了，一不小心還會套牢，不可能體卦臨月旺相就能漲整個月，還是那句話，逢低買進績優股，長期持有獲利，穩扎穩打，不用每日憂心，可能比短線買賣好得多。本人占卜股票漲跌20多年，驗證卦意提升卦技，實例過萬，舉幾例供參考。

五十一、台開股票

風天小畜之乾為天　寅月甲寅日

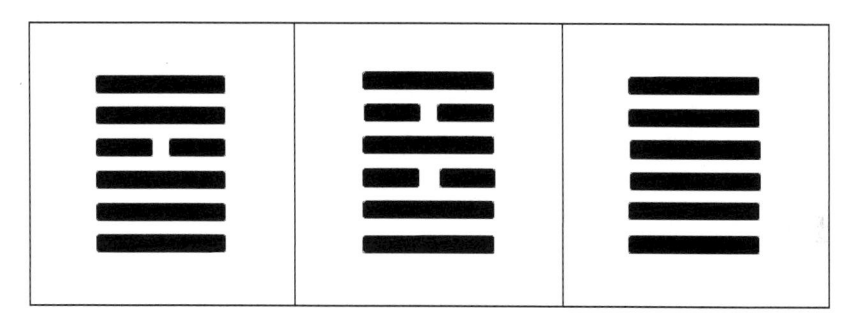

台開(2841)屢屢爆出跳票及經營權之爭,跳票金額超過4億元,多家金融機構列為拒絕往來戶,2021年第三季財報已出現問題,今日取數514,問台開會下市嗎?主卦乾金為體剋巽木為財、為股票,在寅月乾金休囚,資金有困難,互卦火澤睽,財官壓力重重,變卦乾為天六沖卦為散,有下市危機。2022年8月4日終止上市。

還不確定卦意,可再問買進同參,取數872。主卦地山謙,坤艮土在寅月寅日受剋,毫無生機,互卦雷水解,坎水為財

生震木官鬼似吉，其實是壓力大，變卦地風升，巽木旺相剋坤體，凶卦不能碰。

五十二、車牌號碼

澤地萃之水地比　寅月戊辰日

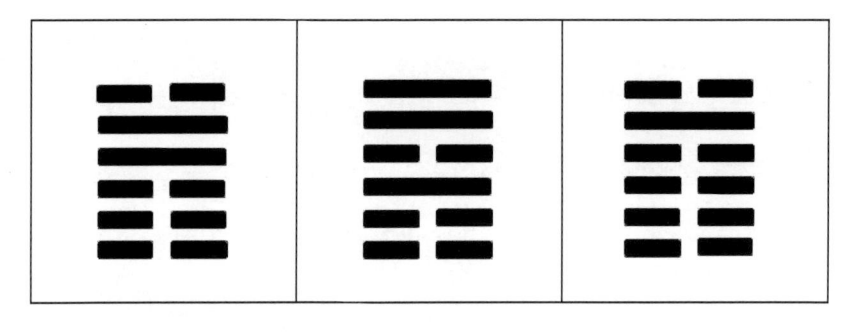

今晚 8:41 與妻子在街上閒逛，心情美好，忽地一輛轎車呼嘯而過，隆隆大噪音，令人不悅。車號 99XX，也是駕駛的心性與運勢。車號會顯示車子的運勢，何時可能有車禍、或車門、發電機、冷氣、油箱、剎車系統易損壞。如離火車燈、巽木車門…，不看英文字母，號碼均分上下卦。

主卦澤地萃，兌金白色轎車，體生用有炫耀心理。互卦風山漸，巽木快車，艮土為馬路，喜奔馳快感，無視他人眼光。變卦水地比，坎水法律，體剋用我行我素，大坎大險，律己為要。此車的煞車系統、油箱水箱易出問題，寅卯木年忌向東行。選車號是一門學問，影響車主運氣。

五十三、韓國旅遊

水天需之地火明夷　巳月己丑日

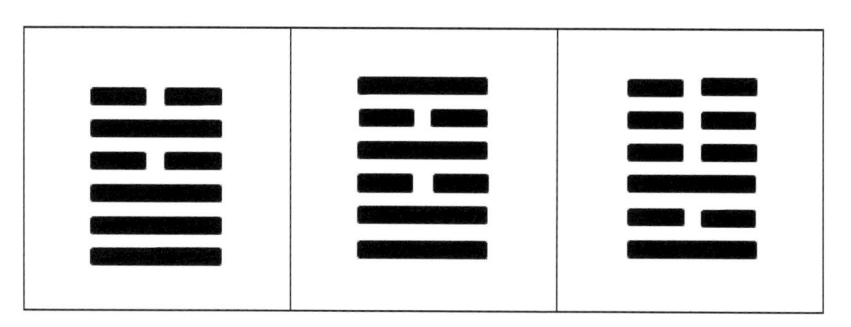

占者和朋友經營網拍，計畫在午月去韓國旅遊並進貨，當時用銅錢（乾隆幣）搖卦，動爻上下卦各一個，當時見應爻子水在午月月破，可能出現變數，或應爻是所去之處，破

則辦事不成，告知可能有變數。爾後回饋，果真在巳月辛亥日，兩人因客戶問題，意見不合拆夥，現在用梅易來看，是否同解。

　　上下卦各動1個爻，以世爻的一方為體卦，應爻為用卦，主卦坎水為體，乾金為用卦生坎水，主卦雙方有交集，但在巳月體弱，網拍經營賺錢有限，互卦火澤睽，兌金為說，受離火剋，說不出話就是出問題，離火於午月爭執是應期，彼此不開心，朋友容易受激怒，脾氣不好，若是婚姻卦，則是夫妻反目，而變卦離火太陽雖生坤土，委曲求全，但太陽西下，光明藏在地下，火入坑中，有憂心之象，再看坎水化坤土回頭剋，乾金化離火回頭剋，兩人明顯皆已無心再合作，韓國自是去不成了。

五十四、顫抖功

山水蒙之山澤損　申月甲戌日

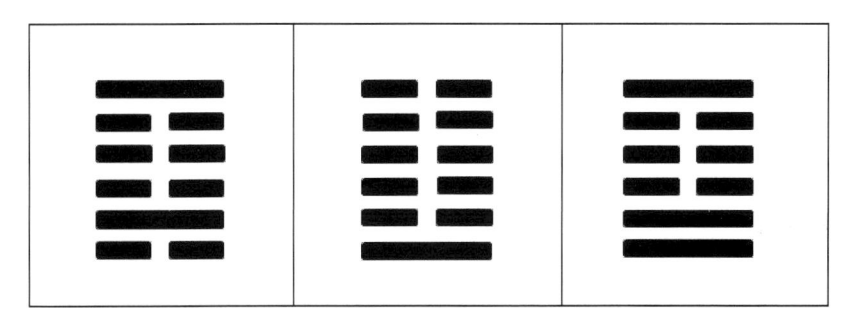

今早在 YT 看到顫抖功的影片，每天抖一抖，活到九十九，暢通經絡，改善血液循環，預防血栓，增加血氧，消除神經衰弱、頭痛，解除焦慮疲勞等，功法簡單，隨時可做。隨即起卦 761，我常做顫抖功有益健康嗎？

主卦艮體剋坎水，艮為止、坎為血，土剋水，明顯血液循環不佳，容易疲倦，互卦地雷復為大震卦，全身震動，坤為胃、五臟六腑隨之顫動，變卦艮土生兌金，看似洩氣，實為生坎水，增強氣血循環，兌金為氣管、肺部，肺活量增加，兌金倒卦巽木為經絡，二到六爻為大離卦，離為火為熱能，

身體有活力、有精神。之後練了幾天,確實不錯,是簡捷的有氧運動。

五十五、生基改運

澤雷隨之兌為澤　辰年申月甲子日

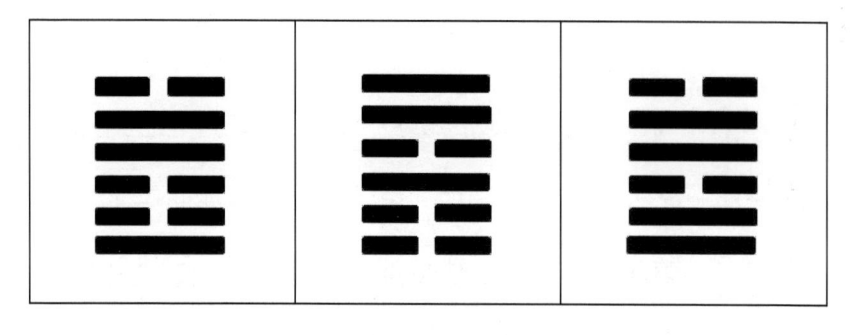

早上坐車經過一家生基改運店面,記錄招牌一些信息,晚上搜尋資料,10:04 心想,做生基能改運嗎?取時間卦,主卦兌金體卦剋震木,想多點福氣,震木指甲,互卦風山漸,巽木為頭髮,坎水為血液,艮山為墳為坑,埋在寶穴地下,變卦兌為澤比和卦,體旺看似有用,三卦皆吉,但變卦是六沖卦,六沖氣不聚。

此時可再看一下六爻，二爻為墳，寅木兄弟爻發動化卯木進神，劫財明顯，福神子孫爻午火不上卦不佳，世應比和。每個人福運有別，案例都提有發財的，沒效果的可能更多，做生機的價錢不斐，可個別占卦問虛實。

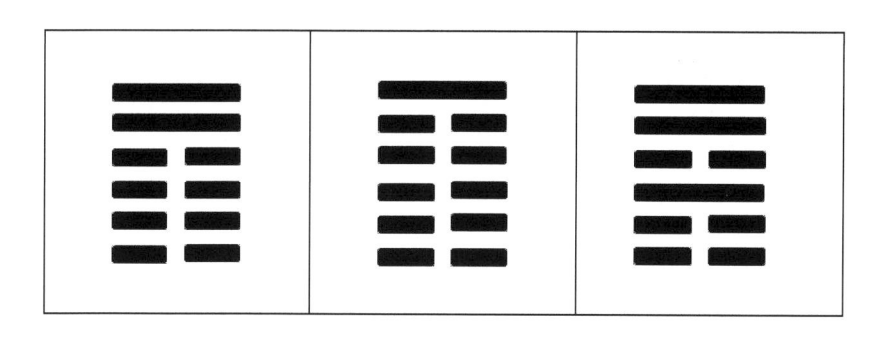

看店主名字有何信息？XXX:風地觀之風山漸，主卦巽木為生意，剋坤土為財，互卦山地剝有如地洞，坤土為埋在地下之物件，變卦艮土似地下之甕，為人造做生基取財之象，名字有職業取象，這也太不可思議了。讀者的名字有何故事呢？

五十六、能否結婚

地水師之地澤臨　申月己未日

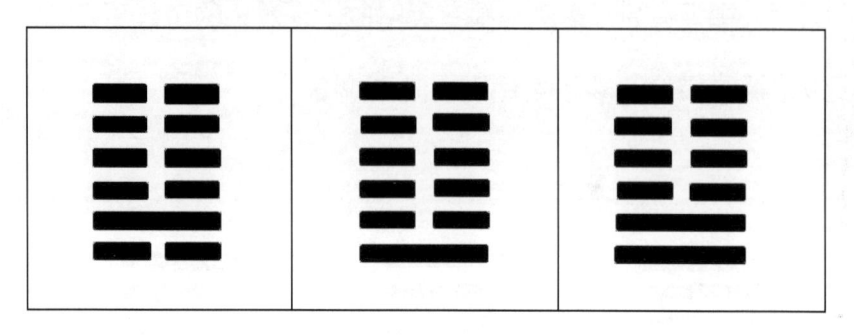

網友和女友交往一年多，但對方始終沒有確切的結婚念頭，今日中午 12:33 想占卦問問，報數 867。

主卦坤土體卦剋坎水，很在意女友，坎水得月令申金之生，能力強有主見，互卦地雷復是過程，反覆考量，震木氣弱女友無心，變卦坤土體追兌金辛苦，要花精神和誠意，否則最後沒戲唱。六爻見世持午火妻財，元神寅木月破，你的能力有限，午未合，怕是她心裡還有另個情人。回覆:女友的確強勢。如果坤體為女，結局一樣嗎？

五十七、買房吉凶

澤天夬之兌為澤　午月癸亥日

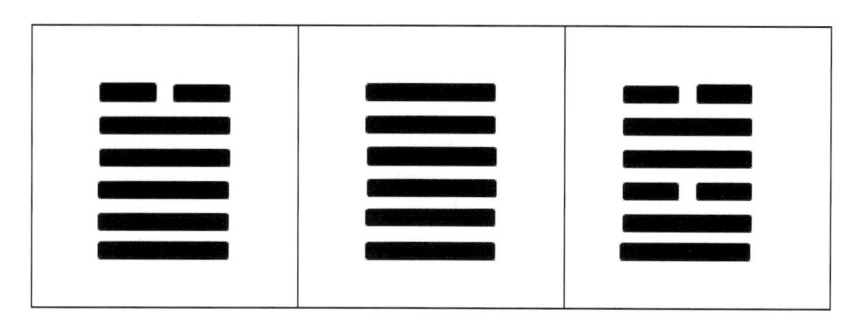

　　網友提問,最近想買房適合嗎?報數213。夬卦為決定,遲疑的事要能下決心,問適合是什麼意思呢?有錢看中意可買,應問買房來住吉凶,看來是財的問題,網友說有存一筆錢,是怕日後房貸負擔較重。主卦兌金為體,兌為缺,乾金為錢,有缺錢之意,在午月受剋、亥日洩之,顯然錢不多,互卦乾金比和,一直有在賺錢,變卦兌為澤為六沖卦,沖者散,很可能會打消念頭,後來沒消息回饋。

　　六爻:世持酉金子孫,在午月休囚受剋,午火父母為房,為房事煩惱,亥財的元神酉金子孫弱,若貸款買房,勢必成為負擔。

五十八、蟑螂戰役

地山謙之坤為地　未月庚辰日

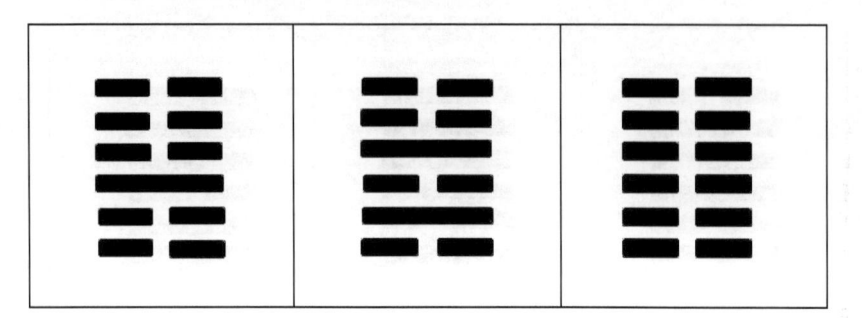

2024 年未月庚辰日晚上 8:55，到陽台賞花，突見一隻大蟑螂在地上木板旁，知道我開門發現牠，靜止不動，我速拿剋蟑殺蟲劑侍候，蟑螂一溜煙鑽進鞋櫃旁，又搖晃著爬上牆到花盆深處，中槍不追了。以 8:55 取卦。

主卦坤艮雖比和，但坤西南、艮東北原本對沖，艮為爬蟲蟑螂，互卦雷水解，有殺蟲劑形象，震為噴頭，水生木剋艮土除之，坤土體卦為自己，變卦六沖不見了，艮化坤，坤為虛，怕是掛了。體卦為坤主靜、善良，此時為何會滅蟑呢？性情是會變的，坤土可轉變什麼？想通了，卦技就能提升。

五十九、胎兒健康

水火既濟之風山漸　子月庚申日

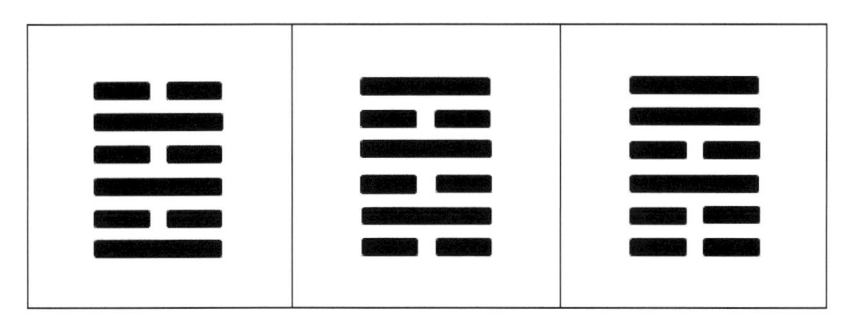

一位媽媽在未知懷孕前染髮,事後緊張,不知染髮的化學藥劑,是否對寶寶有害,搖卦提問:懷的胎兒健康嗎?卦動初爻和六爻,以世爻所臨之離卦為體卦,坎水為用卦,當時以六爻看,上爻子水兄弟動化卯木子孫臨騰蛇,子水為染劑,卯木為頭髮為小孩,子卯刑傷,臨騰蛇驚嚇。

現以梅易看,主卦坎水剋離火體卦,體衰擔憂,互卦火水未濟,離為子宮,怕懷孕不成功,變卦坎水化巽木,巽木為寶寶得月生旺,離火化艮土為洩氣,又巽木剋艮土,寶寶剋媽媽,媽媽壓力大,巽木視為頭髮帶來煩惱。胎兒有事嗎?巽木旺則健康,隔年申月,女寶寶巽長女誕生,告知沒問題。

六十、試管嬰兒

山水蒙之山地剝　午月戊辰日

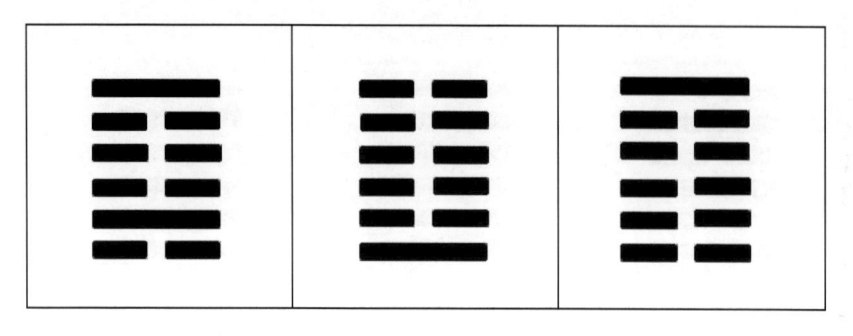

夫妻結婚多年不孕,去年已做過試管嬰兒療程不成,先生問今年還想再試,能成功嗎?報數762。主卦之艮土體卦為先生,坐下坎水為妻子,也可視為精子(離火卵子),在午月月破休囚,意味精子活動力差、腎氣不足。互卦地雷復為花錢反覆做試管,木剋土相剋不相容。變卦山地剝,剝落之象,不易成功,後來沒再聯繫,如果有成應會報喜。

六十一、何時懷孕

火雷噬嗑之火澤睽　午年戌月甲午日

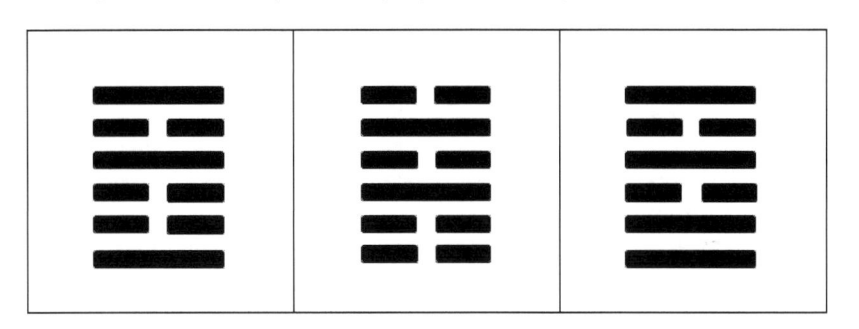

女團友結婚幾年都沒懷孕,問何時能懷孕?報數342。主卦震木生離火體卦,能懷孕之象,但震木休囚,離火入墓於戌土月,暫時不孕,明年午月離火體旺之時試試。

互卦水山蹇艱難,之後反饋,在丑月就懷孕,丑月洩體卦離火不吉,後來發現沒有心跳拿掉,本想放棄,但想到筆者告知過,午月有機會,燃起一絲希望,於未年未月辛卯日驗出兩條線,那就是午月懷的孕,變卦離體剋兌金,能掌控用卦,隔年卯月體旺時生了寶寶。

六十二、店門口有枯樹

風地觀之水地比　戌月戊午日

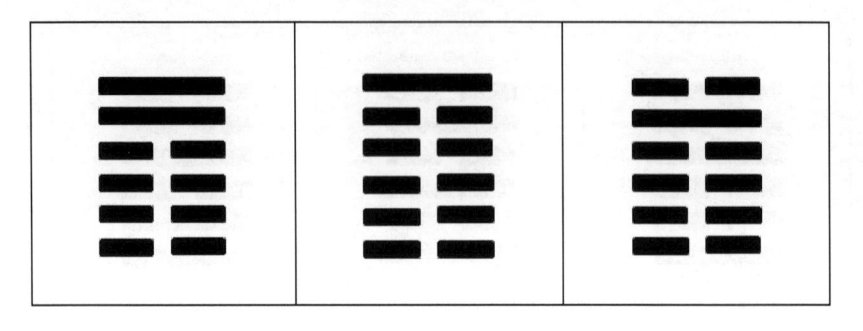

　　觀卦為觀察,再做打算,占者說此樹木是近幾月才漸漸枯萎的,也覺得生意有變差的現象,是否真有關係?我們周遭的環境變化,確實和運程相關,如家中浴廁水管不通,住在裡面的人,泌尿系統會出毛病,陽台的小樹小花枯黃,即是氣弱現象,看誰在照顧,那個人的健康也會有變差的情形,工作不順、錢財有損,都和氣場有關,哪裡漏水、不通、電燈壞掉、房間髒亂,就得趕快恢復, 環境清爽,運程順遂些。

　　報數586,問店門口枯樹會影響生意嗎?主卦巽木用卦就是一棵樹,剋體卦坤土,剋即是壓力,當然不好,何況是

枯樹，互卦山地剝土旺，但剝有敗相，變卦坎水為體卦之財，可惜戌月休囚，午日沖之，哪還有坎水？巽木無水滋養，自然為枯樹沒生機，想辦法移除才行，不然，心裡也會受影響。類此，需要找風水師嗎？不用，親占一卦問題立現，移除就能改善。

六十三、惡魔島

地火明夷之地雷復　申月辛亥日

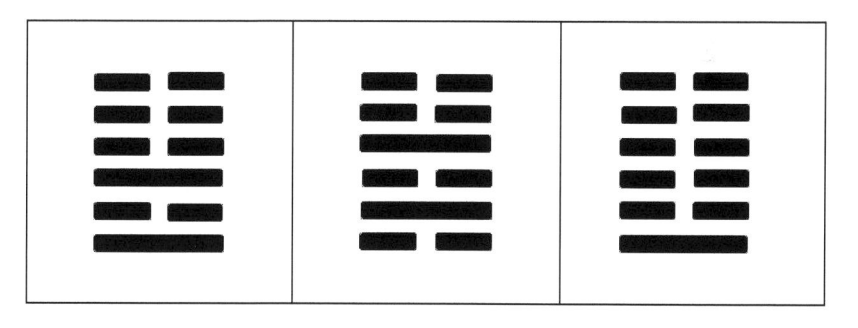

　　泰國男生需不需要當兵要看運氣，每年役男都要抽籤決定當兵兩年與否，抽到黑籤免役，抽到紅籤要服役。網路影片，有位化著妝的男生抽到當兵籤後，當場崩潰，雙腳不斷顫抖，工作人員須上前攙扶才能離開。影片中男子穿著背面

印有英文字似 Alcatraz 惡魔島的上衣，背後編號 35937，引起筆者興趣，35 相加為 8 坤卦，937 相加為 19，19 除以 8，餘數 3 為離卦，8 加 19 是 27，27 除以 6，餘數 3 為動爻。

　　五行隨行，不管使用任何文字、數字都須謹慎，皆會影響命運。明夷卦本身就是傷災卦，太陽西下，離火休囚，光明被阻、運氣不佳，互卦雷水解，水生木剋坤土，變卦亦是震木剋坤土體卦，震為部隊、軍警，中籤必然，又震為足，木剋土地震，雙腳不斷顫抖。衣服上有號碼或圖案都有信息。

　　六爻:二爻丑土為腿，化寅木月破，抖得厲害。

六十四、房子續住

澤水困之澤地萃　庚子年子月己酉日

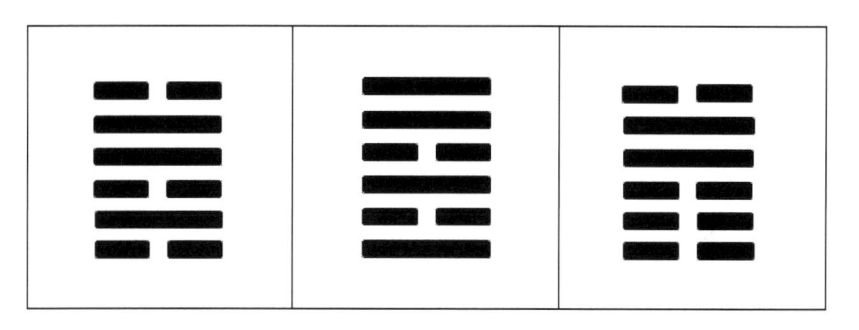

今日回家探望媽媽，看護提問軍眷的房子要收回，還能不能繼續住？我讓她報數，268。主卦兌金體卦洩氣有煩惱之事，坎水為憂，互卦巽木生離火不吉，也是無奈，幸好變卦坤土為房生兌金體卦，放心有救，子月坤土休囚，明年夏天有答案。2021丑年酉月辛未日中秋回家，看護說原本要收回的房子，軍方不付電費，巳月要住戶自行裝電表，花1萬元裝電表解決了，房子可續住。

事後看互卦離為電，木生火生坤土再生兌金，五行轉彎妙哉，裝電錶可續住，若以六爻來看，二爻宅爻辰土父母為

房，動化巳火回頭生，應期在巳月斷語更快。六爻與梅易各有優缺，都涉獵最佳。

六十五、凱米颱風

山天大畜之山火賁　未月戊子日

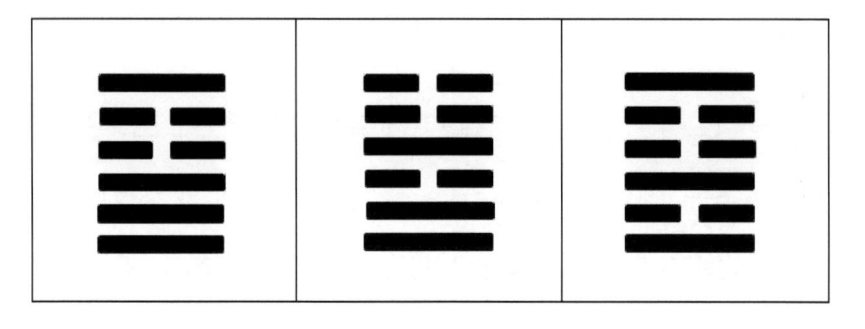

台灣受凱米颱風侵襲，9:07 晚上問嚴重嗎？取數 718。主卦之體卦艮土洩氣損耗不吉，互卦雷澤歸妹，兌金剋震木樹倒，兌金折毀，中間有坎卦，水生震木剋艮土，水災之象，變卦山火賁，離火生艮土安全，庚寅木日生離火，凌晨 4:20 寅時颱風出海。

此外，山火賁卦雖是火生土為吉，但卦象亦有凶，艮土為墳，墳下有火如燒紙，有人死傷，離火3天過程。中央災害應變中心28日統計全國共釀10死、2失蹤及897傷。

六十六、上不上班

水地比之水雷屯　未月戊子日

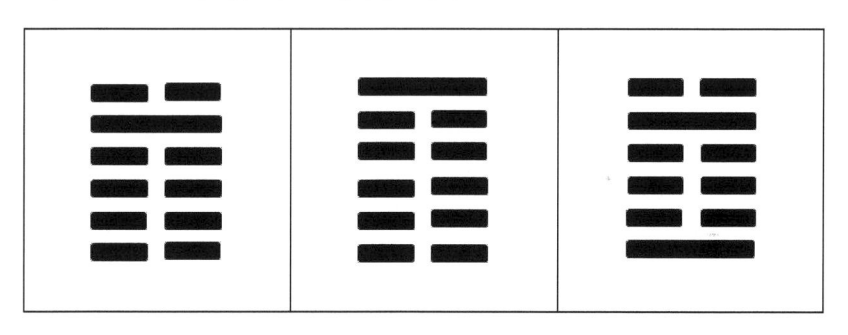

受凱米颱風影響，8:49晚上問:基隆明日上班否？取數687。主卦坤土剋坎水體卦不吉，又是大坎卦雨大之象，互卦大艮為止，變卦震木洩體，坎為險象，動則有險，不上班也。六爻巳火父母無力，果然。

六十七、明天台股

地風升之山風蠱　未月戊子日

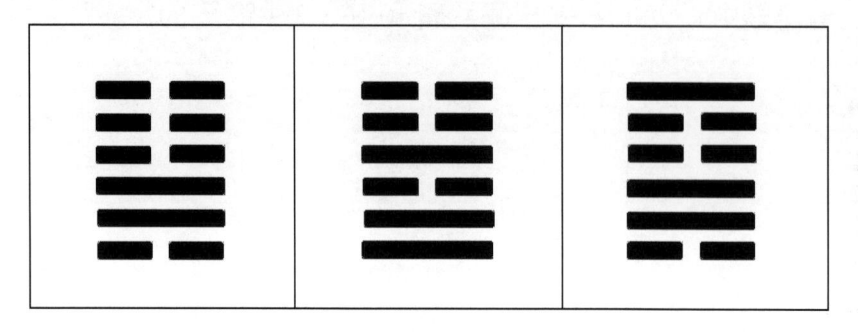

凱米颱風侵台，8:59晚上問:明日台股休市嗎？取數856。主卦之體卦巽木為交易，剋坤土為股民，互卦雷澤歸妹，兌金剋震木止動，變卦艮土為政府機關或交易所，大石壓在巽木上，艮為停止，不會開市，果然。(艮中丑土為金庫，金融中心。)

六十八、女兒牆掉落

水地比之澤地萃　未月己丑日

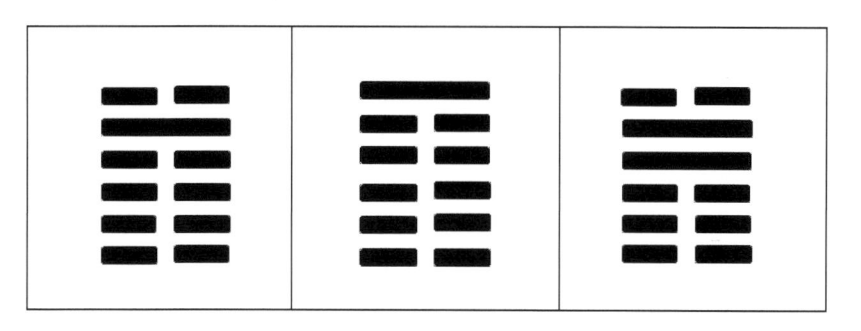

2024.7.24(未月己丑日)凱米颱風來襲，花蓮一頂樓六樓鐵皮屋遭強風掀翻，撞擊女兒牆造成牆面掉落，砸中大樓下方停放的轎車，釀成一死一重傷，車中媽媽不幸身亡，男童重傷。

時間卦(5.6.19.10)，水地比之澤地萃。主卦之體卦坤土為母親，坎水用卦為兒子為車，互卦山地剝卦，大艮山為女兒牆，從高處落下，剋坎水也沖剋坤土，艮為東北、坤為西南對沖，所以，砸中車子，艮中丑土月破，牆面遭撞破損而墜落，變卦坤土洩氣於兌金出事，男童坎水化兌金回頭生得救，兌金

為缺、頭部受傷。坤土在未月體旺受丑土沖，僅是洩氣就這麼嚴重，五行剋洩防不勝防。

六十九、水餃壞了

澤火革之天火同人　未月壬辰日

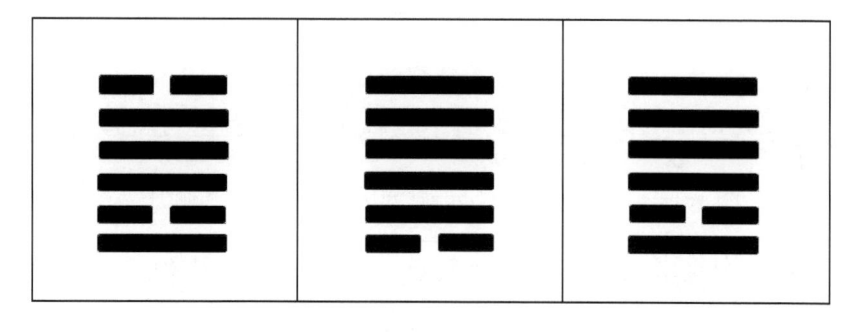

日前庚寅日外出用餐，約晚上 6 點買了一盒水餃，8 點多回家後放冰箱冷藏室，隔了兩天，今天中午妻子拿出，卻聞到一點點怪味，我聞後也不太確定，也許是餃子皮的味道，於是妻子將水餃下鍋，不久，真有一股似壞不壞的氣味，11:44 我說水餃有壞嗎？

妻子說就用這幾字起卦看看。水餃有壞嗎？5 個字，前 2 字上卦，後 3 字下卦，午時序數 7，2 加 3 加 7 是 12，12 除以 6，餘數 0，動六爻。卦成澤火革之天火同人。主卦之離火體卦水餃於月日休囚洩氣，互卦天風姤，乾金剋巽木，巽為氣味，受旺金之剋一定是壞了，變卦離火氣弱剋不了乾金，不能吃了。

　　不死心，未吃之前 11:48 想問清楚點，又抽籤取卦，現在在煮的水餃有點怪味，壞掉了嗎？神奇的是數字居然是 236，與方才之卦一模一樣。煮好後，撥開餃子皮，聞一聞內餡，淺嚐一口，果然有酸味，全扔了。我是丁火日元，今天是我的官煞日。

七十、樂透中獎

澤山咸之澤風大過　午月癸亥日

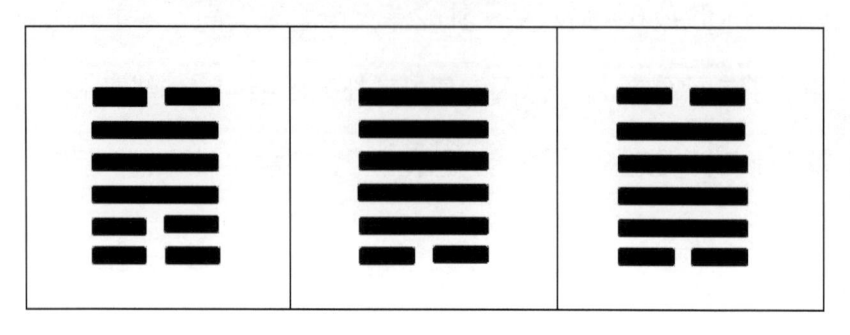

　　和朋友閒聊,他突然問起,今天心血來潮,各買一張今彩539和大樂透彩券,能中獎嗎?要他各報一數,今彩272。體卦兌金受艮土生,兌金為悅想中大獎,但金氣於午月休囚沒希望,結果只對中一字。

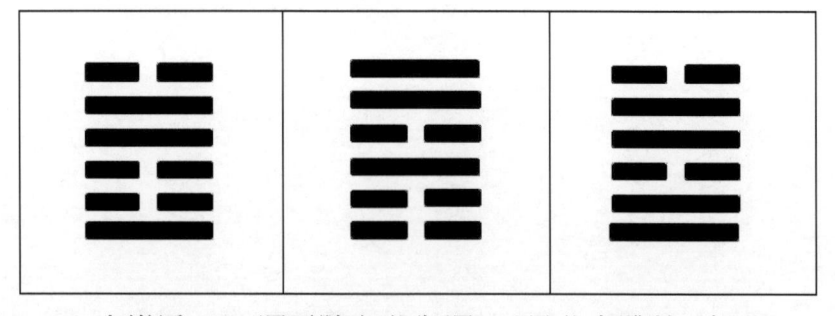

　　大樂透242,澤雷隨之兌為澤,又是兌金體卦,中不了,結果對中2字。

七十一、投資虧損

震為雷之雷澤歸妹　辰月戊午日

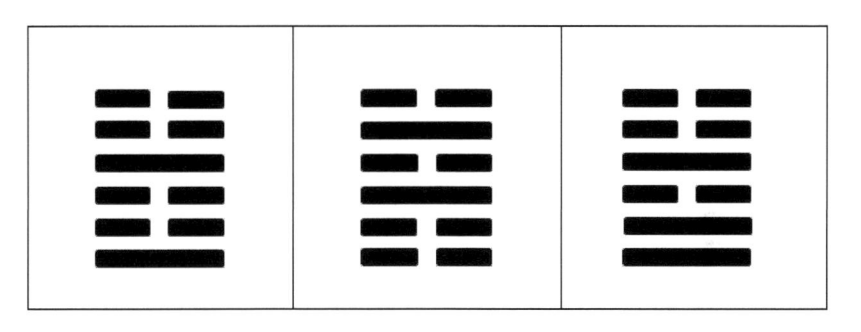

網友下午 1:25 提問，去年 2021 辛丑年二月，聽信友人投資股票，投入全部老本家親友一筆錢，現帳面虧損百分之 80，拿得回嗎？取數 442。辛未年丙申月戊午日甲寅時生，大運 23 癸巳，流年 31 壬寅。辛丑年二月為庚寅月，庚辛食傷月剋甲木官殺膽子大，丙火印星黃雀在後，八字清楚。

主卦震木比和不一定好事，朋友相邀，震為行動，二月為寅月，互卦水山蹇，坎水印星為股票，艮山為財，財剋印買股票，如今坎水休囚，股票貶值，變卦震木受兌金在辰月旺剋傷很大。有救嗎？如果震木是一棵樹，枯萎活不了，但

股市上下走勢循環，待冬天水旺，化金生木，或有機會，需要耐心。

七十二、工人辛苦

火水未濟之天水訟　未月甲午日

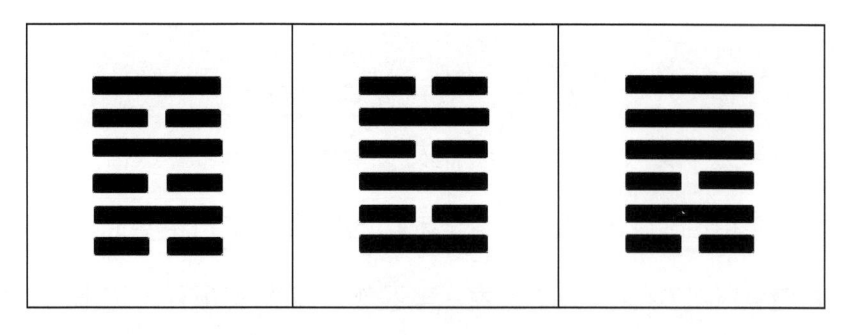

今天 11:12 坐車出門，中途見三名工人在大太陽底下鑿舊地磚，重鋪新地磚的工作，烈日當頭，汗如雨下，有感而發，隨口說著太辛苦了!看一眼時間 11:30，即時起卦，11 除以 8，餘數 3 為離火，30 除以 8，餘數 6 為坎水，11 加 30 是 41，41 除以 6，餘數 5 為動爻。

主卦之體卦坎水為勞碌之人,在離火大太陽底下工作,我剋為財是辛苦錢,互卦離火為口,口乾舌燥之象,變卦乾金為政府機關,生坎水有錢賺,但坎水在未月午日休囚,天向上水向下,錢來得不易,每個時間點都有故事,五行有多細膩,不究不明。

七十三、風水改善運勢

風雷益之水雷屯　未月甲午日

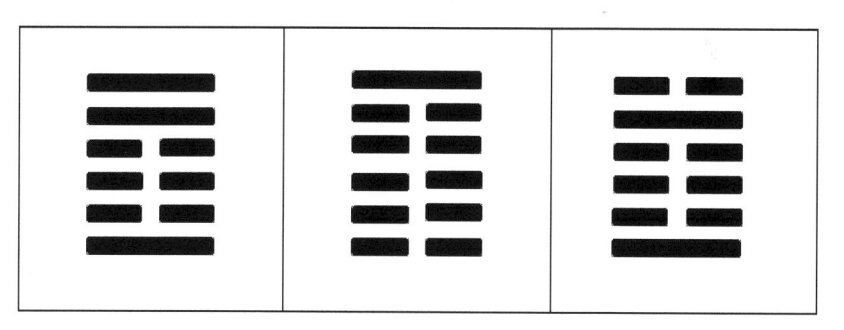

2024.7.29 10:37 今早見臉書,一位風水師貼出上課圖片,學生不少,但未見實例,如勘宅調理後,哪家或哪間公司發大財了?問卦:請此風水師來勘宅調理,能改善運勢嗎?

抽籤546。主卦風雷益比和，用卦巽風化變卦坎水，即風水師，互卦山地剝，艮坤為樓房，對沖調理，變卦水雷屯，坎水生震木有利體卦。如此，真有用嗎？非也，坎水未月午日休囚，根本無助。卦不欺人，卦太實用了。

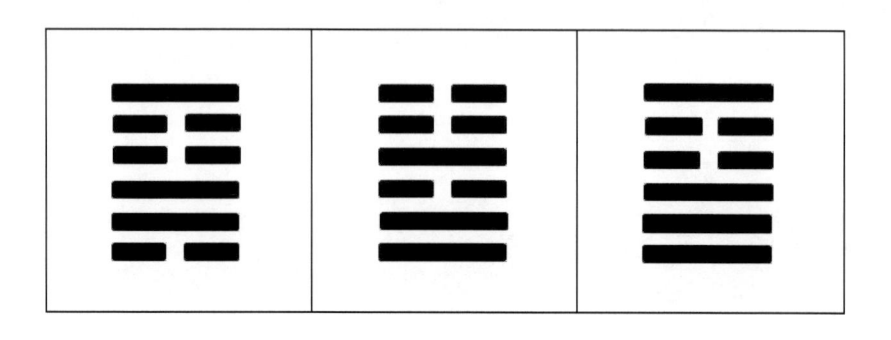

數十年前先父之墳，請一位名師擇寶地造葬，當時初學占卜，不明真假，師傅說得學理洋洋灑灑，不懂易受騙。某日想到測一下父親墳地風水吉凶？卯年酉月癸酉日，占卦得山風蠱之山天大畜，主、互、變卦無一吉象，當然事實也是如此，自己的運勢跟著八字走，腳踏實地賺錢，沒有任何偏財。當時師傅還讚嘆風水漂亮，真是千金難買早知道，若之前能有機緣學好梅易，不會上當損財。

那麼，陽宅是否真有學問，會影響人的運勢？沒錯，陽宅學就是環境學，幾次自身經驗，磁場好壞很重要，當時是英語教師，有回獨自睡在臥室西北方，結果舌頭發炎而腫，與牙齒磨差疼痛影響說話，到處醫了一年多不好，最後還去台大醫院切片沒結果，回家後隔日，妻子突然想到要我移床至臥室東南方，三天，就三天舌頭立即消腫、傷口自動痊癒，太神奇了。

還有，家裡的飲水機的水甘甜好喝，學生都喜歡，而同一棟樓，樓上兩位學生皆說，家中飲用水難喝有臭味，我親自上樓訪問，其飲水機都與我家位置不同，之後，我做實驗，將飲水機移至樓上放的位置，很快變臭，磁場確有其事。我想當時睡西北方舌頭發炎，有誰知道要調床位到東南方，一年多的病，三天就好呢？還有幾件自家陽宅實證，放錯位置生病，拿走則病立癒，答案皆在易經風水中。命運吉凶是多元的，八字、風水、名字、福報…交錯其中。

七十四、打疫苗

火風鼎之天風姤　亥月癸亥日

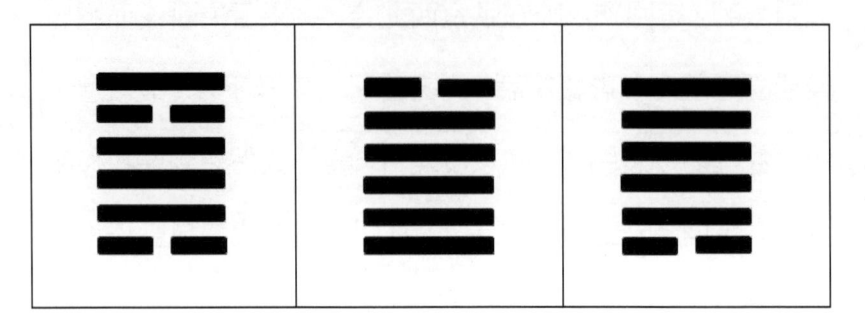

2021 辛丑年，今日某先生私訊，明天要去打 AZ 疫苗，但覺得最近身體很差，不知打了會怎樣？又說今天上班整天頭疼，脊椎有骨刺，抽菸喝酒，第一劑還沒有打。

以農曆時間起卦 2.10.7.10。主卦巽體旺而洩焦躁，對自己沒信心，木火抽菸之象，互卦澤天夬，兌上缺頭痛，大兌卦疼得厲害，兌金為酒水，平時有在喝酒，變卦乾金剋巽木，巽主神經，受官星來剋有災，又剋又洩，雖乾金剋力不大，但有剋就會有狀況，仍建議暫時不要打。

七十五、新股抽籤

澤水困之天水訟　酉月辛未日

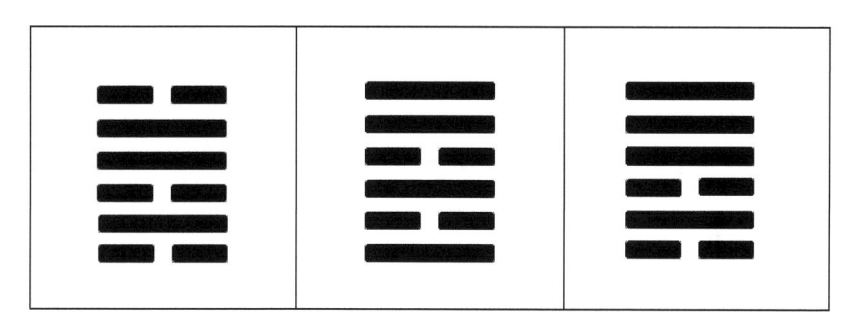

2020子年酉月辛未日亥時(農曆1.8.9.12)，妻子問:想參加汎德永業新股抽籤，能抽中嗎？取時間卦。抽籤日期是10月5日(酉月辛巳日)。

主卦兌金生坎水體旺為吉，互卦風火家人，巽木股票生體互離火論吉，變卦乾金為大財生坎水，三卦皆吉，抽中機會大。果然，5日早上9點多，證券小姐通知中籤。

七十六、電話號碼信息

乾為天之天火同人　己巳年未月

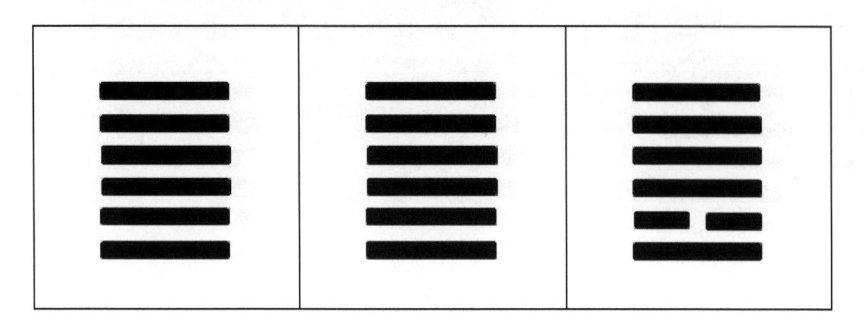

姓名、車號、手機、座機電話號碼...都是信息庫,介紹語文補習班,電話號碼 ****8990。取後4碼,8加9為17,17除以8,餘數1為乾卦,9加0為9,9除以8,餘數1為乾卦,17加9為26,26除以6,餘數2為動爻。

此英語補習班於1989己巳年未月,乾金體旺時開始經營,至2011辛卯年結束。創業第三年辛未年起,教室學生滿堂,直到最後5年少子化,當時學生尚有百名,毅然收攤。電話號碼吉凶,是報名關鍵,誰在使用,就和誰的運勢、財福有關。

主互卦乾金比和，只有一位老師一間教室，正好選在住家房子西北乾金之位，乾為大錢，比和有貴人相助介紹，在社區有名氣，興盛時期，都能教到學校前幾名的國中學生。變卦天火同人，離火剋乾金，離火為文，語文教學，火剋金自然會有壓力，但乾金黨多，老師有實力，離火即是名氣，變卦之互卦為天風姤，乾金剋巽木為財，巽為利市三倍，大門又開在東南巽位，附近學校在住家西方，與體卦比和，都為生意加分。福地福人居，開店前並無鑑定風水，此宅為舊宅，低價購入，不同八字的人進住，氣場迥異，所以，不能單看陽宅，命運是多元福氣的結合。

　　周老師與妻子一起創業，妻子管理財務，兩人事業，只教一門英語課，經過 22 年不容易，51 歲退休。周 8 劃、老師 16 劃，坤為地之山地剝。主互卦都是坤為地，坤主文之比和卦，坤為順為眾有學生群，用卦亦可視為妻子，與妻子同心協力，變卦山地剝，艮為妻為領頭羊，家中妻子較為奔波。不過，土太旺物極必反，因課程排滿，晚餐只花三、五分鐘進食，腸胃不佳。

以六爻來看，酉金子孫爻動於上爻，在坤卦得旺氣，子孫學生生財有財氣，辛卯年結束營業，卯太歲沖酉，學生緣變淡，時也運也。(若號碼不吉，則財運、愛情變差。)

七十七、鬼門開

山天大畜之山火賁　未月庚子日

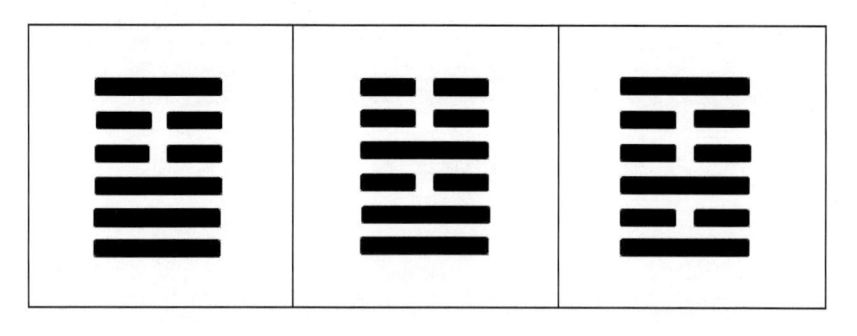

基隆老大公廟昨晚11點子時起鬼門開，宗教習俗活動，即為雞籠中元祭，是道教和民間信仰，認為鬼門的開啟是亡魂能夠回到人間的機會。在這期間，人們會做法事、焚燒紙錢、準備食物等，以慰藉那些孤魂野鬼。農曆是7月1日，數字都有深層意涵，7為艮土、1為乾金，動2爻，山天大畜之山火賁。

艮土體卦為墳墓為門，內有坤土為幽魂好兄弟，艮土生乾金洩氣為出，鬼門開之象，互卦雷澤歸妹，金剋木而動，兌金飲食、震木法事活動，變卦離火生艮體，懸掛紅色普渡公燈指路和燒紙錢，紀念死者，慰藉好兄弟。

七十八、巴黎奧運

風水渙之巽為風　未月庚子日

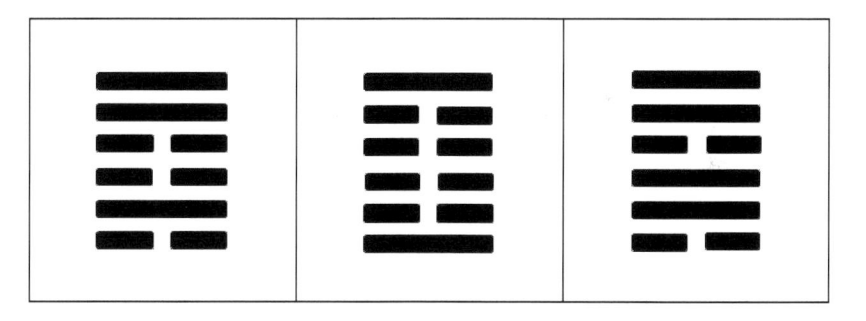

　　2024年巴黎奧運，我國羽球選手戴資穎參賽，7月31日(未月丙申日)法國時間下午2:50比賽，與好友泰國依瑟儂對戰落敗，遭到淘汰。今天才在網路中注意到，晚上7:58

抽籤 563，占問巴黎奧運，我國羽球選手戴資穎能拿冠軍嗎？事後占卦一樣可測準嗎？

　　主卦巽體為風為羽球，為戴資穎，巽又為腰腿，坎水為病，腰腿有病，水生木有戰績，互卦山雷頤，艮為關節膝蓋，震木剋之有傷，震為足、艮為止，行動受阻，變卦巽為風搖擺，雖得子水日生，在未月休囚，實力難以發揮而落敗，無緣得冠。事後占卦驗證，依然有跡可循。新聞報導:戴在這一個月左右腳都有傷，有幾天還拿拐杖，忍耐膝傷上陣，運動家的精神令人敬佩，她已經很盡力了，雖敗猶榮。

七十九、維他命 E

地天泰之山天大畜　未月辛丑日

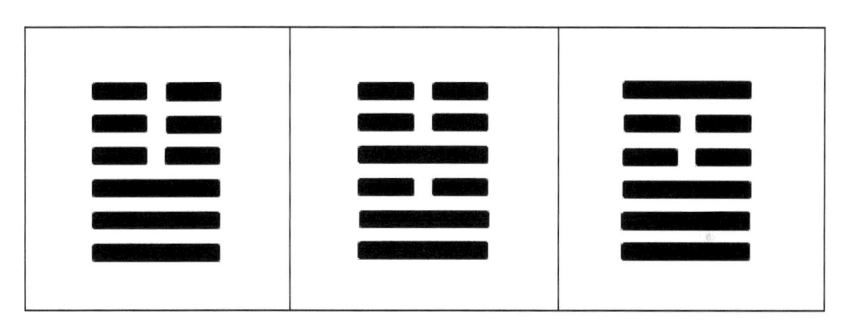

2024.8.4 晚上睡前看 YT 大陸節目我是大醫生，皮膚科老醫生 72 歲臉上沒有半點黑斑，而上台的 4 位老先生 72 歲和其他老太太，臉上暗沉多斑，老醫生說從 1989 年起，到美國發現維他命 E 抗氧化，能讓皮膚有光澤、防衰老後，就開始每天服用一粒到現在。

今早 8:43 起卦 816，占問:我想每日服用一粒維他命 E 膠囊，可以改善皮膚嗎？主卦坤土用卦生體卦乾金，土為皮膚、金為白，皮膚白，互卦雷澤歸妹，兌金剋震木，震木剋不了土，不傷皮膚，變卦艮土生體卦為吉。此卦是在未土月

丑土日占，體卦又有旺土來生，會過旺嗎？從六爻來看，上爻酉金子孫爻發動克寅木官鬼，子孫為藥、官鬼為病，卦意清楚。

八十、妻子病情

巽為風之風山漸　未月戊戌日

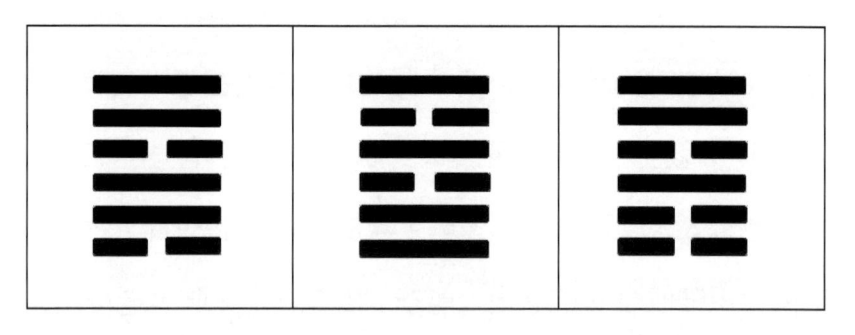

2024年未月戊戌日下午1:12，網友提問:妻子感冒咳嗽已經一星期，服用感冒藥多次，占卦看病情，報數558。主卦巽風為感冒，六沖卦，近病逢沖快好，與六爻觀念同論，互卦火澤睽，火剋金損肺部而咳嗽，但金氣臨月旺，應該不太嚴重，變卦巽木剋艮土，明後天為亥子日，一定會好多了。

回饋:晚上 11 點多妻子說好很多,晚餐後還喝了冰水、吃了冰棒,人若不舒服,吃不了涼的。

八十一、糖尿病症

雷地豫之雷山小過　未月己卯日

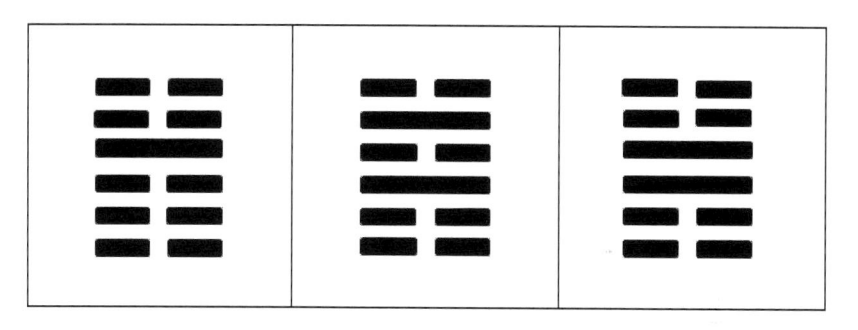

　　周先生的友人昨日因血糖近千過高住加護病房,有高酮酸血症,情況嚴重,不能清楚說話,經過一天急診救治,施打胰島素降血糖,今晚 7 點多去看他時意識已經清醒,遂讓他報 3 個數字測病情,36、48、51,請我為其解卦。

　　主卦震木體卦剋坤土,坤為腸胃有問題,周先生說沒錯,這兩星期都吃不下。我問其病症是前兩個月(巳午月)開始的,

是嗎?是的,醫生也這麼說,血糖漸漸高,病人沒察覺。巳午月是主卦提示的。

周先生說,友人提及上兩個月起喜歡甜食,天氣熱喝含糖冰沙,之前身體健康,已很久沒做體檢。又他是丁火日元,這兩個月正好是壬癸水官殺月,官殺是病是險是陷阱,財生官剋身,因財(飲食不當)惹禍。互卦水山蹇,艮土為甜,坎水為病,正是糖尿病,腎臟有損,變卦震木剋艮土,胰臟屬土,功能變差了。醫生說可能要吃藥和打胰島素半年,而此卦震體要等到亥子月轉強,與醫生判斷一致。

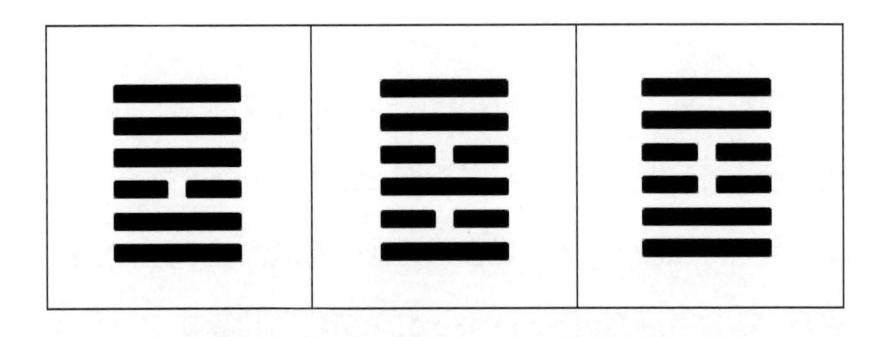

壬午日轉入普通病房,想問何時能出院呢?周先生再轉述病友給的數字,17、34、58,天澤履之風澤中孚。

主卦之兌金為體卦病友與用卦乾金醫院比和,在未月旺相,說明醫師救治有成,兌金為缺,身體尚待復原,互卦風火家人,因病友體虛,巽木生離火,坎水居中,巽木為輸液,增強離火能量,變卦兌金剋巽木,巽木為乾金之財、離院證明文件。主卦乾金為1、兌金為2,應是3天後可出院,週一甲申日、周二乙酉日可望離開。周先生告知,果然周一午時,醫生讓其隔日出院,並叮嚀後續康復注意事項,三週後回診。

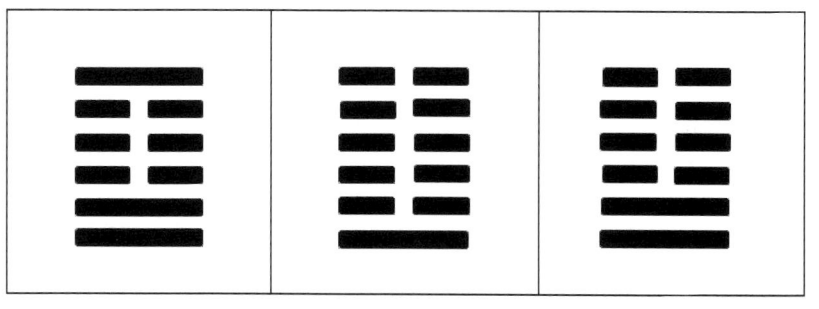

事實上,我也在壬午日代占此病友何時能出院,取數726。主卦山澤損,艮土生兌金為體卦為吉,互卦地雷復,震木剋坤土,身體尚虛弱中,變卦地澤臨,體旺受生,臨為臨近,很快的意思,乙酉日正是體旺時。六爻:上爻寅木官鬼動化酉金子孫回剋去病,酉日是應期,都可參考。

八十二、面試過關

水天需之地天泰　　巳月壬寅日

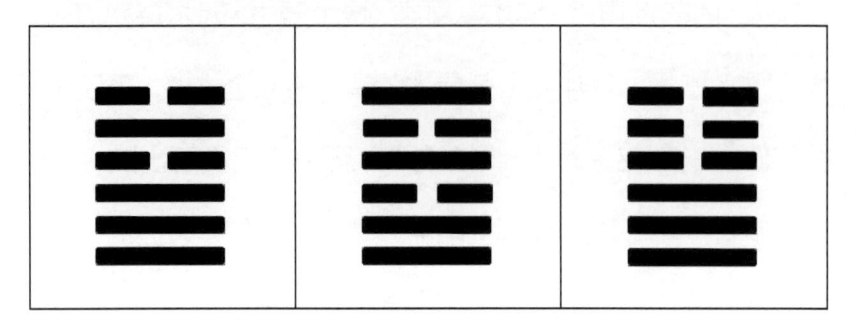

王男經人介紹私訊，想去一家公司面試，不知能否錄取？好不好？讓其從 1 至 10 中，報三個數，告知可重複，取數 615。

主卦乾金體卦生坎水，乾金巳月休囚，寅木日為財，看得到吃不到，目前財運不佳，從主卦看，應是今乙巳年春天開始變差，對，他說年後辭職做了多年的公司，接著到一家電子產品銷售店工作，因覺得人事不協調，一個半月後又離職，現在找新工作。主卦顯示此人想賺大錢，卻沒有好的能力與技術，需卦是等待，對自己沒啥信心。

互卦火澤睽，離火剋兌金，公司要求高，他說工作是類似接電話處理客戶問題，離為電、兌為說，直讀講電話，變卦坤土生乾金，是錄取之象。後又告知下週一(午月己酉日)到公司面試。午月壬子日上午，他說方才 10:46 公司來電通知錄取，丙辰日週一上班，正是用卦土旺生體之日。

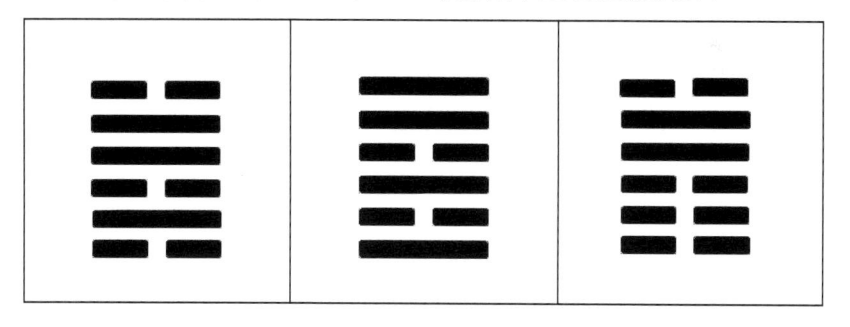

10:46 巳時戌分是澤水困之澤地萃。主卦兌體氣弱，互卦風火家人，巽風為消息生離火洩氣，焦躁等待，變卦體得生為吉好消息。另外，當時有參看六爻，申金子孫爻持世，世應申子合，但申金沖剋二爻寅木官鬼不吉，工作怕不會很滿意。果然一週後的辛酉日又說，一整天坐著聽電話，覺得無聊，又有辭意。我安撫著，不要一直換工作，不然下一個雇主會質疑你不踏實，工作難找。

八十三、完美告白

天風姤之天山遯　申月丙午日

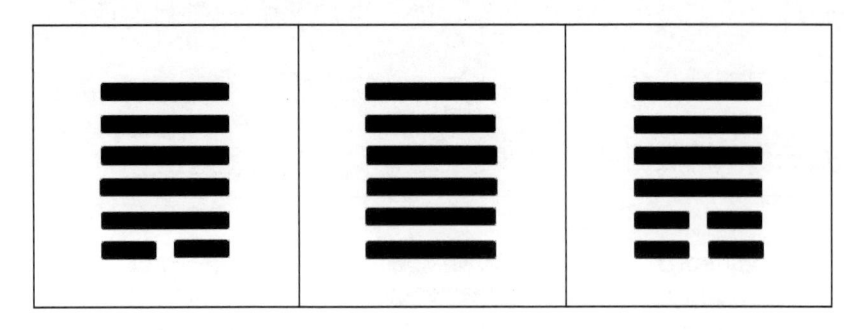

2024年8月10日早上6:10前，在YT看到大陸多年前的節目完美告白，主持人是涂磊。一位漂亮東北姑娘佳佳穿婚紗登場，手捧鮮花，在眾多觀眾前大喊不要房不要車，就要嫁給你，向男友求婚，他們已交往5年，男友因沒多積蓄，一直拖延婚姻，愛面子，想等有錢後再結婚，兩人為此事爭吵多次，但女方已28歲不想苦等，主持人會說話，最終說服男子答應先成婚。

6:10時，想這對佳偶能成婚否？頭腦閃過數字158，這是重播的影片，會準嗎？在6:20男子來到現場(原在後台不願意出現)。主卦之乾金體卦女子剋巽木，乾金陽剛，認定

巽木,非嫁不可,巽木休囚事業無成,互卦乾金比和兼六沖,硬碰硬爭吵之象,變卦艮土生體卦,完美結局。事後占卜,卦意都能寫真,真神奇。

八十四、登山失聯

天雷無妄之天澤履　子月戊戌日

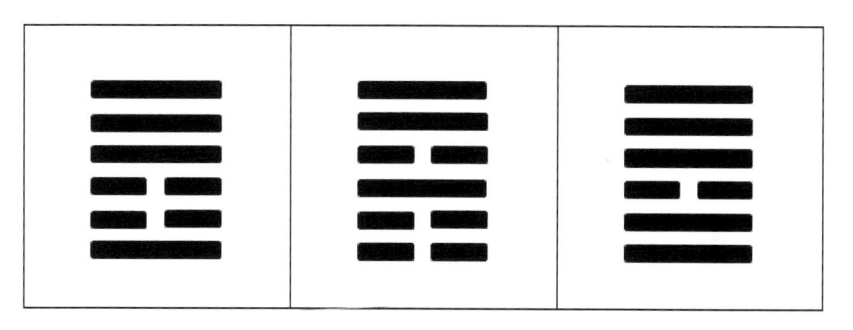

北部一男子於2021辛丑年12月11日(子月癸巳日)凌晨2點,獨攀中央尖山失聯,12月24日(子月丙午日)12:30中午尋獲,約14天,他卡在80公尺高峭壁,斷崖20有多層樓高。

我於子月戊戌日第 6 天取數 142 問其吉凶:主卦有無妄之災,乾金體卦為一主管,剋用卦震木為動,震為足,互卦風山漸,艮為山,登山之象,變卦天澤履,如履薄冰而行,雖是比和,兌金開口有危險凶象,又震木化兌金回頭剋,明顯失足,子月丙午日尋獲,乾金剋洩交加不吉。

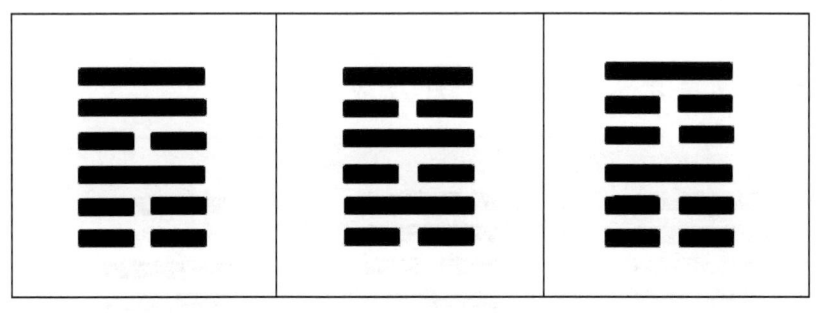

出發時間卦:子月癸巳日凌晨 2 點(農曆 2.11.8.2)。風山漸之艮為山,主卦巽木臨子月剋艮土不吉,變卦艮為山,艮山重疊有險,艮為止為墳。時間凶險,誰會事先預測?

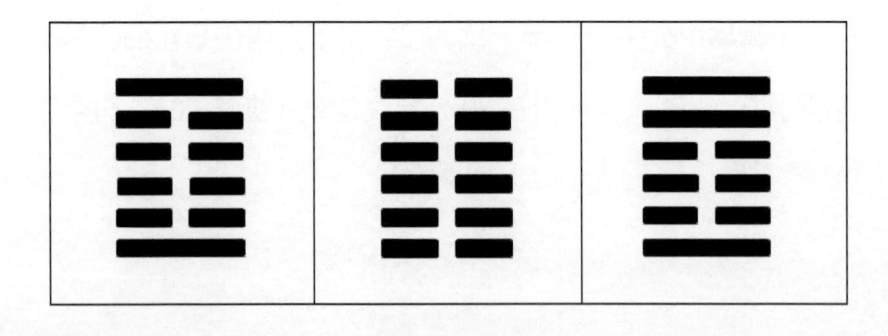

名字 XXX 卦象山雷頤之風雷益，主卦震木剋艮山，喜歡登山有原因，變卦之用卦巽風之綜卦為兌金剋震木，隱藏危機。以六爻卦看，五爻道路子水父母發動，化巳火子孫，正是子月巳火登山日，福神受剋，世爻戌土化未土被太歲丑土沖破，連名字都有確切的信息。六爻、梅易在姓名學的應用，太有價值了。

八十五、學生報名

山地剝之山雷頤　丑月壬戌日

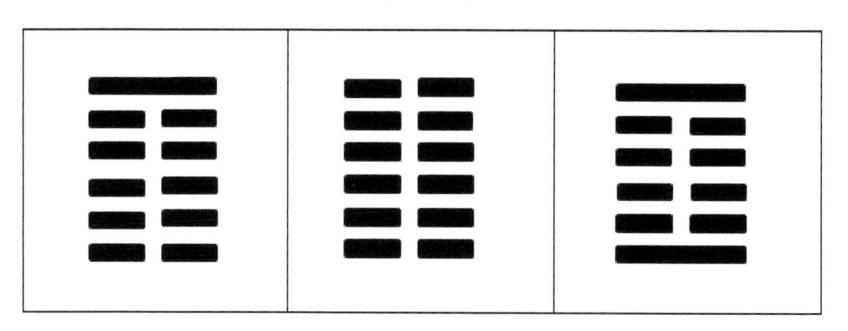

　　2022 年 1 月 9 日(丑年丑月壬戌日)晚上 7:37，陳女士詢問八字授課情形，說過完年不忙了來學。結果年後壬寅月甲午日決定學習，晚上 10:59 亥時告知已匯款。

壬戌日晚取數 787，看能否收到此學生？主卦艮坤比和，坤為文學習，艮體旺相為老師能力不錯，坤土學生有誠意，互卦坤為地為順，變卦震木剋艮土，對方剋我，是她來找我之象，頤卦是大離卦，有雙手擁抱對方之意，應沒問題。甲午日匯款，木剋土有午火通關。

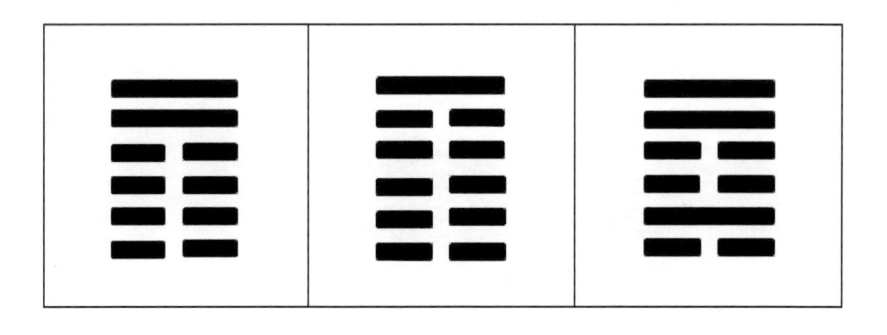

　　1月9日詢問時間卦(2.12.7.11):風地觀之風水渙。巽風體卦為老師，坤土女士想學習，互卦山地剝比和卦為吉，變卦坎水生巽體，用生體能成。寅月木氣旺，收到學生。起心動念就有故事。

八十六、仲介生意

雷火豐之雷山小過　丑月丁丑日

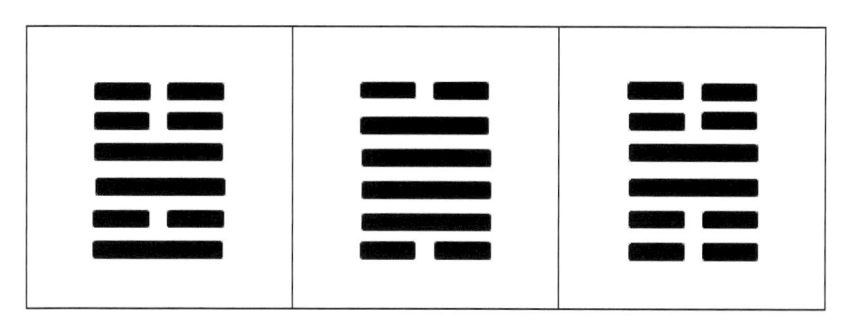

　　網友於社團提問，仲介生意能成功嗎？仲介費相當高。以提問時間起卦，辛丑年丑月丁丑日午 12:47 (農曆 2.12.22.7)，主卦離火洩震體之氣，互卦澤風大過，兌金剋巽木，想賺此財，大坎有險，變卦震木剋艮土為財，好似有機會。

　　但除非此仲介時間能延續到寅月，震木旺相可成，否則丑月的木休囚難也。説有成會回饋，之後沒再提起。若以六爻看，卯木子孫動化辰土官鬼，午財休囚，一定不成，六爻梅易可合參。

八十七、預售屋

火風鼎之天風姤　申月壬戌日

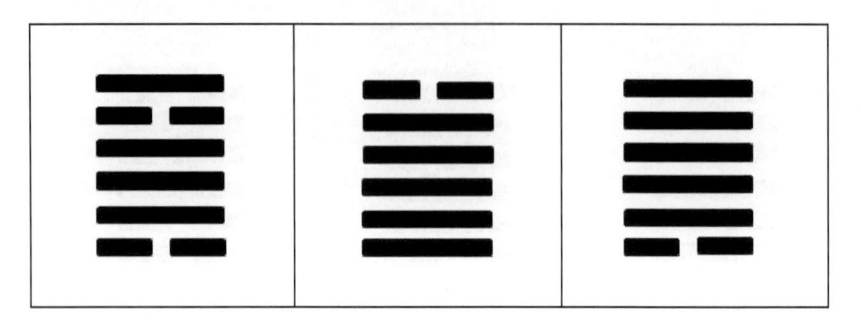

　　網友在臉書看到建商廣告,近八堵雙鐵站,距離南港 18 分鐘,首付 68 萬起,售屋小姐介紹舒適家居,頗有誘因,但見有些評論周邊生活機能,優缺都有,買間來住好嗎?

　　要其報數 355,主卦離為房,巽體生之想買,互卦澤天夬,兌澤為缺,乾金為財,缺錢嗎?友説不缺銀兩,可解釋生活機能(乾金)尚不足,變卦乾金剋巽體,不是錢的問題,那就是環境不會滿意,巽為風為動,交通不便會是擔憂的事。沒錯,此房建在高速公路旁,自己沒開車,交通不方便,沒興趣了。同一事物,不同人占卦,結果有別,不適合 A,可能適合 B。

八十八、女方想法

風水渙之風澤中孚　申月戊申日

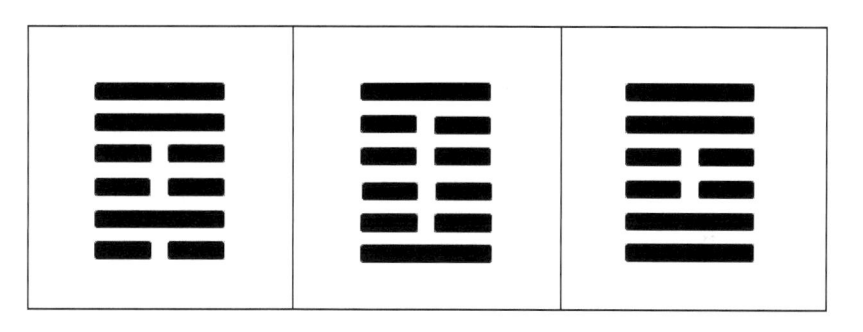

　　友人 10:09 問，認識一位女孩子，聊過天很有好感，想知對方是否喜歡我？報數 561。主卦風水渙，坎水為桃花嬌滴滴，生巽木體卦為吉，剛開始有好感。互卦山雷頤大離卦，艮為止、震為動，但還沒有具體行動。變卦風澤中孚，兌金剋巽木難開花，大離卦離為電為網路，聊聊天還行，巽木休囚，條件不好，不一定看得上你。

　　八字可能說不出個所以然，認識女生好幾位，如何判斷是誰，占卜好處就是單一問卦，可以分占。10:09 澤天夬之澤風大過，主卦老少配，變卦金剋木一頭熱，還是不成。

八十九、雨天摔傷

澤風大過之澤水困　癸卯年申月戊辰日

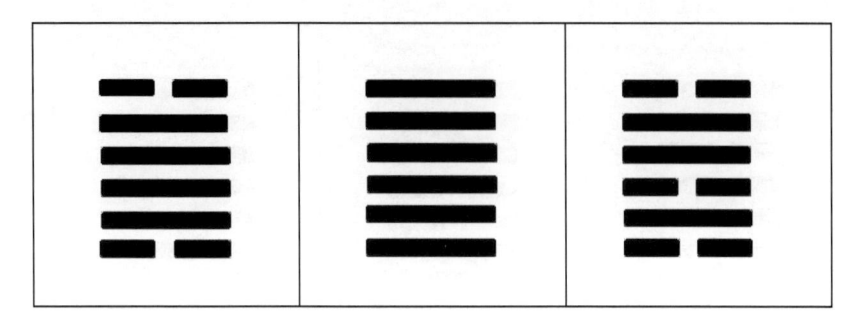

李小姐告知當天晚上約 7:16，在前往餐廳的路上，因天雨路滑，下坡路摔跤，人往後仰，頭部肩膀腰部都有傷到，肩膀較嚴重。以農曆時間推算，4.7.23.11 成卦。主卦兌金剋巽木，巽為腰腿，受剋受傷嚴重，互卦乾為天，金為頭為骨，比和六沖碰撞，變卦坎水洩金氣，水為下雨天，洩為滑倒，注意兌金日月旺相，但一個坎水洩氣，就能引災，兌金吃喝，但水洩吃不成。此卦可倒過來看，有因下雨，滑倒後摔傷之象。另外,乾金為頭受碰撞,想想是卦中哪個原因？

隔年辰月丙午日來占卦，已至多家復健中心治療，都沒啥效果，後來找到一家脊椎治療工作室的女師治療，問在此工作室做整復，療效如何？623。

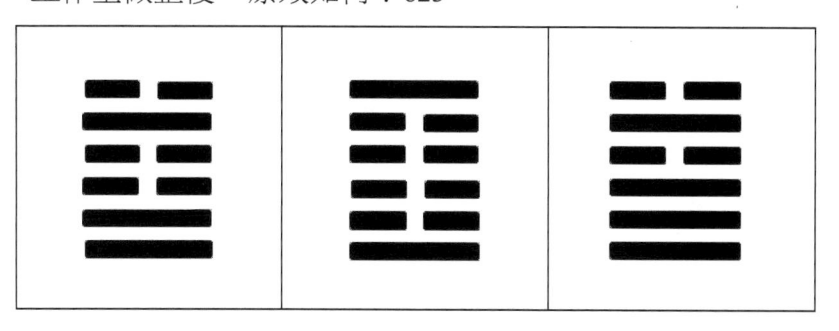

　　得水澤節之水天需，主變卦坎體都得金生，兌金變乾金，兌缺乾圓滿，會有效果，但目前辰月，坎體休囚，告知要等秋天申金月才能見效，這幾個月不會有用，但不可能拖到申月再治療。果然2個月沒效果，女師說沒遇過這麼難的案子，第三個月改治療方式，每週來兩次，收一次費用。在申月庚戌日晚上告知，近日發現肩頸好很多，雖效果已見，仍未痊癒。坎為病，乾金為骨，筋骨有病，體雖受生，如果過於嚴重，應期可能要到金水旺之年。

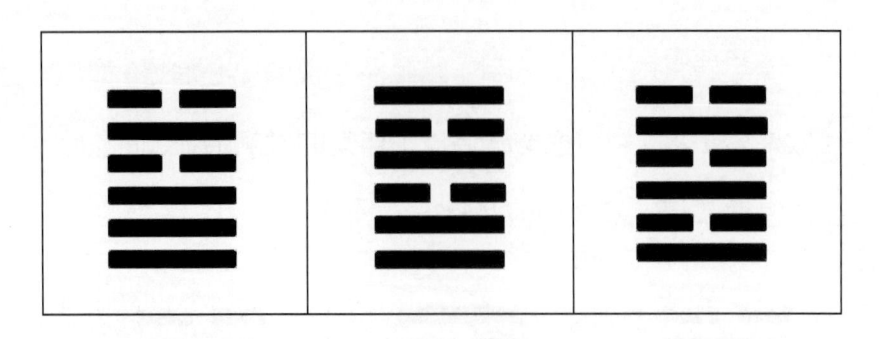

亥月壬辰日中午 12:54 再占病情，取數 692，主卦水天需，體卦依然是坎水，乾金生坎水為吉，亦是筋骨有病，互卦火澤睽，離火休囚難剋兌金體寒，變卦水火既濟，坎水剋離火少熱能，另外坎水入太歲辰土、辰月墓地，整個人顯得沒精神，頭腦昏沉。

六爻:世持申金子孫，子孫為醫藥，自己有在做伸展運動調養，但二爻宅爻寅木官鬼發動是病因，與世爻對沖，二爻剋三爻髖關節有毛病，剋五爻戌土，胸骨、背骨都不舒服，治療進行中，可能要等到土金年，申金轉強，當有復原之機，與上一卦雷同。

九十、介紹交往

風火家人之風天小畜　子月辛亥日

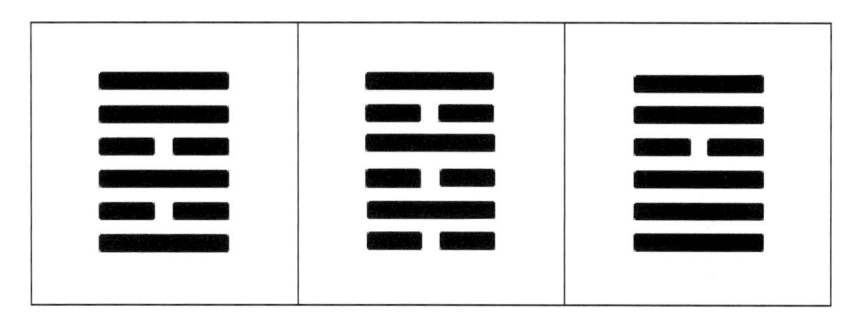

　　2023年子月,張小姐經友介紹一男子,辛亥日晚上6點在餐廳見面,之後來問,與之緣份如何?報數538。主卦巽體生離火,印象可以,但離火月令休囚月破,靠巽木之生,能力普通,男方今年才考上基層公務員,還未正式就任,互卦火水未濟,兩人思想不一,變卦乾金剋巽木,女方會感到壓力,張小姐說對方言語間有大男人主義的態勢,互變卦不吉,此事難成。隔月丙寅月庚戌日下午5點多,柔性發文給男方,不再聯絡,寅月巽體卦氣強,乾金出局,占卜為抉擇加分。想想乾金日月休囚,剋不了巽體,張小姐怎麼還會感到壓力呢?

```
▂▂▂▂▂▂▂      ▂▂▂▂▂▂▂      ▂▂▂▂▂▂▂
▂▂▂  ▂▂▂      ▂▂▂  ▂▂▂      ▂▂▂  ▂▂▂
▂▂▂▂▂▂▂      ▂▂▂▂▂▂▂      ▂▂▂  ▂▂▂
▂▂▂  ▂▂▂      ▂▂▂  ▂▂▂      ▂▂▂  ▂▂▂
▂▂▂  ▂▂▂      ▂▂▂  ▂▂▂      ▂▂▂  ▂▂▂
▂▂▂  ▂▂▂      ▂▂▂  ▂▂▂      ▂▂▂  ▂▂▂
```

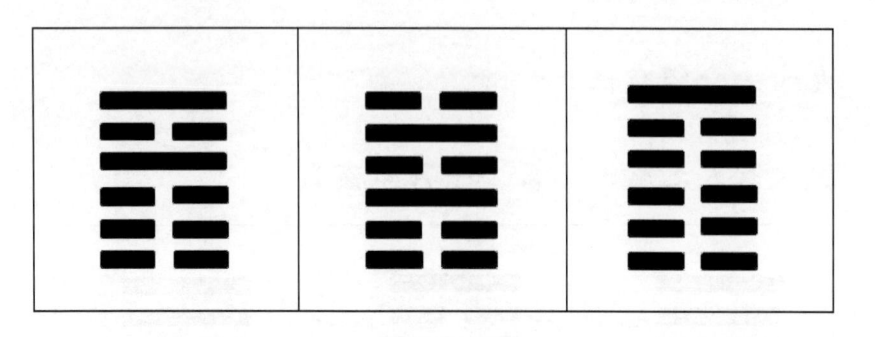

之後，張小姐給我男方的生辰(男方主動告知)，巳月戊午日生(2.3.30.5)，卦象火地晉之山地剝，主卦離火為妻助坤土體卦，互卦水山蹇不利妻，變卦山地剝，有剝落土崩之象，婚姻不如意。六爻則見酉金兄弟爻持世發動，剋卯木妻財，對妻子不好，張小姐選擇分手有先見之明。

　　八字同樣可以化成梅易卦象，成卦稍有不同，年數取天干序數，如甲1乙2，化卦後論身強身弱、財官容易得多，婚姻、財氣明顯。總之，會幫助我們瞭解更完整的人生運勢，愈加豁然開朗，有緣可學得。譬如一男:辛酉年戊戌月辛酉日丁酉時生，身旺無依，無財無官以為清苦之命，化卦水地比之澤地萃，財旺官旺高階職務，有妻有子幸福家庭，全明白了，原來命運一部份信息在八字，一部份在卦象。

九十一、帕金森氏症

地火明夷之地雷復　卯年丑月丁酉日

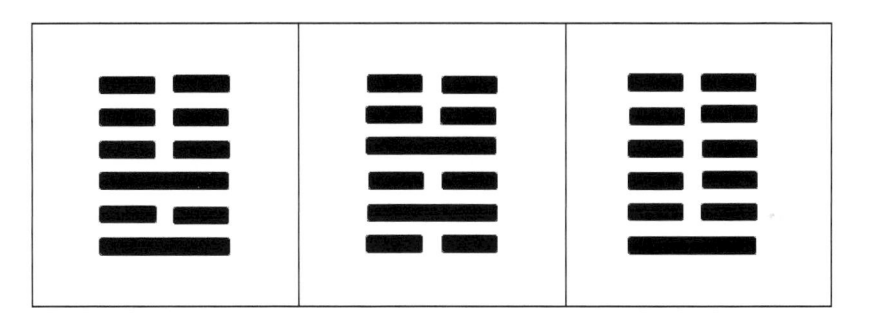

　　同學劉某好幾年沒有聯絡,是交情不錯、會閒聊的同學,今天晚上7點多來電,講話比以前結巴,醫生說他疑似帕金森氏症(一種漸進式中樞神經退化疾病),左手和腿會抖,記憶變差,還有年輕時就有的憂鬱症,他與妻子結婚一年多,生下一女兒,之後妻子和女兒就離開不住一起,回到娘家幫媽媽做生意,女兒讀書上貴族學校,學費由他負責,這是難以理解的夫妻關係。

　　以打電話來的時間卦(4.12.24.11),看其目前狀況,主卦離火在下卦,太陽西下,在丑月無力生坤體,生活無動力,

坤卦方位未坤申，未土月破，坤為虛，互卦雷水解，坎為病，震主神經，有神經衰弱現象，變卦震木受酉金日剋，震為四肢為足，受剋抖動。將離火視為其妻，妻子無助，變卦震木為女兒也不管他，一個人孤單住在家裡，同學我也愛莫能助，只能多聽他說話，給予安慰。記得其八字，婚後走20年比劫奪財運，財遭劫、妻不在身邊，命耶！

九十二、被火車撞到

火風鼎之山風蠱　申月辛亥日

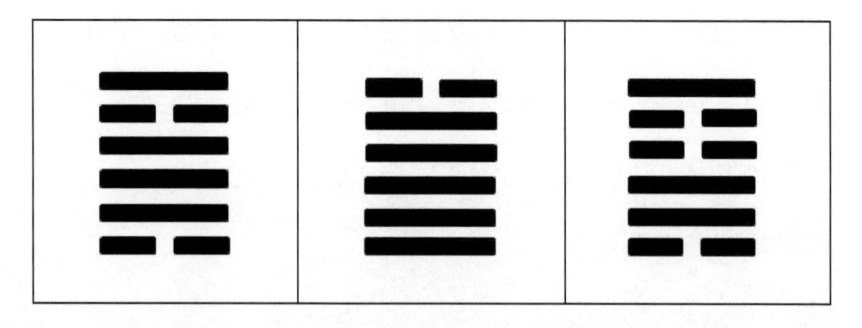

今天下午 3:37 在捷運站等火車時，看見月台下的鐵軌枕木，突然讓我回憶起國中二年級開學第一天上學驚嚇情景，

我走家後的鐵道去學校，是直線距離較便捷，當天不知有啥課程，新書全裝入書包背在右肩，大膽的走在枕木上，途中後面來了火車喇叭響聲，有聽到但走不下來，好似被啥壞東西拖著走不開，快撞上時，腳步稍微挪動到枕木邊，仍然遭火車頭撞上右肩書包，書包高飛落入遠處稻田，後面好心同學幫我撿回，肩帶撕裂一半，火車則緊急煞車，好險沒出事，我退了一步，也故作鎮定看著許多探出窗外的乘客，見我安好，火車才又啟動到站，好學的孩子，書包的厚實救了命，否則整個人會被拋出去。

取 3:37 時間卦，主卦之用卦離火為火車，巽木為體卦為我，也是鐵道枕木，行走於火車鐵道之意，互卦澤天夬，兌金是火車按喇叭驚嚇之聲，乾金為大，肅殺之氣，變卦巽木剋艮土，體剋用人安全，但月剋日生被嚇到。卦中細節，離火也是書包，巽木為書包背帶，金剋巽木為肩帶撕裂，主卦離火火車化變卦艮土為止，是火車緊急煞車，卦可簡單上下看，也可複雜的左右、前後瞧。回憶的時間居然也可以追朔既往，太神妙了。

九十三、恐怖豔遇 4522

天雷無妄之天地否　丑月丁卯日

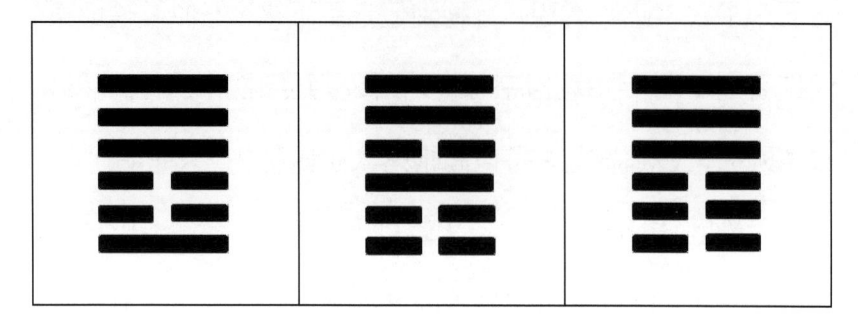

2024 申月丙辰日凌晨 3:30 左右，看到 YT 影片。這是電影(支離破碎)，2022 丑年 1 月 14 日在美國上映，是部驚悚片。離婚不久的克里斯是富有的投資家，住在高科技房子，當他遇到美麗的斯凱時，以為是天上掉下來的禮物，斯凱相當有魅力，但事實是個恐怖殺手，早有計謀奪其財產，富豪被打不良於行，最終反擊，斯凱與同夥皆亡。影片中，富豪向警方求助時，說出自己住址 4522 號，此數字有何玄機？前 2 數字之和 9，除以 8 餘數 1 為上卦，後 2 數字之和為 4 是下卦，4 個數相加除以 6，餘數 1 為動爻。

主卦無妄之災，乾金富豪剋震木為財，金木交戰離婚之象，互卦風山漸是不為人知的過程，巽風為美女(反卦兌金為殺手)，巽木剋艮土奪財，艮土為乾金之印星(有價證券等)，變卦天地否，氣運不通，坤為虛為癱，下肢受傷不利行走。乾金入年墓月墓有災劫，坤土月破，巽木女遭乾金前後夾殺，為財而亡。住址號碼也有故事，想不到吧!

九十四、郵務詐騙

天風姤之天山遯　申月丁巳日

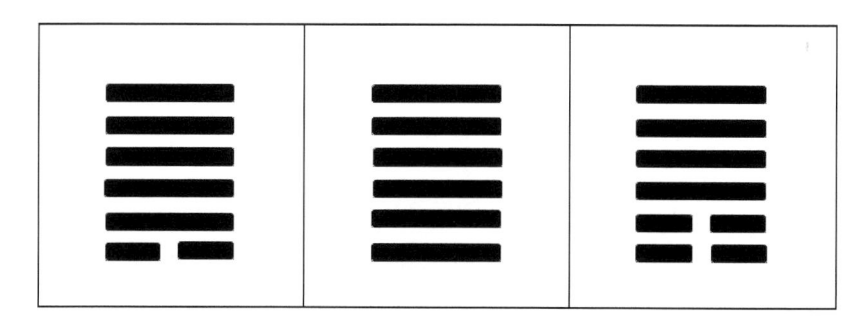

2024年8月21日 週三 上午8:32 新聞:假「郵局包裹通知單」流竄！回撥遭詐騙噴錢，詐騙集團假冒中華郵政公司

名義,以郵件方式通知有郵務貨件配送異常而無法順利投遞,進而誘騙撥打詐騙電話,實則盜取個人資料以達後續詐騙目的。詐騙號碼095XXX1850,取後4位數字成卦,主卦乾金剋巽木,我剋為財,巽風為騙,巽為信息為個資,互卦乾金比和,卸下心防,變卦艮土用卦生乾金,體卦坐收漁利,遁者逃避,找不到人,若用在正途,號碼為吉。手機、座機號碼都暗藏意涵,用錯號碼損財、婚姻運勢會跟著變差,學會梅易可為擇吉加分。

九十五、9字訊息

水火既濟之水山蹇　巳月丙戌日

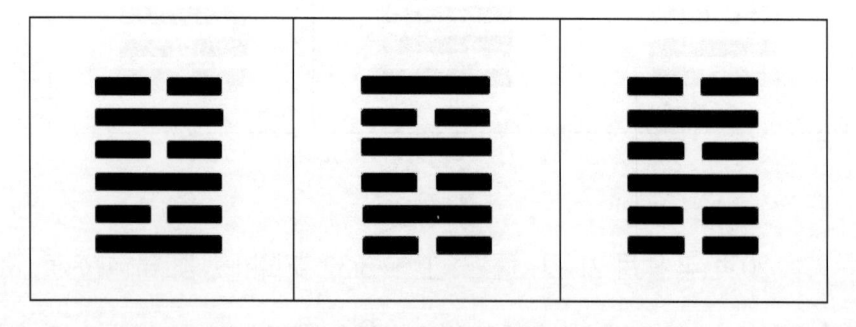

2025/05/17 花蓮一位優秀女老師在教會租屋處被發現，疑遭人勒斃，下午 5 點多，女老師的 line 帳號在教友群組中發出訊息 9 字，聲稱「女老師遭殺害，快去找」，有教友看到大驚趕緊報警，員警果然發現其陳屍宿舍，疑遭勒斃，警方已調閱住處周邊監視器進行比對，鎖定一名曾追求過女老師又性騷過的瘖啞男子涉有重嫌，隔日中午遭逮捕。

女老師遭殺害是 6 個字，快去找是 3 個字，疑似兇手所留，以此為觸機，上卦為坎水，下卦為離火，酉時序數為 10，6+3+10 是 19，19 除以 6，餘 1 為動爻。

主卦坎水體卦為女老師，離火為學校，是學校老師，互卦火水未濟，坎水為男子，剋離火女子為追求、騷擾，坎水剋不動離火，女老師拒絕，變卦艮土為手剋坎體，女老師遭殺害，她的不幸實在令人痛惜與不捨。數字暗藏天機，不究不明。

九十六、重大車禍

地天泰之水天需　巳月戊子日

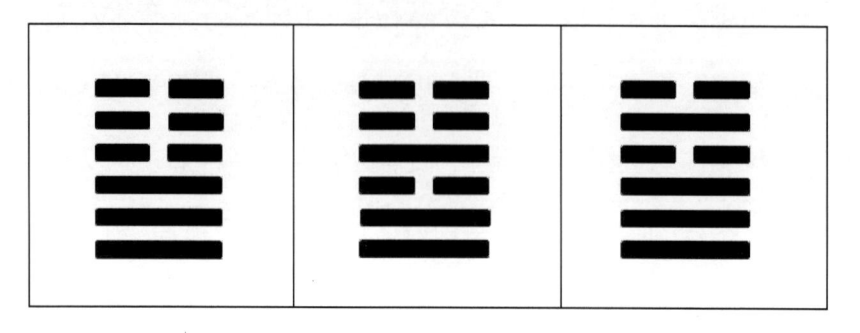

新北三峽 2025.5.19 16:04 發生重大車禍，78 歲老翁開開銀色轎車經過北大國小旁的街口時，高速衝撞前方機車，再闖紅燈撞擊停等紅燈車輛和綠燈過馬路的學生，造成 15 人受傷，其中 4 人 OHCA，晚間 6 時許 3 人宣告不治。

時間卦(6.4.22.9):主卦乾金體卦為老翁，得坤土生不弱，乾金為頭，受巳火官殺月之剋出狀況，坤土可視為行人，互卦雷澤歸妹，震木為車動快速，在子水日，兌金剋震木，震木暴衝剋坤土群眾受傷，變卦乾金洩氣於坎水，昏迷送醫，後於 5 月底傷重過世。官殺是禍、災難。

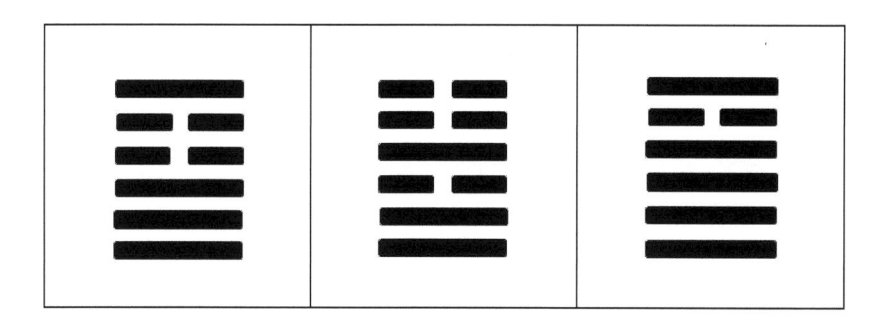

老翁姓名余 XX，卦象山天大畜之火天大有。名字是否也有一些信息呢？主卦艮土生乾金體卦，乾為錢為權，據報導老翁兼具，主卦為吉，互卦雷澤歸妹，兌金剋震木為財，付出心力中年運也佳，但這只是對錢財而言,剋的意涵多元，還須深入瞭解，變卦是老運，離火剋乾金不吉，正好發生在巳年巳月火旺時，子日又洩乾金之氣，如果不開車，是否可避災？沒有八字，名字一樣有信息。

不論年輕或年長，開車都要特別小心，生命無價，一時的疏忽，會毀了許多家庭，終生遺憾。

九十七、金融詐騙

天風姤之火風鼎　戌月丙辰日

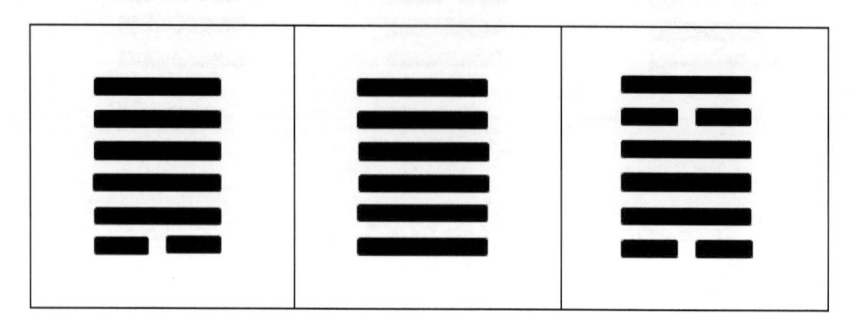

　　小兒科醫師 2021.11.5 在 YT 影片中描述，昨晚 10:30(辛丑年戊戌月丙辰日己亥時癸酉分，農曆 2.9.30.12)，遭謊稱是銀行客服的人，說其信用卡被盜刷，落入陷阱被騙 5 萬元。八字壬子日元，官煞月財日官煞時剋身遭騙，官煞即小人。

　　主卦乾金旺相剋巽木體卦，巽為搖擺，遭到詐騙，巽木為信用卡，乾金為金融行員，互卦乾金比和(不一定真誠)，好像善意幫忙，變卦巽體洩氣受騙，巽木卦序為 5，損失 5 萬元。

九十八、視力模糊

水山蹇之水風井　子月庚午日

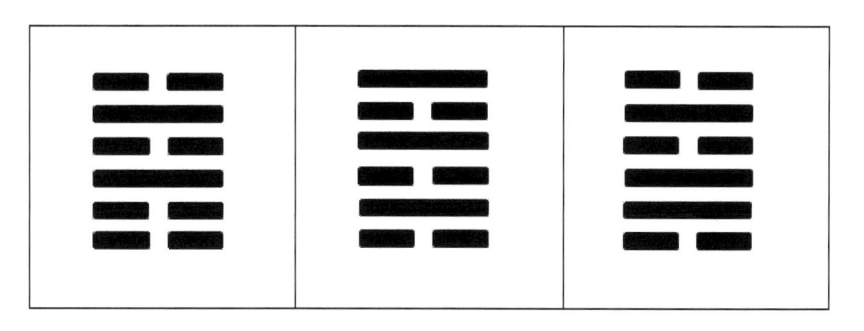

2024 元旦客戶 1:42 來問，高齡 93 的母親白內障視力模糊，想開刀行不行，我說要看眼醫的評估，占卜做參考。梅易簡捷，讓母親報數 678 起卦。

主卦水山蹇，與艮土甜有關，網友說母親非常喜歡甜食，常吃水果很少喝水。互卦火水未濟，離火為眼，水火戰，離火遭夾殺，病情嚴重。變卦水風井，巽風為木救離火眼睛，想開刀治療，但體卦洩氣不利於身體，年齡太大，醫生也不太建議動刀。

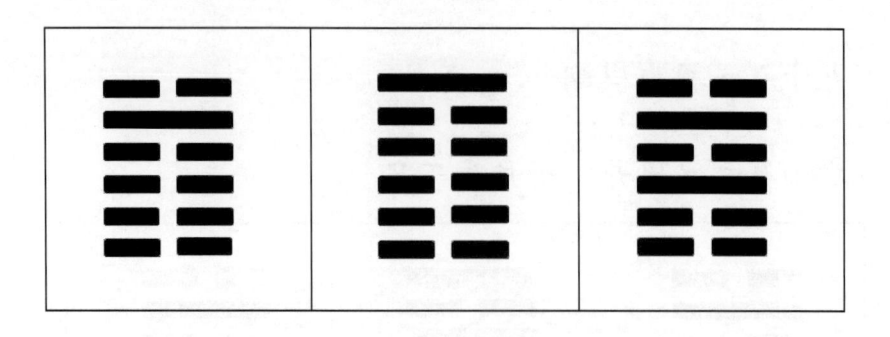

年紀大動刀要非常謹慎，六爻:從初爻到上爻都有病，人老器官自然跟著老化。疾病有些是定數，有些是不良生活習慣養成，幸福以健康為首。再問葉黃素眼藥水治療有效否？取數683，主卦水地比，坎為病，也是甜食的病，互卦山地剝，吃太多甜的飲食，土剋水阻礙血液流通，變卦水山蹇意思一致，眼藥水亦無啥效果。

土多甜食多，五行屬火的眼睛必然出問題，病從口入，有些病是生活習慣所致，喜歡喝飲料的人，要特別注意，糖要適量、要節制。

九十九、在公司發展

風火家人之風雷益　子月丁卯日

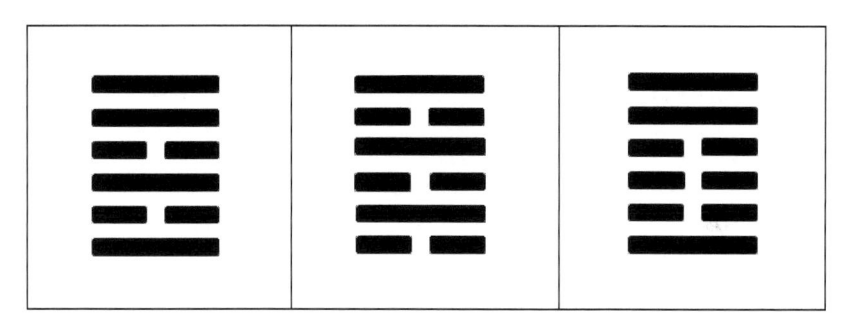

2024.12.29 9:23 六爻社團:在這公司上班,輕鬆沒壓力,但工資少到離譜,不夠開銷,上司同事都不錯,占問在這家公司有沒有發展空間,該不該離職?取數 533。

主卦家人,巽體生離火,與同事相處愉快,身旺輕鬆,洩氣工資少,互卦火水未濟,用剋體不吉,沒有發展,離火食傷受制於坎水,憂心之象,變卦巽震比和能待,但巽之反卦為兌金,剋震木想離開。明年巳火年體弱不宜動。

一〇〇、懼高

天風姤之澤風大過　子月乙丑日

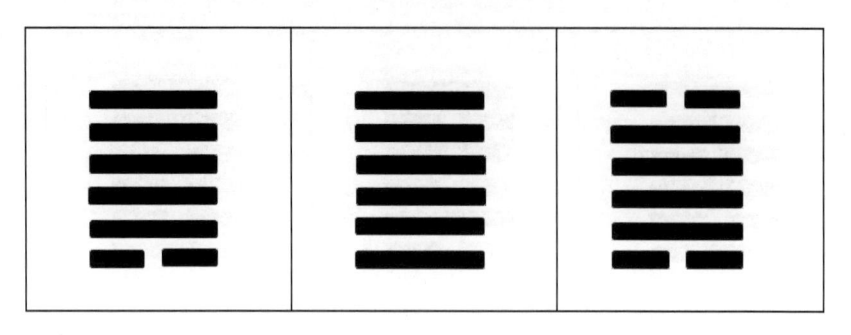

今天和妻子到某酒店 7 樓吃下午茶，餐前閒逛，站在窗邊往下看街景，有點腳軟，懼高怕怕的心理，看手錶 1:53，主卦乾金剋巽木體卦怕怕，巽為膽、神經，互卦乾為天為高在高樓，變卦兌金剋巽木缺膽量，好在是子月，乾兌金剋不了巽木，只是膽小的心理罷了！

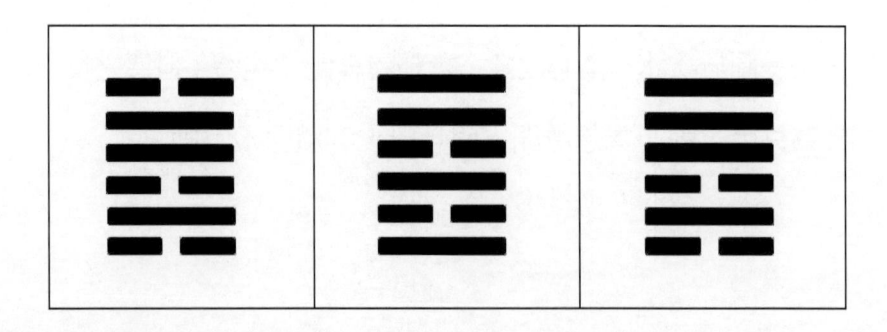

此時旁邊有個立體的導引機器人會唱歌,我問它還會什麼?立即顯示館內設施、樂園等,隨即再讓它介紹說明,結果竟答管理員姐姐還沒教我,會再學習。我笑笑說問啥啥不會?看時間 2:22,主卦坎體是機器人,澤水困有困難,是缺智慧,互卦風火家人,巽木用卦生離火已盡力了,變卦天水訟,乾金生坎水體卦,由兌化乾圓滿,會再學習升級,真是什麼時間說什麼話。

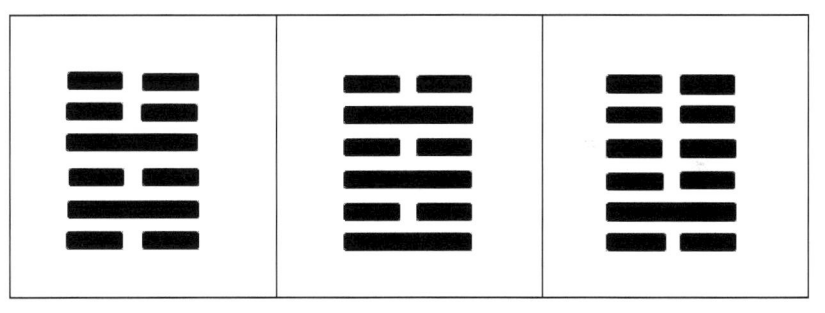

　　下午 4:54 在回家的車上,妻子突然找不到方才戴的口罩,在包包內翻找,立即起卦,主卦雷水解,體生用不利,互卦水火既濟,離火口罩,水滅火不見口罩,變卦地水師,坤土剋坎水,三卦皆凶找不到了,但坎水體旺有沒有救呢?此時是申時亥分,土生金生水通關,4:54:40 在上衣口袋中找到,前後只花了 30 秒,坤土為口袋也。

一〇一、轉職

天風姤之乾為天　寅月乙丑日

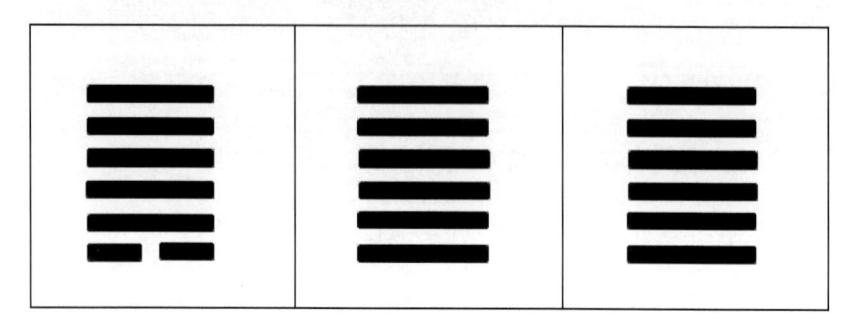

2.24 晚 11:17(寅月乙丑日)，老師:我現在有個工作機會，是之前的黃金文創工作，老闆想請我回去，是好的選擇嗎？報數 157。卦中黨多金氣旺個性積極，今年巳火年，工作上有壓力，卦主能力強，應可勝任，注意人和、肝膽健康。

這個工作剛好又屬黃金類的裝飾品，但要轉換工作總是有些壓力，謝謝老師解惑，希望一切順遂。不客氣，卦中金氣旺與黃金裝飾品相關，卦意準確，乾金體卦說明卦主是有事業心的人。

一〇二、元辰宮

雷火豐之澤火革　亥月戊戌日

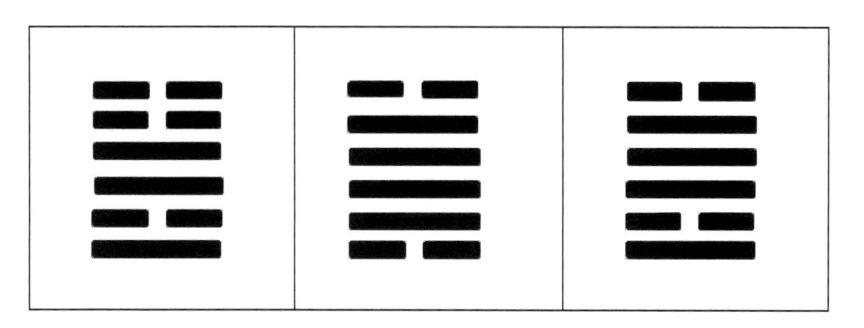

元辰宮是指投胎為人後，在地府靈界形成的房子叫元辰宮(元神宮)，其所呈現的景象會依當事人的福報、觀念而改變。

甲辰年今天中午 12:35，看了 YT 講述元辰宮，記載人生事蹟，想知我的元辰宮如何？以時間取卦，主卦豐卦，象徵豐盛和充實，震木生離火體卦為吉，有小的福德，互卦澤風大過，巽風為修行，兌金為缺，尚待加強，為使巽木得亥月水生，再助離火光明，須以行善積德為要，變卦離火剋兌金體剋用，晚運吉祥。

一〇三、網戀假韓星

坎為水之風水渙　酉月戊寅日

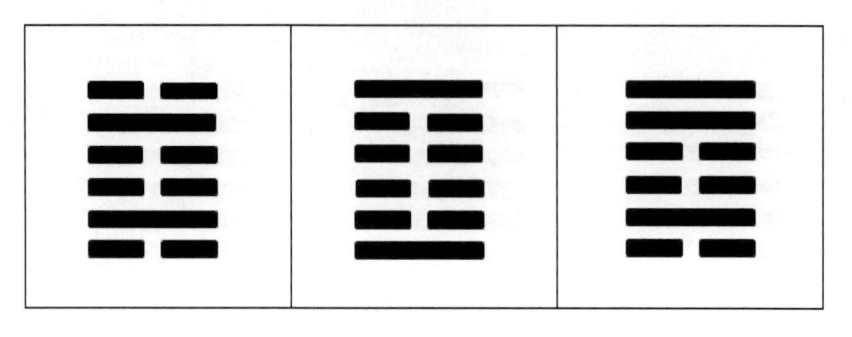

2024年9月19日下午4:21新聞:台中市警察局9月11日下午2時接獲通報，61歲郭婦在臉書與一名自稱南韓明星的網友認識，常噓寒問暖。網友需要美金3000元買機票抵台與她見面，銀行行員發現有異，員警查看郭婦手機，戳破詐騙手法，郭婦才相信，避免錢財損失。

農曆酉月戊寅日未時(5.8.9.8)，主卦坎水比和，坎為險為陷，互卦山雷頤，上艮為男，倒艮為震，頤卦為大離卦，有雙手擁抱之象，網戀、見面之意，變卦巽風為騙，坎水生巽木洩氣,即是給對方匯錢。互卦的震木為軍警,剋制艮土,警察有功。

一〇四、央行升息

震為雷之火雷噬嗑　酉月甲申日

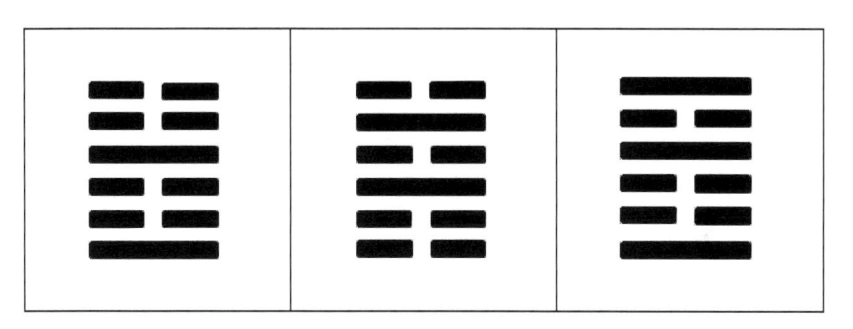

凌晨 12:36，妻子問:明天央行理監事會議，升息嗎？取時間卦，主卦震木比和，木氣休囚，互卦水山蹇，艮土體互剋坎水，艮為財、坎為印，財剋印改變，但日月金氣通關、土剋不了水，變卦離火洩震木之氣，不改變現狀。台灣央行於今（9.19）日下午舉行 2024 年第 3 季理監事會議，維持不升息。

一〇五、社區住宅抽籤

水地比之水山蹇　酉月甲申日

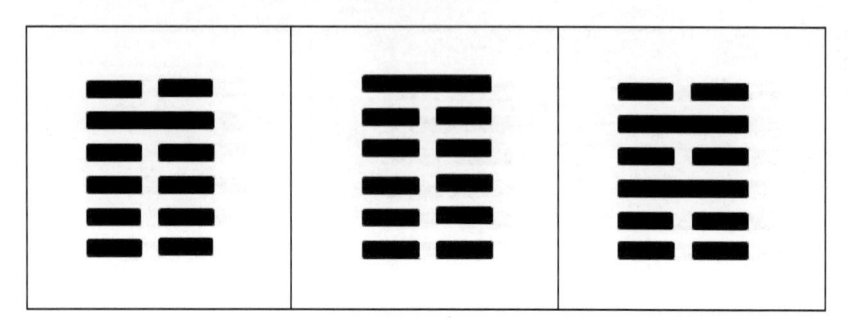

中秋節 17 日回媽媽家時，下午 4:48 看護問社會住宅能否抽中租到？原軍眷住房公家要收回，我讓她報數 689，主卦坎體雖臨月旺，但坎為憂象，坤土為房剋之，正是為房之事擔心。

互卦山地剝，排隊等候，因相關單位日前有通知，她是下一號機會大，變卦艮土剋坎體不吉，酉月可通關，告知事可成。又單位說 19 丙戌日會通知成否，結果隔一星期酉月壬辰日晚 11:26 我打電話問，說戌日通知不成。但明明酉月生坎水體旺，是否再延期呢？

壬辰日我親占,媽媽的看護何時能承租到社區房？取數712,主卦山天大畜,艮體為房洩氣不吉,互卦雷澤歸妹,震木受兌金剋緊張等待,變卦山火賁,離火為電話通知,生艮體為吉,應有希望。

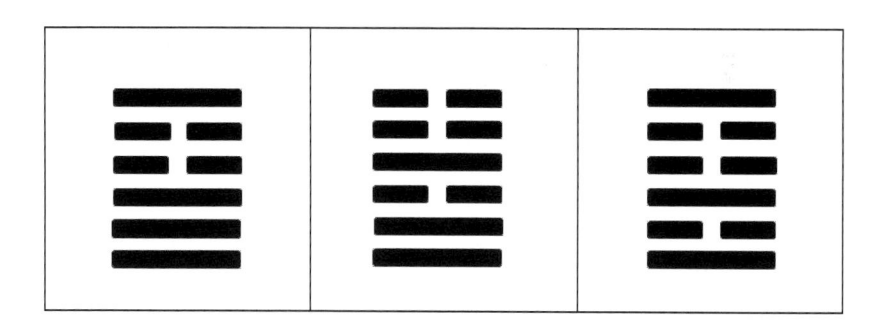

　　果然隔天癸巳日下午4:28手機來信息,説方才都發局通知,看護興隆2D社會宅有排到了,巳火隔天報到,離火旺起來了生艮土體卦是應期。

一〇六、買房詐騙

雷水解之雷地豫　酉月癸巳日

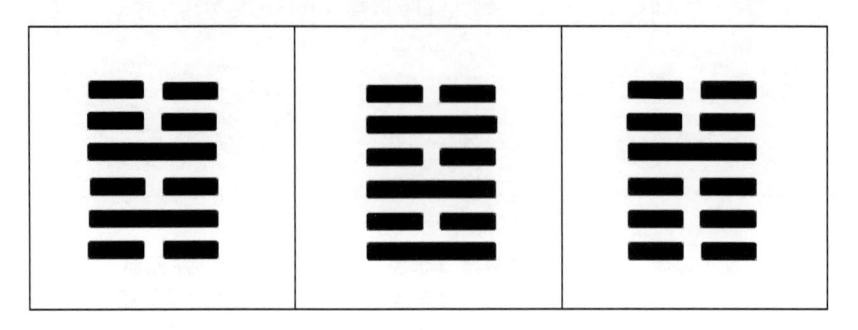

中午 12:14 見一竹科工程師買房遭騙的案子，在疫情時間不便，有所謂中人出現，代購房產，這位先生曾和此仲介買過二手房，漸漸熟悉信任，卻遭此人偽造房產文書詐騙，金額數千萬，影片沒提及人名與時日，就以看到影片介紹時間取卦。

主卦坎水貴人生震體為吉，但動則有險，互卦水火既濟，坎水剋離火，離為房為買房，而主卦坎水是貴人，幫助代購，看得出目的在獲利，變卦震體剋坤土，看似順利得房產，其實，酉月巳日，震體剋洩交加，貴人變惡人，從此失聯找不到人。

一〇七、涉險失財

震為雷之火雷噬嗑　丑月己丑日

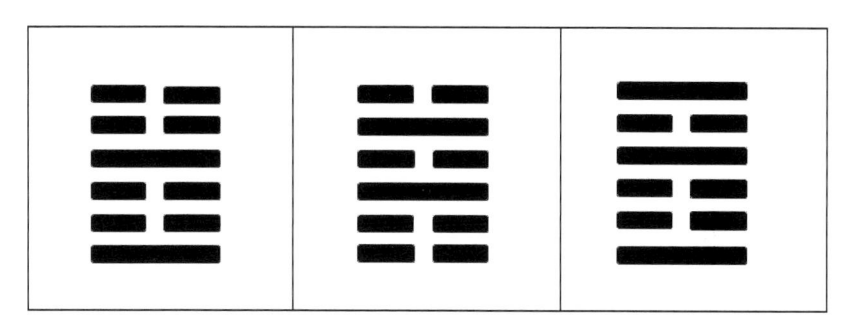

在 YT 有許多資訊，有結果之案件，可用來增強梅易解卦技能。女孩 XX 在 2024 年 4 月 5 日發片，述說遭騙 33.5 萬元經過。

她於 1 月 24 日經由交友軟體，認識一男，1 月 26 日為癸卯年乙丑月己丑日壬申時，這是八字時間卦，己土日元，年月財生官剋身損財。對方找藉口要到她的手機電話，開始威脅恐嚇她買點數，害怕到理智線斷掉，片中說當日下午 5 點起至 10 點 45 分，陸續匯錢，後經友人幫助，到警局報案。

名字 X12 劃、X12 劃有信息。主卦震木比和為交友,互卦水山蹇,互體艮土剋坎水,艮為財、坎為印,財剋印付錢,花錢買點數給對方,五行善變,別以為剋就能掌控對方,土剋水、水生木,對方得利,變卦震體生離火洩氣,錢財一去不復返。名字是此卦者都受騙?不,如同八字,不涉險不失財,使用交友軟體,就有機會上當。

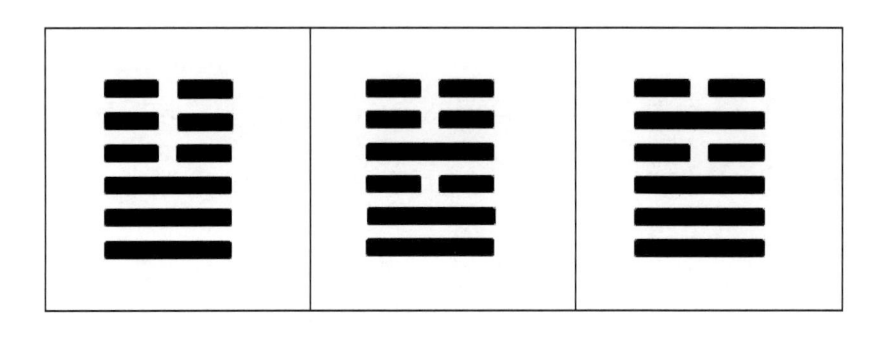

　　1月26日申時威脅時間卦(4.12.16.9),主卦地天泰,坤土生乾金,開始用生體為吉,不代表結果,好人也會變壞人,互卦雷澤歸妹,兌金剋震木不想理會對方。變卦水天需,乾體生坎水洩氣於震木,震為怒為威脅,剋坤土印星害怕,順其言而行。卦象不只有上下關係,左右前後斜飛,都有故事,判斷時可先以上下看卦意,有時答案已明。

一〇八、大快朵頤

坎為水之澤水困　酉月乙未日

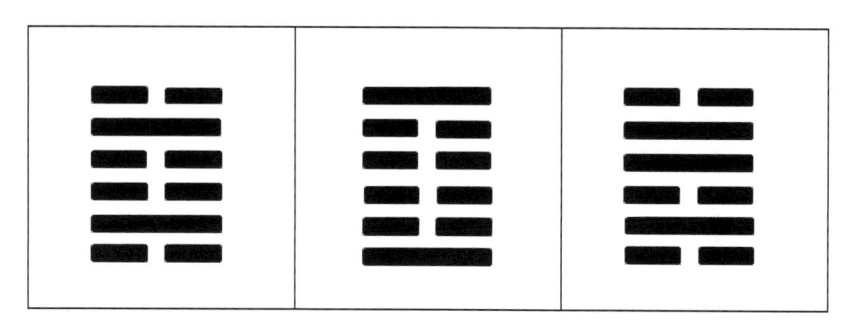

　　這個卦是昨晚 11 點多睡前測的今日運氣？今晚妻子做美味的晚餐，大花菇烏骨雞湯加麵疙瘩，花菇肉厚爽口，6:22 酉時申分金氣旺，連說好吃兩次。

　　主卦坎為水為湯，體旺鮮美必然，互卦山雷頤，是開口吃的大離卦，艮土為麵疙瘩、花菇，震為大，大花菇，有大快朵頤之象，變卦兌金為雞，坎水為黑，享受的烏骨雞湯的美味。

　　晚上 11 至 12 點我皆以隔日計，測今日運氣。

一〇九、機車驚魂

雷地豫之雷水解　酉月癸巳日

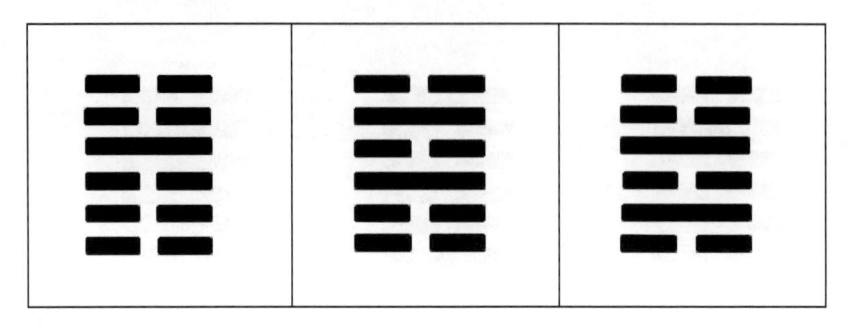

　　命運沒有完整公式，沒有一套標準答案，因生活是隨機的，運勢因環境制宜，因人而異，八字約有 6 至 7 成準度，同命盤不會有一樣的吉凶際遇，個別福氣是算不出來的，每回的抉擇正確與否，才是成敗最重要的關鍵。八字相同者眾，一個人出車禍，其他人不會同時有車關，一個人坐牢，其他人也不會同時犯官符，一個人中樂透頭獎，其他人可能還損財。

　　正在學梅花易數的學生私訊說，今天癸酉月癸巳日中午 12:08 騎機車時，差點撞上一位從巷中突然走出的老太太，嚇她一大跳，丙火日元的她，逢癸水官星日，戊時戊分食神

見官,官即災難,我說若當時在家,可能看到蟑螂受驚嚇,或睡覺做惡夢罷了,危險指數差很大。

12:08 時間卦,主卦震體為動為車,下卦坤土老太太,木剋土地震,巳日午時坤土無恙,想必都受驚嚇,互卦水山蹇,艮土剋坎水剎車,印星坎水受剋沒注意到、不小心,對方老太太有指責之意,變卦坎水生震木,有驚無險。每分鐘都有故事,我常提醒學生注意記錄每回事發的時間,瞭解五行如何生剋變化。

有回八字社團有人提問,八字帶魁罡是否不能吃牛肉?我順便問她,她說真是這樣嗎?我說妳一定知道,她笑著說不會判斷,我說妳不是正學梅花易數嗎?占一卦不就一清二楚,她才恍然大悟,對呀!不解的事都可請示卦神。

一一〇、電器公司開幕

山風蠱之山天大畜　申月戊子日

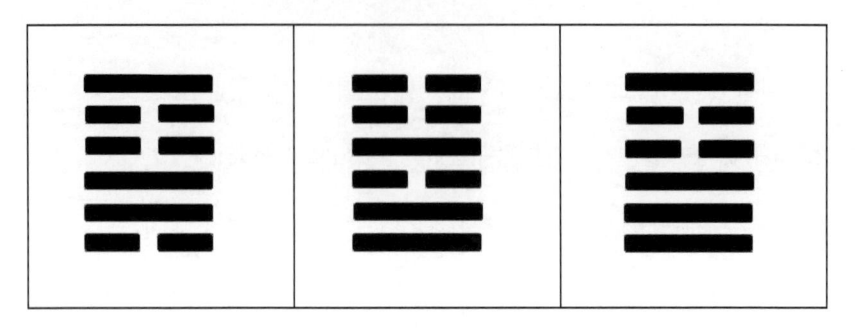

本區電器販賣店，今天 2020.8.13 早上 10 點開幕，店的業績如何呢？開幕時間是否有信息？農曆庚子年甲申月戊子日丁巳時(1.6.24.6)，主卦巽風為生意剋艮山體卦店面，互卦雷澤歸妹，兌金剋震木，名氣不大有阻，變卦艮體洩氣，有售後服務，但業績不會太好。開幕時間也很重要。

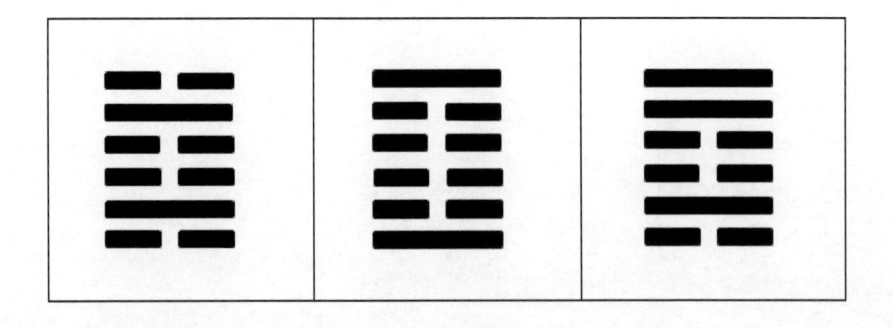

業績和店長有關嗎？友人與其相識，申月戊申日我論其八字後，最後再請他報數看運氣，報數 666。

主卦坎為水比和為吉，互卦山雷頤，震木剋艮土，震為官、艮為店，我剋為財管理店面，變卦風水渙，坎體洩氣於巽木不吉，也就是前面努力，後繼無力，當時正值開幕，只能稍微謹慎提點。

到年底丑月業績好似不理想，隔年丑年卯月被調離到分店，丑土年剋坎水，卯月洩水氣皆不吉，變卦是結果。若店面擺設、貨品、收銀台不變，風水依舊，換個新店長，業績會一樣嗎？人不一樣，氣場會隨之變化，人與風水是相輔相成的。

一一一、驚聲尖叫

風地觀之山地剝　申月甲寅日

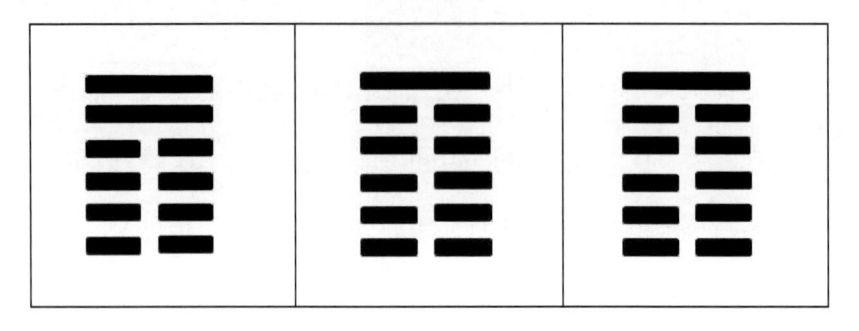

今晚 5:48，傳來女兒和妻子的尖叫聲，驚見一隻肥大蜈蚣約 12 公分長，在客廳西南方，很久沒見過蜈蚣身影，妻子速拿剋蟑噴劑備戰，我先拿掃把壓制，不然亂竄更可怕，結果蜈蚣卻靜止，只有數隻腳微動，已經掛掉的樣子，可能前一天用過剋蟑殺一隻小蟑螂，蜈蚣爬過噴劑所致。

5:48 時間卦，主卦巽木細長為地蟲蜈蚣，剋坤土體卦，為西南方有蜈蚣，坤體受巽木官鬼剋而驚嚇之象，互卦變卦都是大艮卦，大艮為一陽在上，剩一口氣，巽化艮為墳墓，沒氣了，卦象看起來似好多蜈蚣腳。哪來尖叫聲呢？留給讀者思考。

一一二、桃花運

山澤損之山雷頤　亥月癸卯日

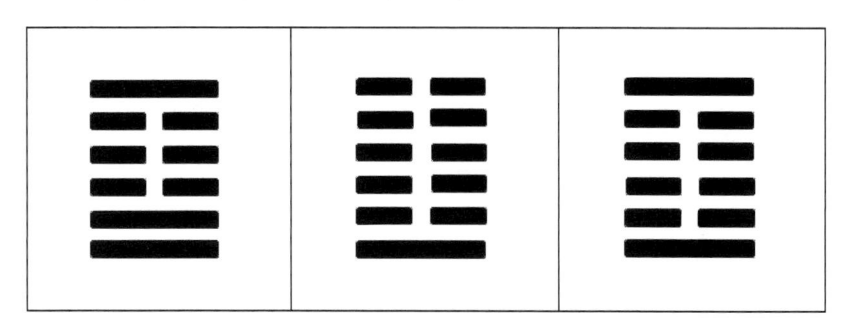

網友提問:我有沒有桃花運?報數 728。主卦艮土體卦休囚,又洩氣於兌金少女,桃花空想而已,互卦地雷復用剋體不吉,變卦震木旺相剋艮體,沒希望。六爻:卯官桃花發動,亥子水財生卯官剋世,只是發夢。

結果當天下午 1:33,又有人問桃花。一位在地產公司上班的女經理邀友,我以為是團友,5:01 確認,私訊問我是否算命師,能否幫她算算,我說私訊是收費的,她傳笑臉圖案說可否免費?晚上 6:53 說:我什麼時候可找個老公?想簡單看看,遂要求其八字,結果說沒有,不想給命盤,於是不搭理她了。其實,她一問,時間卦就可以解了,但我是想看看

八字，一位長相清秀帶氣質的 35 至 40 左右的女生為何還沒對象？提問時間:農曆 5.11.5.10，風山漸之風火家人。

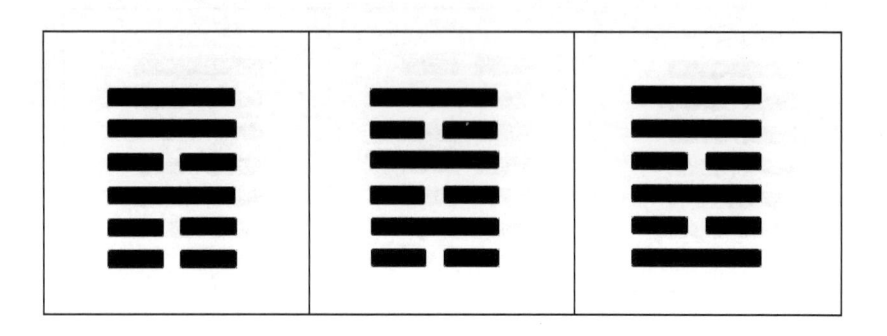

主卦巽風體旺女強人，剋艮土對象，眼光高必然，互卦火水未濟，坎水對方未必看得上離火，變卦家人卦，巽風生離火，說明降低標準才有機緣，可是主卦姿態高些，很難放下身段，只能憧憬家人的美夢。

一一三、陽宅運勢

風地觀之水地比　　巳月壬寅日

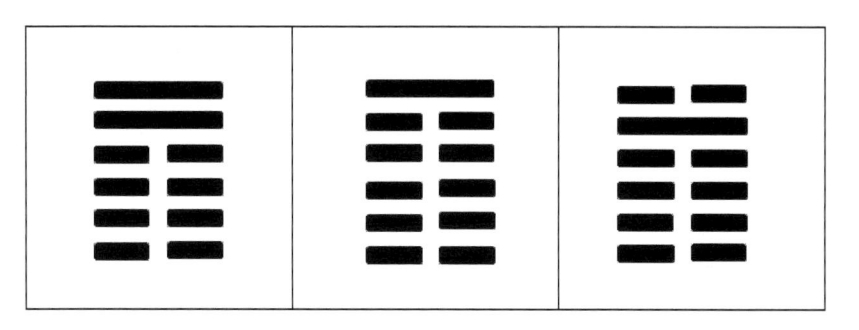

　　學生晚上完課後 11 點多問:自家的宅居風水如何？報 45.32 二數。45 除以 8，餘數 5 為巽卦，32 除以 8，餘數 0 為坤卦，時序為 1，45+32+1=78，78 除以 6，餘數為 0 動 6 爻。主卦坤體為房，巽木剋坤土，巽為生意，是否家中有做生意？對的。門前有樹木嗎？陽台有種盆栽花草。互卦山地剝,艮為高山，住家是否地勢較高？是住在半山腰上的社區。變卦見坎水為財，晚運富有如意。

　　你信奉神佛，對周易命理有興趣，坤為文為大地，對人和善有愛心，巳火印星生坤體，平時喜歡閱讀，做事細心負

責任，個性節省，有錢捨不得花，不會浪費，30歲以後事業運佳，巽木為股票證券，喜歡買賣股票，巽木亦為妻子能力好，關心照顧你，卦中土旺黨多體旺為佳，但土剋水衰，注意泌尿系統疾病，沒錯，曾經有兩次尿道結石。

一一四、居酒屋

天雷無妄之天澤履　子月乙卯日

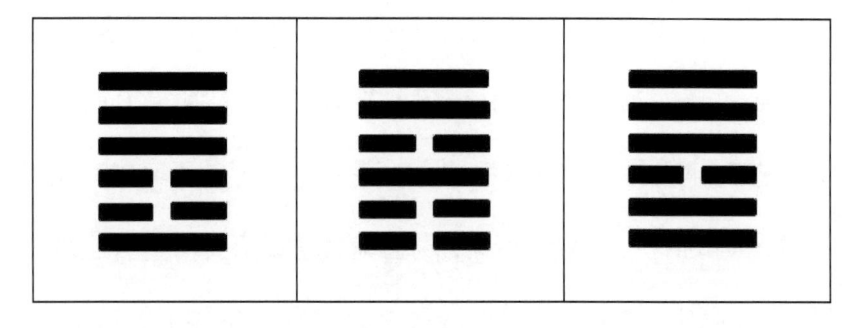

2024.12.17晚8點，男問:2020庚子年創業燒烤居酒屋，至今快五年，一路到現在，起伏不定，歷經合夥夥伴拆夥，生意大起大落，今年更是營業額大幅度下降。是否真的適合創業，明年是否會好轉，還是會持續到什麼時候呢？

時間卦(5.11.17.11)，主卦乾金剋震木為財，互卦風山漸，體剋用為吉，中間有賺過錢，變卦乾兌比和，兌金開口合夥爭執，乾金為財、兌為缺，缺財之象，為何營業額下降，子月乾金體卦休囚洩氣，剋不了財，賺不到錢。明後年巳午火年，乾金受剋壓力更大。六爻:卦逢六沖，店面不能藏風聚氣，世應子午相沖剋，辦事不成，二爻宅爻寅木兄弟發動耗財。(創業時間推測，主卦乾金剋震木，坎水通關，2019、2020亥子水年，即是創業年，尚有其他推測法。)

一一五、除痣

山水蒙之山風蠱　子月乙卯日

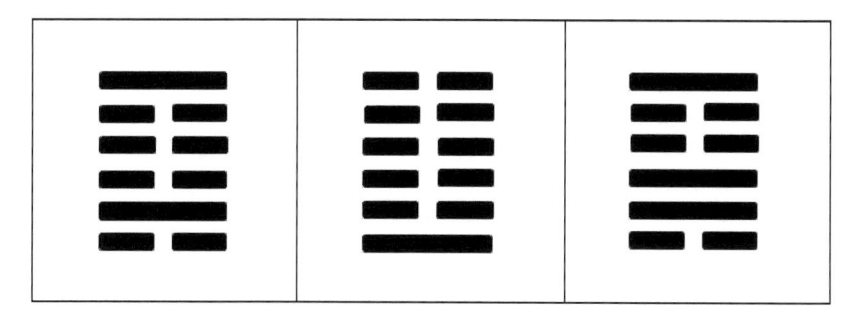

女網友臉上有個小黑痣有變大的現象,與醫師約好時間除之,問:明天去三軍總醫院除痣,順利否？讓其報數 763。主卦艮土體卦剋坎水除病,又艮土為肉、水為黑,是長了黑痣,互卦地雷復,地下有雷有木,向上生長,是黑痣突起之象,變卦巽木剋艮體不吉,告知手術時間為 9:30 巳時,15 分鐘可完成,有巳火通關應無礙,要其放心。後說約 11 點開始手術,過程順利。六爻:四爻戌土子孫福神持世,三爻午火發動,與初爻寅木成三合局,正好午時通關。

一一六、背叛

地天泰之地風升　亥月癸巳日

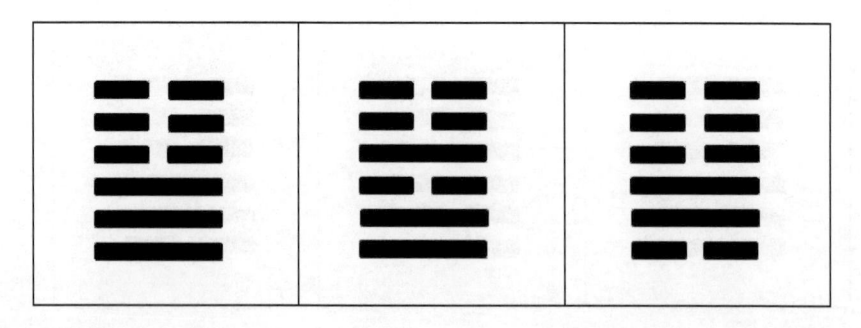

2024.11.25 下午 4:13 一女提問:昨天知道老公外面有個女人，自以為的幸福完全幻滅，16 年前發生過一次，原諒他以為可以白頭到老，原來是一廂情願，我實在沒辦法接受一次又一次的背叛，決定搬離家，我下半生可以獨自生活嗎？主卦坤土體卦洩氣於乾金，任勞任怨，為家庭操勞，互卦雷澤歸妹，兌金剋震木背叛，兌金女為老公外遇對象，變卦巽木剋坤土，心情低落，能獨自生活嗎？較辛苦。

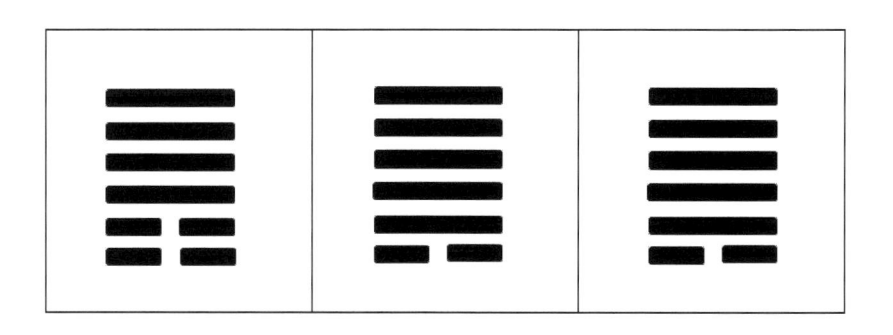

英文網名 CXX17 劃、HXX15 劃，主卦天山遯，艮土老公對乾金體卦妻子好，也是自我期待，互變卦都是天風姤，當乾金剋不了巽木時，老公就有機會背叛，巽木也是老公的外遇對象，變卦老公氣旺，已經不愛妻了，目前乾金氣弱，離婚就等體旺時。中、英文網名只要使用就有信息。

一一七、橫財

水澤節之水天需　亥月壬辰日

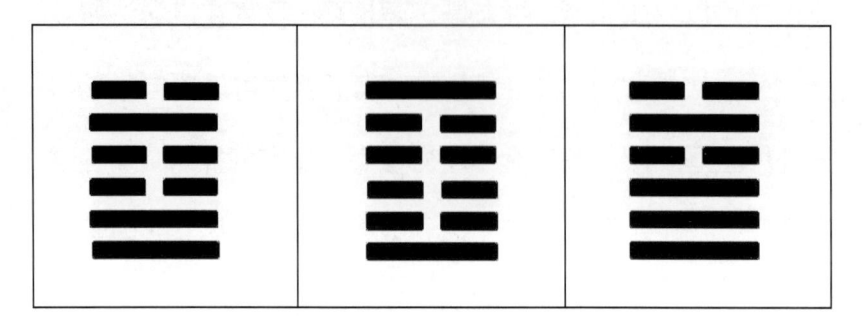

網友(2024.11.24 17:42)搖卦提問:下個月亥日到澳門賭場玩一玩,會進橫財嗎?

主卦兌金生坎水體卦想發財,互卦山雷頤,震木月旺剋艮土,用剋體不吉,中途會大輸,變卦乾金生坎水看似吉,但坎水入辰日之墓,又水勢過旺,物極必反有災。

六爻:世持巳火妻財月破,子孫卯木福神化退,亦說明不吉,莫思橫財。

一一八、沖繩旅遊

雷地豫之雷山小過　亥月辛卯日

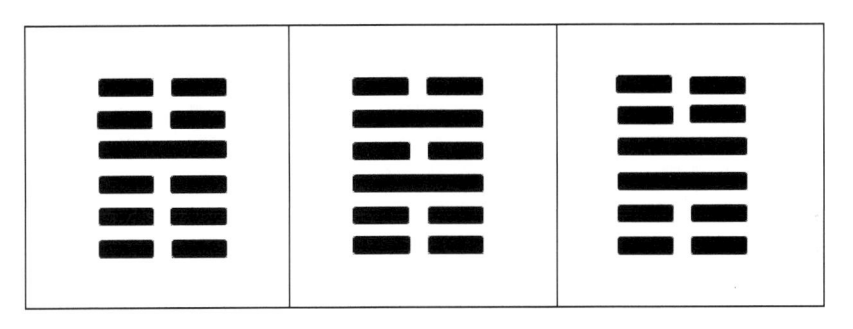

親友提問:今天下午的飛機,到沖繩旅遊三天,此行如何?報數483,主卦震體剋坤土為財,豫者喜悅,為大坎卦,互卦水山蹇,翻山越海,艮為島嶼、四周坎水海洋,變卦體剋用為吉,坤變艮,會帶物品禮盒回來。

再為其占此行平安否?取數642,主卦水雷屯,坎水體卦旺相生震木,震為動為出行,互卦山地剝比和,與團出遊,變卦水澤節,兌金生坎體,兌為吃喝為悅,旅遊愉快。女友隨行,告知10:58出門,時間卦5.10.23.6,赫然發現,與我占的卦水雷屯一樣。巳日晚帶禮品回來,平安愉快。

一一九、車號 7879

山地剝之山雷頤　酉月壬辰日

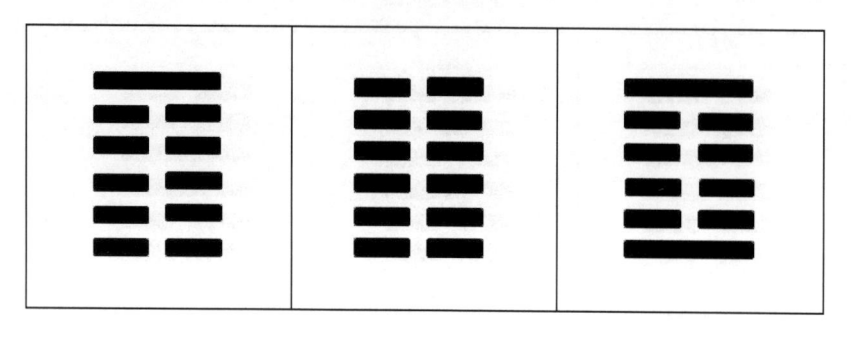

今晚 6 點左右到基隆廟口附近買晚餐,碰巧看到恭祝田都元帥聖誕遶境活動,現場人多熱鬧,鳴炮慶祝,廟口慶安宮前有一輛中型車,兩側可伸展出舞台供傳藝劇團表演使用,車號 7879 有何意涵？7+8=15,15 除以 8,餘數 7 為艮卦,7+9=16,16 除以 8,餘數 0 為坤卦,15+16=31,31 除以 6,餘數為 1 動爻。

主卦艮山為車為廟為舞台,是個大艮卦大車,互卦坤土比和為群眾,變卦震為雷為音響樂器、打鼓、演奏聲,大離卦為文化,是不是很有畫面！車號即信息。

一二〇、大悲咒

澤風大過之澤天夬　戌月己卯日

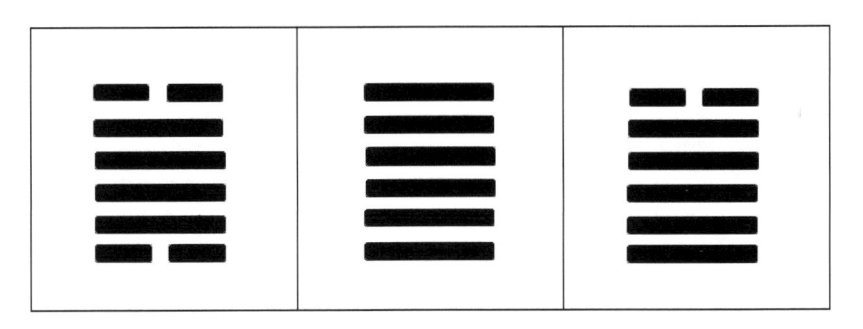

夜裡 2:53 醒來，翻看平板，恰好看到一則 YT 內容:持誦大悲咒的力量，隨即起卦，是否如所言，持誦有善果。

主卦兌金剋巽木，兌為說唱，巽為經文，正是持誦大悲咒，大過者犯過錯也，持咒消除惡業成就善根，互卦乾為天為圓，光明之象，變卦夬為果決，兌金持誦有恆，乾金積極不懈，體用旺相，能化解病苦，得圓滿之果。

一二一、拿回貨款

雷地豫之雷山小過　戌月丁未日

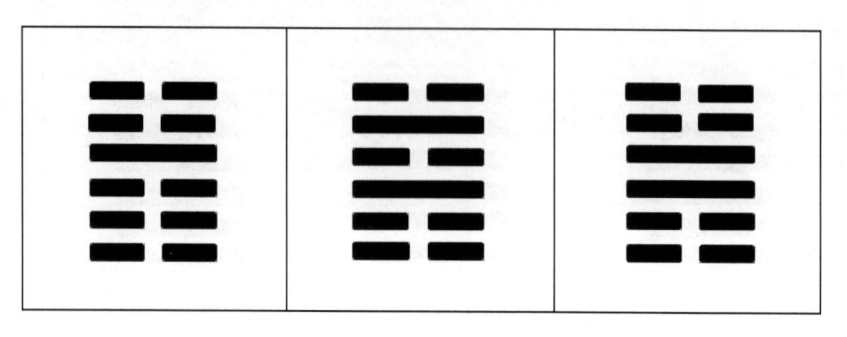

網友10月10日晚10:13私訊，何時能拿回貨款？報數489。聽其報完數即刻回答下星期一或二，網友說老師您也太快了吧！過些日子聯絡，網友說正如所言，星期一收到，大準了。

主卦震木體卦剋坤土，坤土為貨為貨款，互卦水山蹇，艮土剋坎水，財剋印為出去之貨擔心，變卦震木剋艮土，體剋用為吉，週一週二為亥子水日，震體旺能擔財。

一二二、無照闖禍

風山漸之風地觀　戌月甲寅日

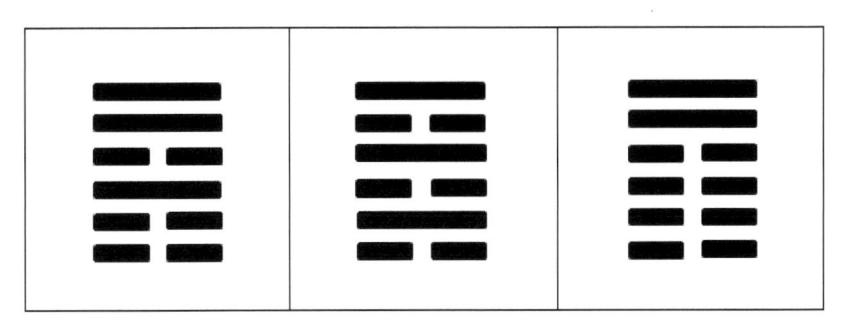

　　台北市一少年 10 月 17 日晚上無照開車，車速過快，蛇行失控，18:08:25(監視器畫面)撞進市場內一間臭豆腐店，造成 3 死兩傷，警消 18:10 酉時獲報。農曆辰年(5.9.15.10)時間卦，主卦艮土為道路為少男，巽體為車速度快，互卦火水未濟，水火互沖車禍，水剋離火(證照)無行照，變卦巽木剋坤土店內顧客，又為大艮卦，艮為墳，木剋土為凶象。

　　撞進的店門口門牌號 4XX，主卦雷風恆，巽體為店為生意，震木為名氣，有名的小攤，互卦澤天夬為吃，變卦澤風大過金剋木，兌澤為毀，在戌月兌金旺相，小攤損毀，周遭事物都有信息。澤風大過平時則是小吃店。

同一時間，17 日晚上 18 點左右，高雄 28 歲女孩在家未婚生子，之後將男嬰裝塑膠袋棄置河堤，隨後去醫院求診，警方 10:45 接獲醫院通報，警方找到男嬰時已死亡。與少年闖禍時間相仿，相同時間卦不同意涵，主卦巽木體卦剋艮土，艮少男為男嬰，巽為母親，剋是不要、棄置，互卦離為結婚證書，坎水剋之未婚，變卦艮化坤為虛為死亡。

一二三、理念不合

地天泰之地風升　卯月乙亥日

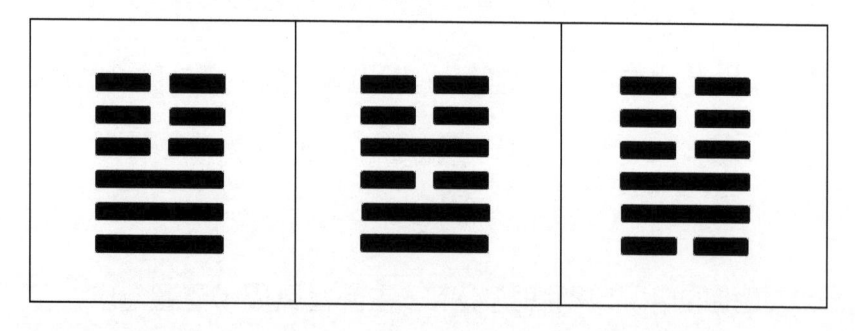

新聞:2025 年 3 月 7 日下午 4 點多(6.2.8.9)發生驚悚命案。52 歲董事長疑似不滿技術長辭職，在會議室持刀砍殺其十

多刀，2人因管理理念不合有爭執，技術長7日離職，6日在公司LINE群組發千字長文抒發不滿，疑因此種下殺機。

主卦技術長坤體洩氣於乾金董事長，互卦雷澤歸妹，兌金剋震木，兌為說，發文抒發心情，變卦巽木臨月旺相剋坤土，巽木倒卦為兌金為刀，攜刀行兇，情緒惹禍。

一二四、阿貴活海產

雷水解之雷地豫　辰月辛卯日

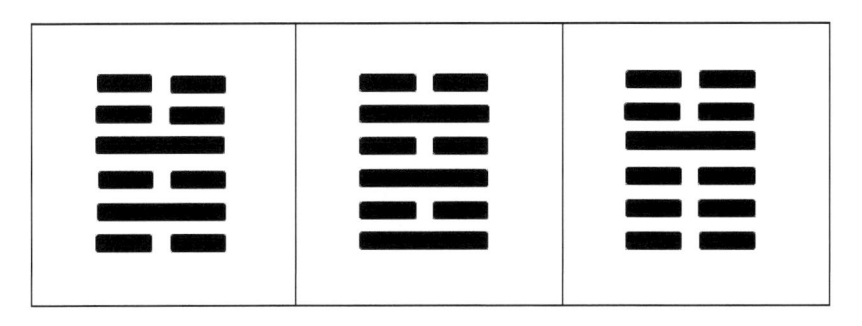

2022年7月19日 20:20 新聞:高雄市同心路一家營業超過20年的阿貴活海產，因租約問題，店面要被收回，原計

4月底結束營業,未料一名熟客擔心以後吃不到老味道,2022壬寅年4月8日(辰月辛卯日)竟花1850萬買下整棟透天厝,繼續租給海產店營業。(房東兒子要去台北讀書,想賣掉高雄老家,北上發展。)

阿貴20劃,活海產30劃:主卦坎水店面生震木體卦為吉,震主名氣,互卦水火既濟,坎水海產、離火熱炒,變卦震體剋坤土為財,坤為眾人為顧客。辰月坤土旺相,卯日離火生坤土,坤土即是喜熱炒又有錢的客人,剋坎水買下店面生震木,續租給海產店老闆。店名也有動態信息,梅花易數實在太有戲了,卦意靈活,要動動腦喔!

六爻:世持辰財化巳火子孫顧客,巳合五爻申金有錢客人(貴人),申子辰三合局,子水父母爻為店面,新的租約關係,初爻寅木兄弟飛神是原來的房東,子水為伏神。六爻一樣精彩。

一二五、楊桃

雷水解之地水師　亥月丙子日

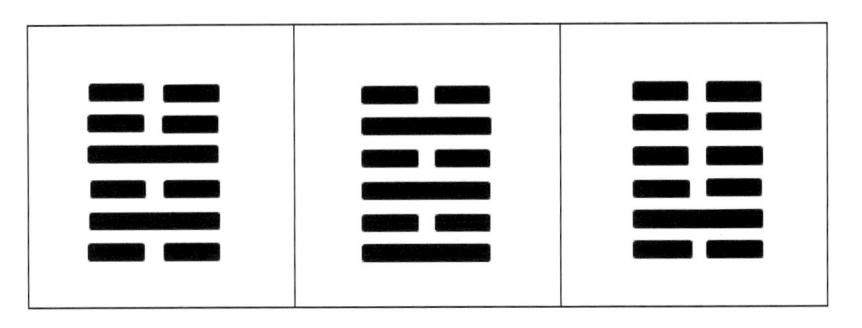

這幾天我為 2 樓的公共樓梯做出貢獻,樓梯間牆壁因潮濕表面油漆脫落嚴重,沒人要管,我重新補土粉刷二、三日,隔壁鄰居受惠,牆壁翻新,住家老太太表示感謝,今天中午 12:46 按門鈴,送來 4 粒大楊桃。

12:46 時間卦,主卦坎水體卦生震木剋坤土牆壁,付出心力粉刷,互卦水火既濟成功之象,變卦坤土為老太太,震為 4 為木果,視為 4 粒楊桃,午時戌分,坤土剋坎體,送來禮物。剋並非全然不好,重複讀卦,不同境遇,不同意涵,能釐清生剋觀念,解卦方能輕鬆愉快。

楊桃在冰箱 2 天了，今天(辰年亥月戊寅日)下午 4:03(申時午分)想吃一粒看看，楊桃已熟，不知會不會酸，先占一卦，取數 731，山火賁之艮為山。

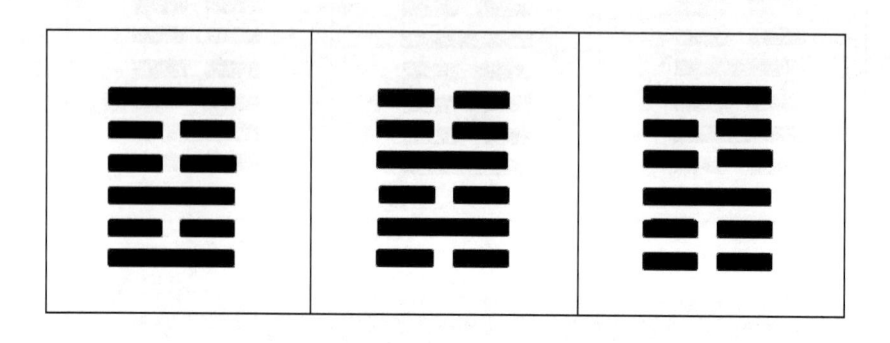

主卦艮土楊桃受離火之生為吉，艮土主甜，互卦雷水解，坎水旺相水份多生震木，用互生體互，變卦艮為山比和，三卦皆吉，4:06 邊吃邊說，果然很有水份、有甜度，午分內(10分鐘)吃完。生活就是五行的故事，不需過多學理，梅易簡明好玩。

一二六、說曹操曹操到

風雷益之山雷頤　亥月己丑日

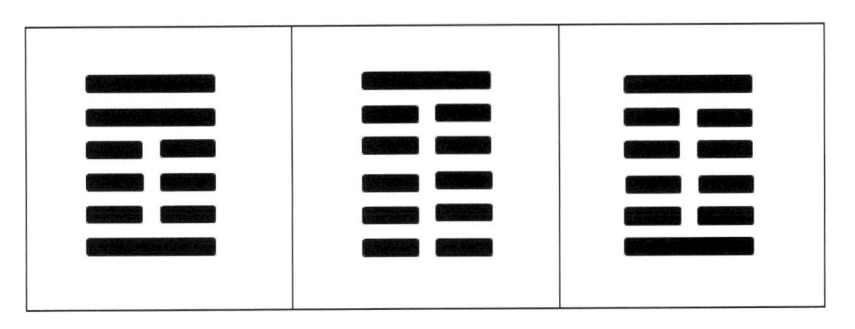

　　女兒今天下午 2 點外出到台北,直到 21:20(乙亥時戊寅分)未回,我問妻子怎麼女兒還沒到家?話剛落,大門打開,女兒回來了。

　　21:20 取時間卦:主卦風雷比和人平安,互卦山地剝,艮土有台階之象(住二樓),變卦震木體卦在亥時寅分體旺,剋艮為門,是進門之意。

一二七、售屋

天地否之澤地萃　酉月壬寅日

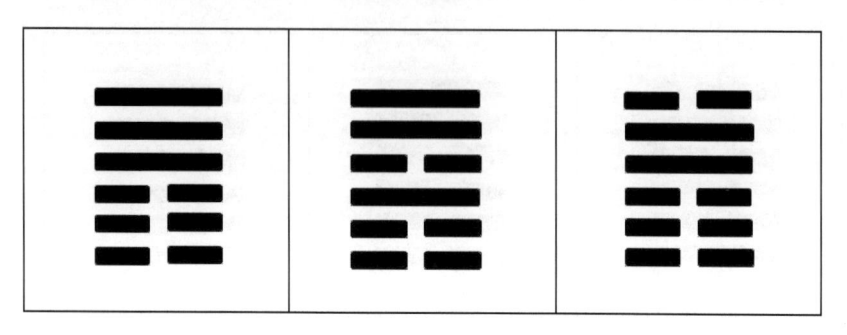

團友 2024.10.5 午時(5.9.3.7)問:今天把房子放售,何時才能將房子賣出?

提問時間卦。主卦坤土體卦為房,洩氣於乾金,互卦風山漸,巽木剋艮土用剋體,變卦兌金洩坤體,三卦皆不吉,房子很難賣出,除非降價求售。結果 10 月底回饋,一個看房子的人也沒有。

一二八、國考

震為雷之澤雷隨　寅月壬戌日

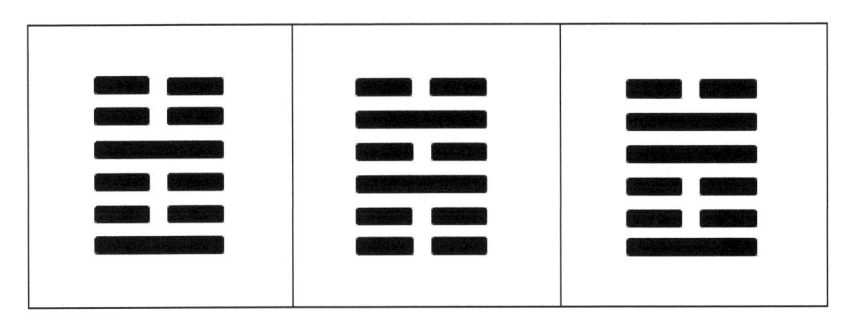

女問:想參加今年的基層特考,能考上嗎?取數445,主卦震為雷,開始時態度積極,互卦水山蹇,蹇卦有阻,艮土剋坎水,財剋印花錢買函授講義,變卦兌金剋震木,震為動為官職,受剋有阻,為缺官不吉。後告知身體不適,震木筋骨疼痛治療,秋天時放棄今年的考試。

同日網友亦問:我的小孩想參加今年普考,如何?取數622,主卦水澤節,兌金生坎體為吉,剛開始興致勃勃,互卦山雷頤,艮為止、震為動不吉,不夠積極,變卦水雷屯,震木官星洩坎體,不利考運。果然回饋沒考上。

一二九、夫像小孩

地山謙之坤為地　亥月丁亥日

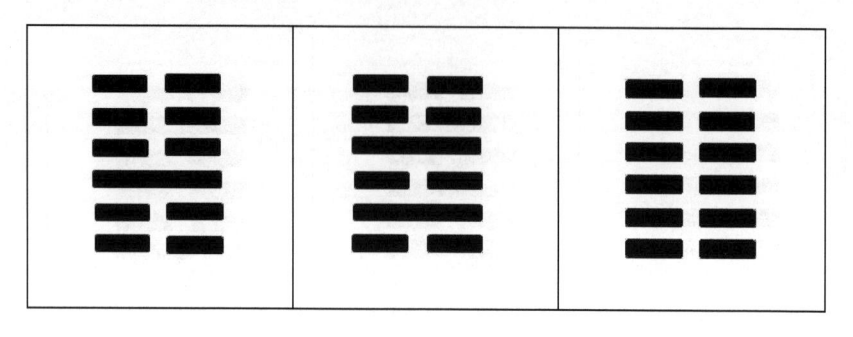

　　團友邱小姐 2024.11.19 7:53 上午提問:2022 壬寅年認識結婚,懷孕到婚後已兩年,另一半不溝通愛逃避,先生是二婚,婚前婚後落差很大,感覺像個小孩,完全不在意我心情跟感受,總說怕我擔心,請指點婚姻危機能撐多久,情緒真的很低落,無處訴苦。

　　邱 8 劃、XX7 劃:主卦地山謙,坤土為母為體、艮山艮少男為夫為小孩,網名就是母子配,互卦雷水解,財生官剋身,生活壓力大,變卦坤為地六沖不吉,容易離婚。

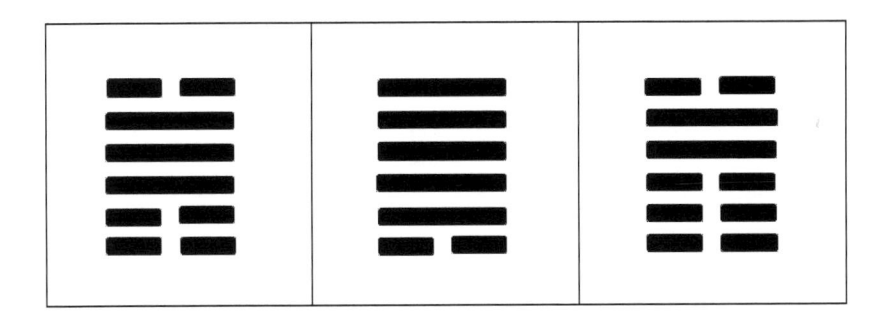

提問時間卦(5.10.19.5):主卦澤山咸,艮土老公生兌金體卦妻子,說明是寅年認識結婚的,丈夫愛妻,但今亥月亥日,土金休囚,妻子感受不到老公的關愛,互卦天風姤,水旺通關,乾金剋不了巽木,掌控不了老公,無法溝通,變卦澤地萃,坤為虛、陰暗,兌金神情落寞。

一三〇、身體健康

山地剝之坤為地　酉月乙卯日

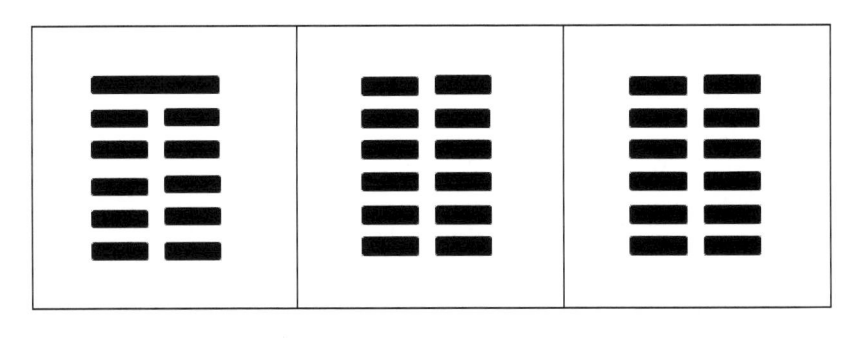

占者女性,是上夜班的工作,日夜顛倒,作息不正常,問健康?讓其報數786。六爻寅木化酉金回剋,六爻為頭,頭部出問題,頭會暈眩、睡眠差、腦神經衰弱,木受剋則肝功能下降。

從梅花易數來看,主卦一陽在最高爻,物極必反,剩最後一絲陽氣,陰爻太多人虛,互變卦全是坤土陰氣重,全身乏力現象,又在酉月卯日,月洩日剋,胃腸一定差,說進食後想嘔吐,醫院檢查卻沒問題,金旺剋木肝弱,土多剋水腎不好,卦象不見火,無木生火心臟功能不佳。

生活習慣好壞關乎健康,調整作息是唯一方法,此外,她又說情感一直沒結果,遇到的男生都不好,懶散,用卦為所遇的對象,艮化坤,坤六斷為虛象,生活無大目標之人,健康、感情的吉凶都會同步,所以,養好身體,如沐春風,愛情事業才會順利。

一三一、聚寶盆

風天小畜之山天大畜　午月癸丑日

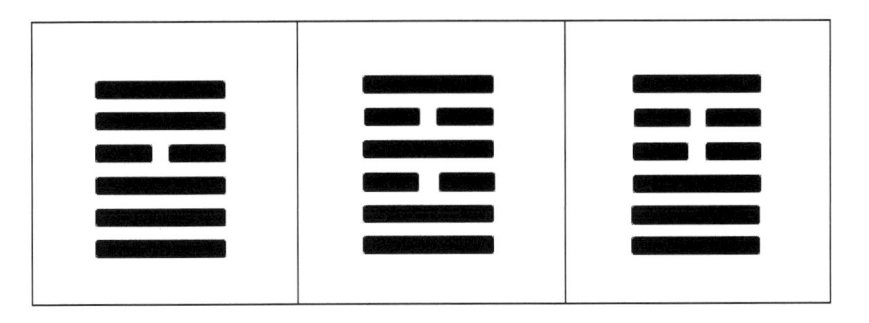

股票漲跌占卜已二十多年，但日前突發靈感，發現股票藏寶圖，今晚 9 點多指點兒子，給他一個聚寶盆當傳家寶，不需再一直占卜股票，不貪心守紀律，做股票賺錢可輕鬆優雅。

時間卦(6.5.18.12):主卦之乾金體卦剋巽木股票為財，互卦火澤睽，睽者背離，用剋體需謹慎、嚴守規範，變卦艮山為金庫生乾金體卦，正是聚寶盆之象，由主卦小畜到變卦大畜，是大有積蓄。

一三二、神明代言人

澤水困之天水訟　酉月甲午日

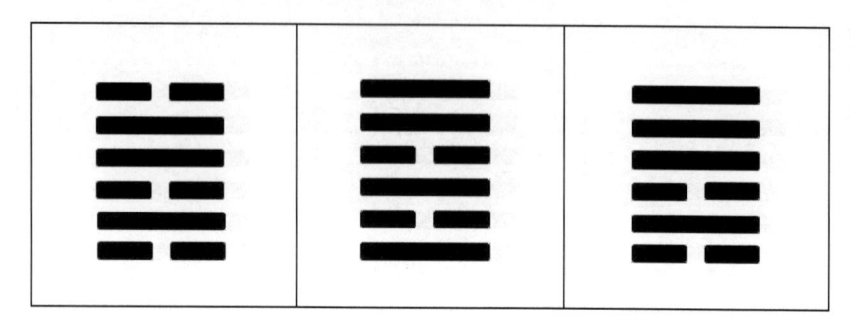

有位女客戶認識許多年了，因前任老公出軌而離婚，好久沒聯絡，2023.10.3 下午 5:56 這天私訊我，現在老公是王爺的代言人，每週降駕濟世，認識老公之後，聖母來找她，讓她超清楚看到聖母(港口宮黑面三媽)，在其面前金光閃閃，真的很神奇，她成了聖母的代言人。

接下來問:我跟現在這個老公還會有第二個小孩嗎？為什麼老大生完要 2 歲了都還沒有。讓她心裡想問題，同時報三個數字給我，26、38、06。

主變卦兌金乾金都生坎水體卦,在酉月有過旺之嫌,互卦風火家人,巽木卦氣弱,不能生離火,離火子宮受坎水雙剋,有體寒之象,與懷孕不易有關。

從六爻來看,未土父母發動化進神戌土,卦中亥水子孫爻被旺土制,水主腎、為精子,受制則精子存活率低,較不易受孕,需找醫生做檢查。六爻臨玄武,妳平時有頭暈現象嗎?她說有貧血,地中海貧血,水是血液,受剋血液循環較差。那是我的問題?水主腎、血液、造血功能等,若以男生來看就是精子問題。此外,未土父母爻發動,剋應爻夫位亥水子孫,化午火官鬼不吉,不利懷孕,又二爻子宮位置逢空,空也是無法受孕的原因。

網名蔡15劃、XX24劃,山地剝之艮為山。這是二婚後又改的網名。主卦艮體為廟為神佛,與宗教有緣,互卦坤土為群眾、信眾,變卦艮土比和,上艮下艮,與現任老公用卦攜手濟世,艮土為神明代言人,這只是網名,神不神奇呢?身份證上無需更名,網名就有能量、有訊息。

一三三、公關小姐

風地觀之風水渙　戌月丁亥日

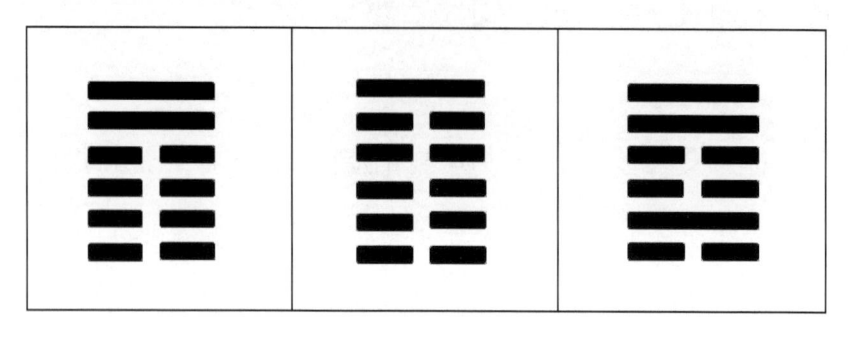

20多歲的年輕女孩，從網路文章上找到我，私訊解析八字和財情問題，丙申年戊戌月丁亥日晚 7:30 特地來到我家，當面提問。女孩漂亮可愛，從事類似酒店公關工作，其八字無官星，食傷財星透出，非常有生意頭腦，占卜的問題如開店經營、自創品牌化妝品、包包、特色餐廳等，很難想像這麼年輕，思想卻很潮，膽氣十足。

她是客戶中比較特別的，先看她一到家裡，時間卦就排好，立馬瞭解這位女孩。主卦巽木體卦，巽為生意得亥日生，見坤土為財，果然是有錢的小姐，互卦山地剝，艮坤為財，變卦坎水生巽體，三卦皆吉，說明有積極賺大錢的心。當時

只會看六爻，未土財庫持世，亥卯未三合財局，兩財兩官，多路來財，官鬼為男，遇到的都是有錢的男人。

人的命運吉凶多元，八字化卦有更多信息。她的八字卦象是水天需之水澤節，乾金兌金大小錢都來生體卦坎水，必定是富有之人。六爻是申金子孫爻持世，旺於辰月，子孫為福神生財有方。

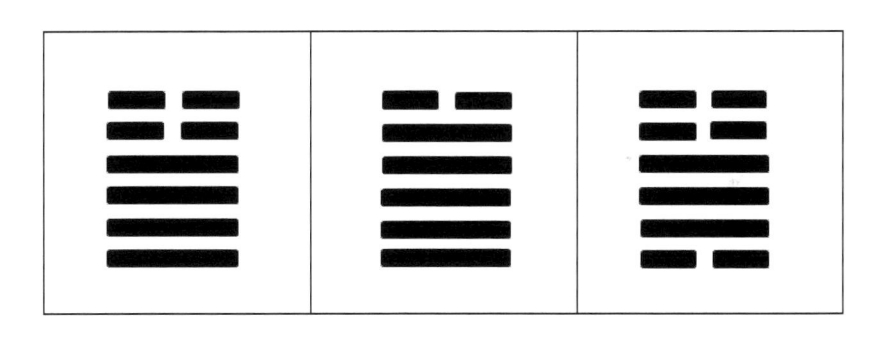

再看她的網名卦象，主卦雷天大壯，乾金用卦有錢的大爺，剋震木體卦，得財快捷，與其工作性質有關，當然也要付出代價，互卦澤天夬，有錢男人和兌少女老少配，有想像空間，變卦雷風恆比和，生活中都有相扶持的人，晚運吉祥。

一三四、邊走邊親親

雷風恆之澤風大過　申月辛亥日

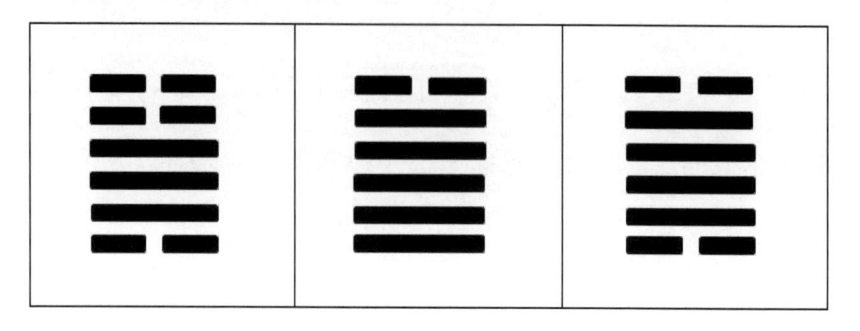

　　午時 12:29:15 走在捷運站裡，突然看見一對年輕熱戀情侶，帥哥美女型，手牽手肩並肩走著，忽地女生側身轉頭與男生親親，美麗風景羨煞旁人，快看時間卦有何說明？12 震卦、29 巽卦，12 加 29 是 41，41 除以 6，餘數 5 為動爻。

　　主卦震男巽女，雷風相薄，互卦澤天夬，兌金為喜悅，變卦之下卦巽女轉個頭，變成倒卦，為兌金向上張口，上卦兌金倒卦為巽風，向下張口，就成了風澤中孚，兩人親嘴的畫面，好玩吧！

一三五、大樂透頭獎

山天大畜之地天泰　巳月戊申日

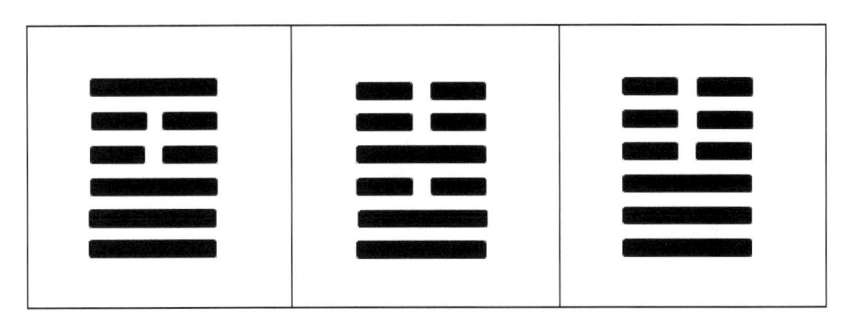

欣賦彩券行於庚子年 5 月 5 日(巳月戊申日)，開出大樂透頭獎，大樂透頭獎 9.3 億一人獨得，已連 24 次摃龜，史上最長連摃期數。

店內供奉象神，開獎前有預兆，近日常有鳳蝶飛進店內。欣賦 23 劃，彩券行 25 劃。主卦山天大畜為大有積蓄，用卦艮土生體卦乾金，乾卦有"象神"意涵，互卦雷澤歸妹，兌金剋震木，體剋用為吉，變卦地天泰，巳月申金日土旺生金體旺，否極泰來，鴻運當頭。店名取得好，福氣則來得巧。

一三六、做善事

天火同人之乾為天　未月丙戌日

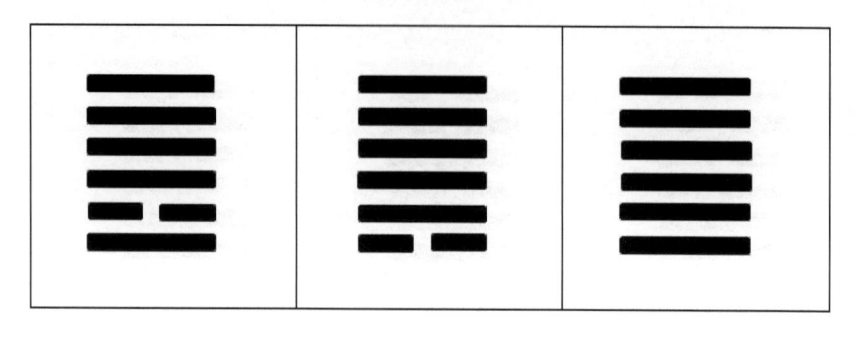

今天看到網路友人分享捐款行善改運之事,即興起卦,做善事能否改善運勢?早上 9:49 取數 138。主卦天火同人,乾為天、離為火,天火相映,光明普照,離為心為愛,乾為大度,擁有愛世人的胸懷,互卦天風姤,巽風為木為仁慈,乾金為錢為履行,金剋木,將慈愛善心付諸行動。

變卦乾為天,乾金圓滿,乾金是神佛,行菩薩道,必得庇佑,卦意明顯,因果循環,有濟世的心就對了。我們要如何做才有福報呢?取數 648。卦神會不厭其煩地給予信息,請讀者自行解之。

一三七、參拜關聖帝君

火雷噬嗑之山雷頤　亥月辛丑日

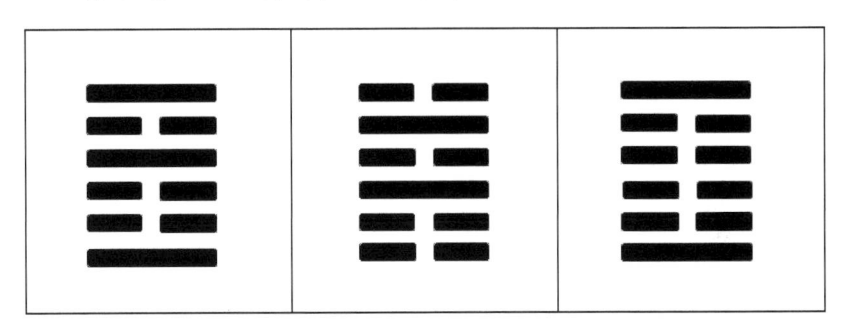

　　今天 2024.12.3 亥月辛丑日，與家人到新北果然匯餐廳用餐，隨後下午三點多興起，至行天宮參拜關聖帝君，並請示關聖帝君、諸位神佛，弟子研習梅花易數 7 年有心得，想為人論命、傳授梅易，順利否？抽得第一首籤詩，獲得聖筊，第一籤 (甲甲　大吉)。

巍巍獨步向雲間。
玉殿千官第一班。
富貴榮華天付汝。
福如東海壽如山。

感恩關聖帝君和諸位神佛賜籤詩,弟子法喜充滿,自當行善修德,服務有緣。

　　問事時間卦(5.11.3.9),主卦火雷噬嗑,體卦震木得月令亥水生體旺,水為印星文書、學能,震木生氣盎然,震木洩氣於離火,木火通明,離為文化,震木傳遞知識,教導認真可見,互卦水山蹇,蹇者有阻,艮土剋坎水為財剋印教學,推廣梅易需要耐心與毅力。

　　變卦山雷頤,震木剋艮土必然有收穫,艮土為學生,頤卦又是大離卦,學生得到薰陶,隨緣傳授,樂見其成。

第三章　姓名梅易

　　筆劃有數，有數就有能量，梅花易數破解奧妙，與眾不同，無論是文藝小說、電視戲劇、電影中的名字，甚至是筆名、藝名、網名、各種文字組合，都有故事。在先前著作六爻文字學開運法一書中，以六爻卦演繹數百則人名、公司名、地名、物品、動植物名稱，說明文字如咒語，呼啥名就有啥命運。今日再以梅花易數證明文字的魔力，不可小覷，有別於一般市面上的姓名學，重點在六爻、梅易可以說故事驗證實情，說出名字的深層意涵。八字不能改，名字可調理，網名筆名一樣有作用，於我而言，如生活中的導航器，研習本書後，也可為自己選個吉名喔！藉由本篇姓名梅易，和第四章文字梅易，希望同學可以學到更多解卦的技巧，觸類旁通，開闊思維，在梅易學習上能更上一層樓。

　　※註:有些姓名不公開，僅供斷卦參考，而相同名字、卦象，也會隨德行、境遇、抉擇，有不同的詮釋。

一、沈韶華

　　臉書的八字會天機命理社團，一位易學、文學兼備的 Fong Kat 老師發表了許多短篇小說，以下是其中一篇：

我是沈韶華，父母是裁縫。
我父母親倆人手藝精湛，尤其擅長仕女華服，
不少官家貴婦都慕名前來訂製衣裳。

然而，裁縫之業雖能溫飽，卻難以讓人尊敬，
尤其是女子參與其中，更是被人輕視。
母親總希望我能尋個穩妥的親事，
不必終生困於針線之間。可我卻不甘心，
我不願僅僅成為誰的妻子、母親，
我想憑自己的手藝在這世間留下些許痕跡。

自從父母年事漸長，我便接過了大部分繡活，
我的針法細膩，配色巧妙，製成的華服比宮中
御製品還要精緻，也漸漸在繡坊中嶄露頭角。

一次，鎮上來了一位氣度不凡的年輕公子，溫文儒雅。
他自稱林懷瑜，奉母親之命來尋一間繡坊，繡一件百鳥朝鳳圖。此圖極為繁複，需以五色金絲勾勒百鳥，並以七彩羽毛點綴鳳凰。許多繡坊都推辭不敢接。
他找到我家繡店: 問我肯不肯接這件百鳥朝鳳圖。

我輕輕一笑:「世上沒有繡不出的圖，只有不願動針的人。」
他眼中閃過一絲讚賞，將袖中錦盒輕輕攤開，
露出一張描繪精細的畫稿:
「此圖乃家母親手所繪，極為重要。我聽聞這鎮上的繡工精妙，特來尋找合適人選。」
我的指尖輕輕拂過畫紙，唇邊漾起一抹笑意:
「我接了。但需時半年，公子可等？」
「若成，酬金十倍。」
「好，難得公子如此爽快。」
林懷瑜望著我，嘴角微微揚起:「那便恭候沈姑娘大作了。」
自此之後，林懷瑜每隔幾日便會來繡坊，時而靜靜觀看，時而與我閒談。初時不過數句寒暄，漸漸地，

我和他漸漸熟絡起來。

這日，我正在繡著百鳥羽翼，忽然覺得視線有些模糊，

才驚覺自己已連續繡了好幾個時辰。

我下意識地揉了揉眉心，一隻溫熱的手忽然伸來，

遞上一杯微溫的桂花蜜水。

「沈姑娘，勞心過度可不好。」

林懷瑜語氣溫和，目光裡透著些許關切，

「喝點甜的，醒醒神。」

我抿唇一笑，伸手接過，輕聲道：「多謝王爺。」

林懷瑜聞言，微微一笑，眼底閃過一絲狡黠：

「姑娘終於願意承認，早已識得本王的身份了？」

我輕輕吹了吹茶水，並未作答，只是低頭淺啜了一口，

嘴角微微揚起：「王爺雖衣著素雅，但舉手投足皆透著貴氣，

並非尋常書生。」

林懷瑜微微挑眉，似笑非笑地看著我：

「既然早已知曉，妳為何不怕我？」

我放下茶盞，指尖輕輕撫過繡布上的鳳凰羽翼，

淡然道：「對我而言，無論是王爺還是書生，客人便是客人，繡工亦是繡工。王爺要的是百鳥朝鳳圖，而我要的是一針一線繡好這件嫁衣，彼此各取所需，如此而已。」

他凝視著我片刻，忽然低聲笑了出來：「沈姑娘倒是與旁人不同，旁人聽聞我是王爺，或惶恐，或討好，而姑娘卻絲毫不為所動。」

「我又無權無勢，王爺也非我所能攀附，何需討好？」我抬眸對上他的目光，語氣坦然，「更何況，若是我繡得不好，王爺自可轉身離去，與我而言，不過少了一筆生意罷了。」

林懷瑜微微一愣，似乎沒想到我會這般回答，隨即輕笑搖頭：「沈姑娘說得沒錯，可本王倒是有些好奇，若我要娶妳回府呢？ 妳可會怕我？」

我怔怔地望著他,耳根微微發燙,心弦仿佛被什麼輕輕撥動。

「我娘從不怕我父親,若王爺真是娶了我,我當然也不怕你。」

「哦?妳當真不怕?」他微微俯身,與我之間的距離瞬間拉近,呼吸間皆是他的氣息。

我心跳微亂,卻強自鎮定,迎上他含笑的目光,輕聲道:

「若怕,方才便不會說了。」

夜色微涼,他凝視著我,指尖輕輕挑起我一縷髮絲,指腹摩挲間似帶著幾分意味不明的溫度。

而他的目光卻比燭火還要熾熱。

只見嘴角漾起一抹淡笑,眼中閃過一絲欣賞與柔情。

他輕輕拉住我的手,語氣低沉而溫柔:

「既如此,那可別後悔。那繡完這件百鳥朝鳳圖,可願隨我回京?若妳願意隨我回京,我會娶妳為妻。」

語氣甚認真。

我抬頭望著他的目光,心中掀起層層波瀾。

「若王爺的心意真是如此,我願意。」我垂眸低首,

林懷瑜將我緊緊攬入懷中。那一瞬間，
好像所有的煩憂都被他溫柔的擁抱所驅散。
「我會等，等妳將這一針一線將這百鳥朝鳳圖繡完，
再一同與我回京。」

以前我所繡的每一針每一線，無非是為了維持生計；
然而此刻，我卻驚覺，自己所編織的不僅是那一幅幅精緻的
圖案，更似在無形中繡起了與林懷瑜之間的緣分，
細緻而牢固，彷彿每一絲細線都將我倆的命運緊緊相連。

　　作者編寫的名字，有心或無心，冥冥中就會配合文意起
舞，太神奇了！來看看沈韶華三字有何故事。

沈7劃、韶華26劃。

山澤損之山天大畜　丑月癸卯日

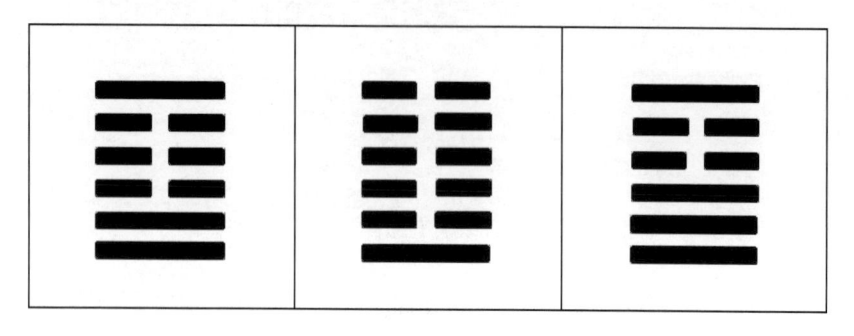

主卦山澤損，沈女為艮土體卦臨月旺相能力強，艮土生兌金，兌金為繡針，針法細膩，二至六爻為大離卦，離火主文化、藝術，是個人特質。互卦地雷復，坤為布，震木為線，兌金剋震木穿針引線，刺繡風景。變卦山天大畜，艮體傾心生乾金，乾為權為王爺，成就良緣。

沈女情定王爺，主互變三部曲，簡捷有畫面，八字相同者眾，命運不一，能嫁給王爺，因為名叫沈韶華，名如其人。類此比比皆是，不勝枚舉。(丑月癸卯日發文)

二、吊車大王胡漢龑

天火同人之澤火革　申月乙卯日

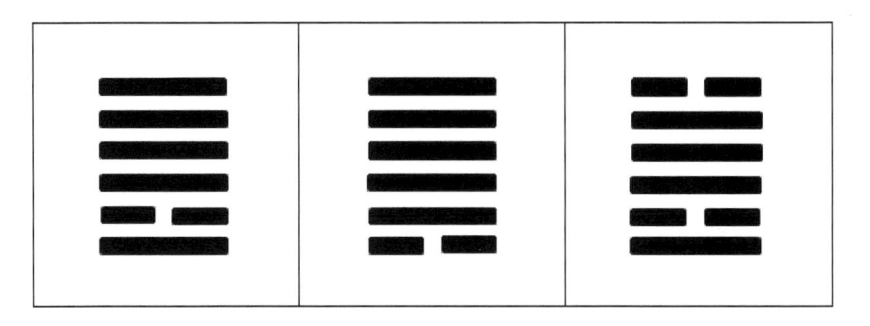

今早9點看到新聞影片，62歲胡漢龑被譽為「竹北吊車大王」，不僅曾豪砸近5億打造「竹北羅浮宮」豪宅，感情生活更坐擁4妻14名子女，家庭事業兩得意，9:27想到用時間卦看其原因。

主卦離火有力剋乾金之財，離為房，乾金豪華，有漂亮的大豪宅，互卦天風姤為大巽卦，巽為生意利市三倍生離火，變卦兌金少女桃花，離火喜之，會賺錢有女緣。臉書照片，喜穿大紅花色(離火)和黃色系列，或混搭。

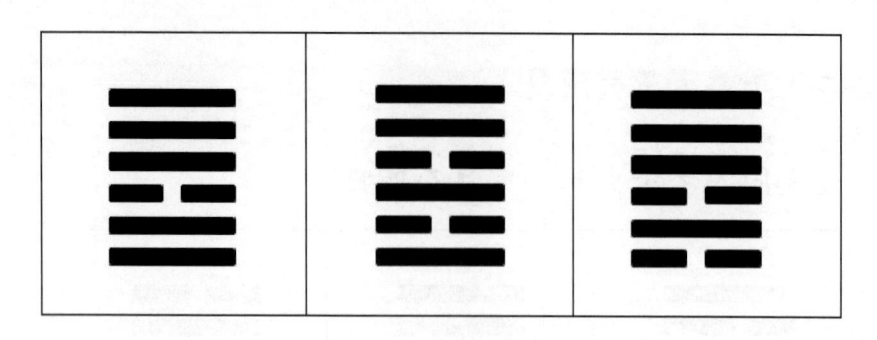

胡9劃、漢龑34劃,壬寅年巳月乙丑日出生,主卦天澤履,乾兌金比和,乾金為豪宅,兌金為受寵愛的妻子,乾金得巳月長生之氣,丑日金氣旺,體旺富有,互卦風火家人,為家庭事業付出,離火為事業剋體有事業心,變卦天水訟,乾金為高檔貴重的車,乾金生水喜奉獻服務,重視公益,常贊助消防救災、弱勢家庭等,高樓火災,義不容辭派吊車支援救助。(想想互變卦都體生用,為何論吉?)

　　六爻:申金子孫持世,子孫為賺錢動力,應爻卯木為事業為妻,卯為桃花為4,4位妻子,卯申合有其機緣,初爻巳火父母發動,父母為車,巳火字形帶勾,巳申合,與其吊車事業相關。

三、藝人雷洪

風天小畜之乾為天　寅月丁卯日

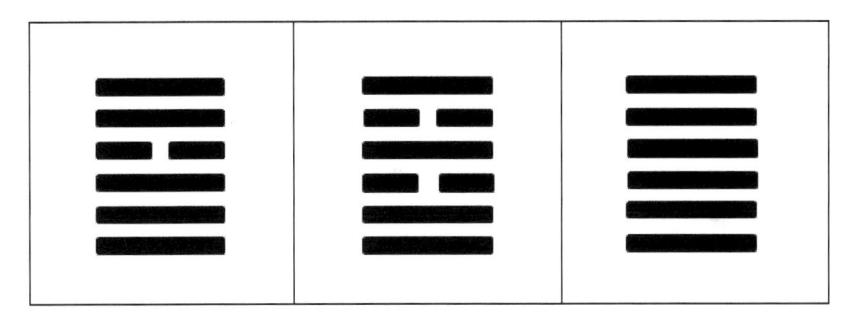

　　76歲(2024)的雷洪參與過無數影視作品，曾因《娘家》獲得金鐘獎最佳男主角，曾擁1妻5妾8個兒女，據報導每月開銷近50萬元，其中一妻玩期貨慘賠6000多萬，財務危機後出售豪宅，6個老婆全跑光。現在身邊又有一位小10幾歲的老婆，過著幸福快樂的日子。

　　雷13劃、洪9劃，寅月丁卯日生。主卦乾金剋巽木為財會賺錢，互卦離火妻子剋兌金，妻子愛他的錢財，變卦乾金比和六沖卦，一旦沒錢，婚姻破散，妻妾逃離。乾1巽5，1+5為6妻。六爻:世持子水父母，應爻未土妻財發動化子孫回頭生，財旺剋世，有財多身弱之象。

四、哪吒太子爺

澤水困之坎為水　丑月戊戌日

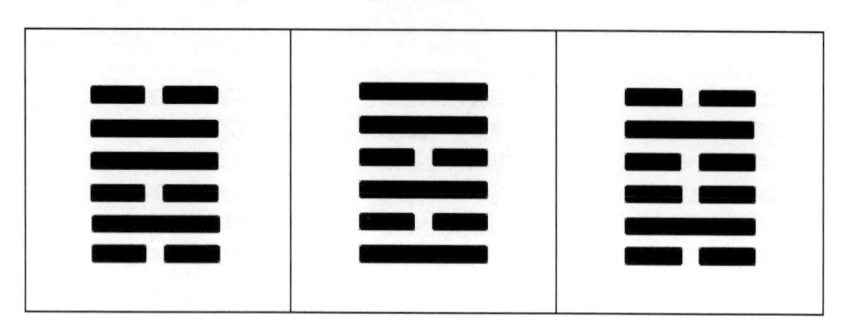

哪 10 劃、吒 6 劃。哪吒是神話故事的神仙，腳踏風火輪，手拿金鐲(乾坤圈)，肚上圍著一塊紅色肚兜(混天綾)，神力宏大，有呼風喚雨之能。

主卦兌金生坎水，頭上放光神仙下凡，金水聰明，水旺不喜拘束，主卦二四五爻為乾、一三六爻為坤，故有乾坤圈。互卦風火家人，巽為風為木、離為火，兌巽離火尖槍，離火為紅色的混天綾。變卦坎為水，能呼風喚雨，坎為輪上下各一，與互卦合為風火輪。

哪吒是魔丸轉世，高傲暴戾，我命由我不由天，敖丙是靈珠化身，溫柔沉重，變卦坎水比和為其二人，相互扶持，亦敵亦友，共同對抗命運。電影哪吒2，精心製作，賣破百億人民幣，有啥名就有啥故事，神仙亦然，真有意思。

五、歌手周杰倫

地澤臨之地雷復　丑月乙酉日

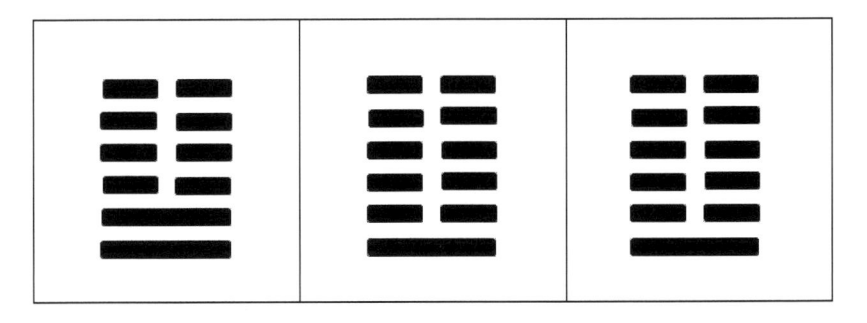

與其八字相同者成千上萬，但要長相帥氣，具備群眾魅力，會彈琴歌唱有才華，且名叫周杰倫，否則可能凡夫俗子，財福差矣！

周8劃、杰倫18劃，丑月乙酉日生。主卦地澤臨，坤土體旺，兌金樂音、喜悅，土生金有音樂才藝，有坤土群眾緣。互變卦地雷復，地下有雷而動，歡樂舞動，倒震為艮為舞台。若從六爻看，上爻酉金子孫爻值日暗動，是福神才藝之星也。八字有6、7分定數，3、4分變數，變數就是生活觀和價值觀，還有大環境與各人抉擇，若時間倒退一甲子，藝人沒有亮麗舞台，也會懷才不遇，成就與時空環境相輔相成。

六、驚嚇之旅

雷天大壯之雷風恆　子月辛未日

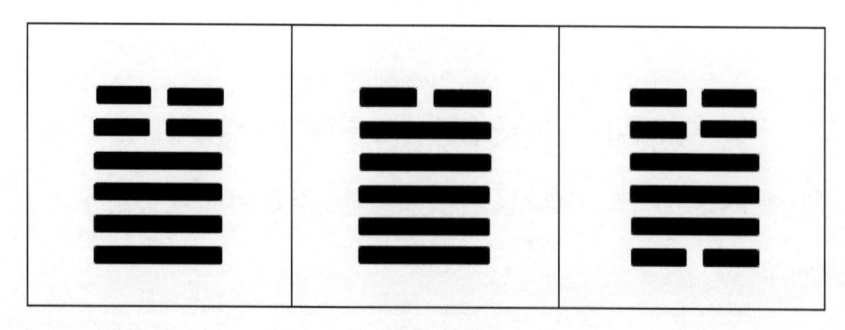

大陸演員遭騙以到泰國工作為由，到緬甸電詐園區。2025.1.2 子月辛未日晚搭機出發，凌晨 3:40 到達曼谷機場被接走，11 點後失聯，其女友透過社群求助，並積極聯繫相關單位，於 1 月 7 日(丑月丙子日)搜救成功。

王某是癸酉年癸亥月戊戌日生，大運 22 庚申，流年 31 甲辰。癸水為財，逢甲木官煞年，財官克身危險上當之年，3:40 到曼谷凶卦，和他的八字相同者眾，選擇、境遇有別，不會發生一樣的劫難，吉凶可大可小，事前很難防範。

王 4 劃、X9 劃。主卦雷天大壯，乾金剋震木不吉，震體為工作，平時只是工作壓力，未日生乾金剋震木，災劫只需一個未日。互卦澤天夬，兌澤為說，說動震木體卦，前往泰緬西南方(坤土生金剋木)不宜。變卦雷風恆比和為吉，巽木為女友相助，7 日為丙子日，子水生震木身旺獲救。

1.3 凌晨 3:40 到曼谷被接走，子月壬申日 (5.12.4.3):

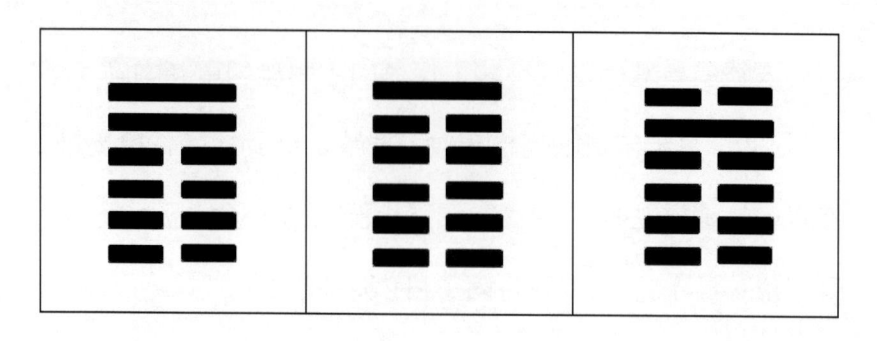

主卦風地觀，坤土善良為體，巽木為騙，用剋體受控制有凶險。互卦山地剝，艮為房為止，大艮卦，在一個行動限制的園區。變卦水地比，坤體剋坎水為財，坎為險為陷，坎財生巽木反而剋體，想賺錢卻事與願違。

　　八字官殺明顯，名字也有跡可循。環境是主角，境遇愈凶險，運勢愈不利，即使相同名字，危險程度可能差很大，一個在家看恐怖片，另一個外出騎快車出車禍，結果天壤之別。所以，做抉擇前占卦問出行吉凶很重要，能避災嗎？是的，除非不信周易。

七、球后戴資穎

天風姤之巽為風　午月丁丑日

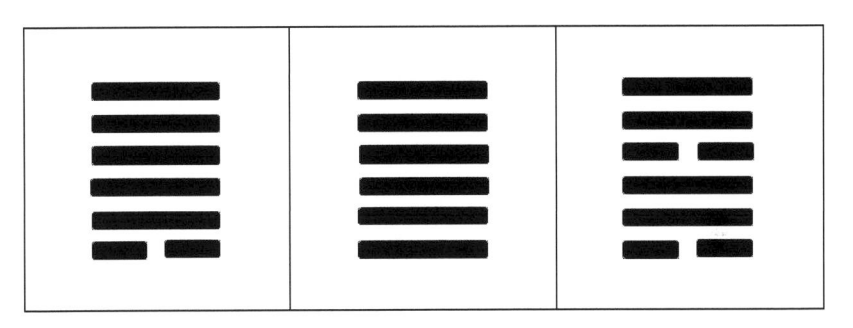

　　臺灣首位世界羽球球后，國小三年級開始練習羽球，六年級奪全國羽球乙組冠軍，2009 年開始出戰國際賽，奪冠最多的女單選手，計 36 座冠軍。

　　與其八字相同者，難有此殊榮，和名字有關係嗎？戴 17 劃，資穎 29 劃。主卦天風姤，巽為風、步伐輕快，巽為扇子、羽毛，視為羽球拍。天風姤為大巽卦，好似大球拍，金剋木而動，乾金為第一能奪冠。

　　乾金剋巽木，巽為腰腿、膝蓋易傷，辛苦為國爭光。互卦乾為天，乾金積極如健馬，不放棄，想拿第一的心態。

變卦巽為風，巽為柔適應力強，好自由，2024 甲辰年，金旺壓力大想退休，至今未果。八字相同名字不一，人生路迥異，梅易取卦，信息與眾不同，有八字看不到的秘密。

八、孝女彩金

雷火豐之雷山小過　酉月甲申日

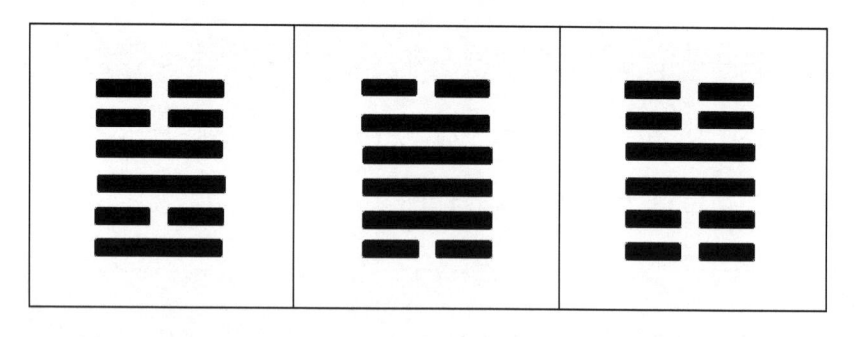

2012 年 9 月 20 日，一部根據真人真事編拍的電影《孝女彩金》首映，感動千萬觀眾，影片講述的是，被農民夫婦彭孝诚抱來收養的棄嬰彭彩金，在家裡遭遇變故，養父母都失去了自理能力成為殘疾人後，11 歲的年紀，挑起家中的全部重擔，挖藥賣錢、割草餵豬、撿柴燒火做飯、洗衣，還利用上下學空檔，跑回家中照顧父母起居，當家境富裕的生

母找上門時，仍執意留在養父母身邊悉心照顧，直至他們安然去世的故事。彩金孝順、開朗、勤奮、上進的品行，值得讚賞學習。

彭 12 劃、彩金 19 劃。主卦震木體卦生離火，震為動為勤奮，離火為房為家人，為家庭貢獻。互卦澤風大過，兌金剋巽木生離火，離火為家，撿柴燒火做飯，巽木為藥草，挖藥賣錢，孝順父母，巽為責任，金剋木擔責。變卦艮為山，震木剋艮土，山上打雷，有不畏艱辛付出的德行，大坎水生震木有毅力，孝行同時引起共鳴。

電影在酉月甲申日首映，金旺剋震木女孩，就明白她有多不容易，觀眾融入到彩金的角色裡，自然會感同身受，為之動容。

九、阿鸚愛說笑

地雷復之山雷頤　辰月甲午日

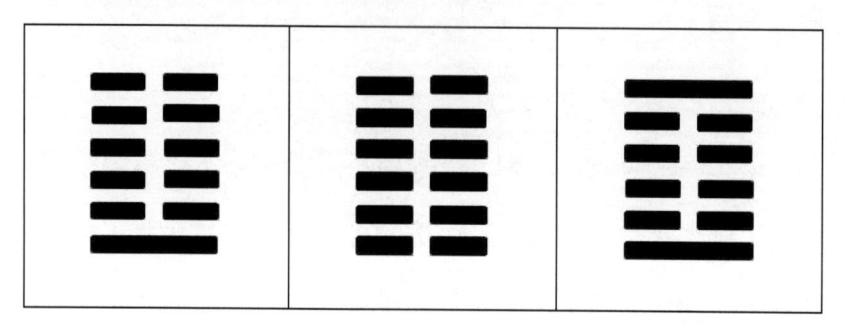

　　《阿鸚愛說笑》是一部 1998 寅年 4 月 17 日首映的動物冒險奇幻喜劇片。敘述一隻聰明會說人話的鸚鵡，在歷經千辛萬苦後，歷時 20 年，跨越數千里，終於找到失散的女主人的故事。

　　阿鸚從小被撿回給小女孩瑪麗飼養，牠幫助小主人克服了口吃的毛病，但瑪麗的父親卻認為她過份依賴阿鸚，因此將阿鸚送人。忠心的阿鸚對小主人念念不忘，但瑪麗全家已搬到很遠的地方，於是牠決定萬里尋主。

這一路上,牠碰到卑鄙的小偷、善良的寡婦,以及街頭小販,歷經危險,直到遇見友善寂寞的管理員,才回到小主人瑪麗的身邊,此時瑪麗已長大成人,還好晚安曲讓牠確定女主人身份,有了溫馨結局。

阿8劃、鸚28劃。主卦坤土遲緩、隱伏,視為瑪麗,震木體卦為阿鸚,坤土亦主文,震木剋坤土,既說明阿鸚有語文的天賦,也代表阿鸚重視、呵護小主人,而瑪麗也受其影響依賴著牠。

互卦坤土比和,坤為陰暗、小人,尋主過程中有好的緣份,也有六沖卦不安定的生活。變卦是有意思的地方,坤土化艮土,坤艮為房,西南到東北有如搬家,從一處到另一地,震為倒艮,頤卦似兩手擁抱團圓之象,終於找到主人,靈活思維,方能吃透卦意,文字組合好神奇。

提示:文字組合很重要,單獨一個美字,容貌漂亮,但名叫小美或阿美,卦象不同,結果差很大。

十、戲精馬兒

風天小畜之水天需　申月壬戌日

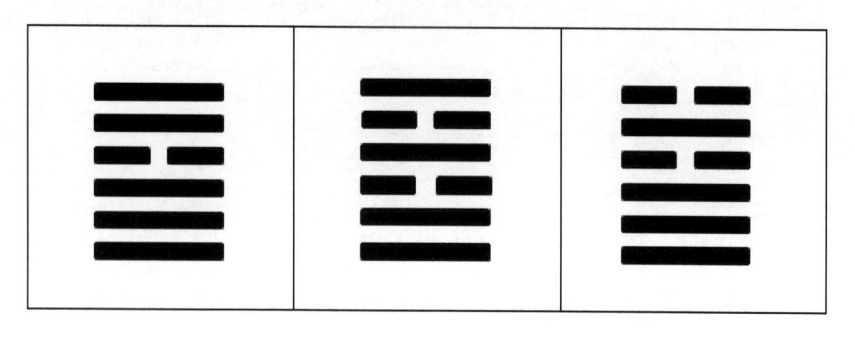

男子買了匹戲精馬，為了逃避訓練，學會倒地裝死翻白眼，每天不是倒在地上，就是在倒地的路上。

只要有人想騎牠，會立刻裝暈倒地，一說不騎了，立刻起身，經專家測試，這馬智商高，還會自己開門去找女友。主人說高價買回，取名奧斯卡爆紅網路，名字有故事。

奧 13 劃、斯卡 17 劃，申月壬戌日 YT 網路見。主卦風天小畜，乾金體旺主聰明，剋巽木為財好享受，巽風為騙有伎倆。互卦火澤睽，兌澤水旺，水火不容，指揮不動，兌為二，離為心，有二心會裝死。變卦水天需，乾金生坎水，性

喜自由，乾為工作，洩氣則偷懶不想上班。文字如魔法，是一種神妙的生活導航器，吉凶其中，不探究不明。

十一、霹靂舞张明

山地剝之艮為山

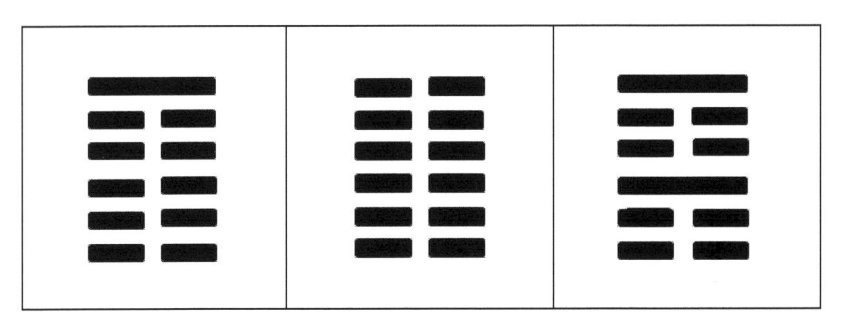

左右命運的因子很多，八字相同，取名不一，人生路大相逕庭。網路上有許多才藝網紅，沒有他們的八字，名字卻點出其強項，嘆為觀止。

张明，農村小伙跳霹靂舞，成為千萬網紅，點讚一億多，同其命盤者做不到。

张 7 劃、明 8 劃。主卦山地剝，艮土小伙，坤土農村，綜卦(倒卦)大震，全身舞動。互卦上坤下坤，坤為柔，身體似棉花柔軟，坤為眾人欣賞。變卦艮為山，上下兩座山，左右擺動，艮為手腳活靈活現。卦的形象思維，名字與舞姿配合，恰好發揮出舞藝天賦，是不是很有趣？每個人的名字都有意境。(網路搜尋可見其精彩舞蹈。)

十二、文采出眾

澤地萃之天地否

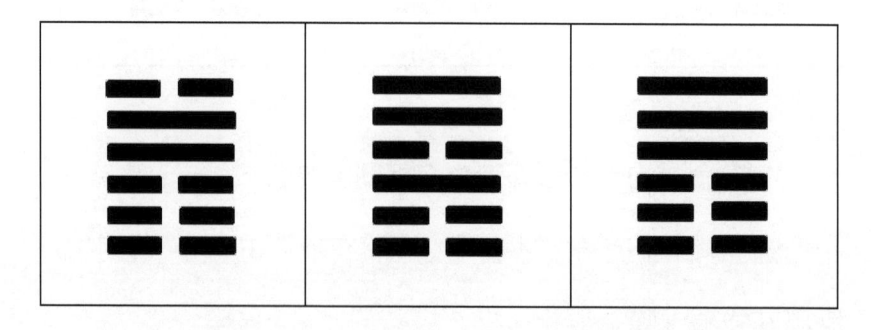

欲瞭解某人，不需對方開口，名字成卦，中英文皆可，只需懂基本五行生剋。如八字會天機命理社團老師 Fong Kat，通曉多種術數，文筆卓越，何以文才出眾？

Fong10劃、Kat8劃，辰月丙午日簡析，主互變三部曲，名如其人。主卦澤地萃，坤為腹為文，滿腹經綸，兌澤為悅、善言。互卦風山漸，巽風為教學，艮山為平台，常在社團發文。變卦天地否，乾為天坤為地，通曉易理，樂於奉獻助人。是有文采選用此名，還是使用此名才有文采呢？互為因果也。

　　一技在手樂趣無窮，實例俯拾皆是，有筆劃有數有能量，英文名字筆劃數，以大寫為主，請參考本書後頁說明，皆做過諸多研究。

十三、網紅李子柒

山雷頤之山地剝

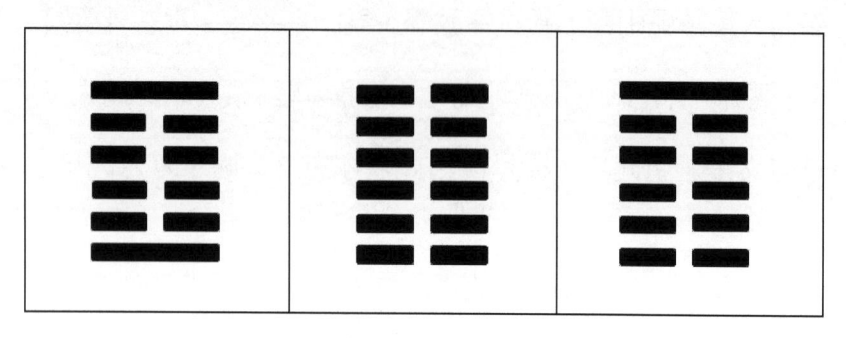

　　好的網名常用能量強，不需改身份證，名人如胡瓜、千千、羅蘭…有名有財，都非原名。

　　李子柒(1990 年 7 月 6 日)，中國大陸美食影片博主、網紅，李子柒品牌創始人。2016 年因以「古法風格」形式發布原創美食影片而被人熟知，譽為 2017 美食網紅第一人。截至 2025 年 2 月 16 日，總播放量 3.5 億傳播農耕文化，製作美食影片逾 1 億粉絲，金氏世界紀錄認證，1530 萬訂閱量最多。

李 7 劃、子柒 12 劃。主卦頤者頤養、養生，飲食之道，艮為山，震雷為木剋土為勤耕，大離卦開口喻飲食文化。互卦坤為地，坤土為大地萬物，是田野、莊稼地，農產食品推廣。變卦大艮卦一陽在上，物象如火車頭為領頭羊，坤為大眾，與群眾融合一起。

　　呼什麼名，就有什麼意境，有趣極了，李女做的是農耕文化傳播，取的名字就會與之配合，八字不能改，網名可更換，會顯現個人獨特的氣質與福份。

十四、玫瑰的故事

火水未濟之火澤睽　　午月癸卯日

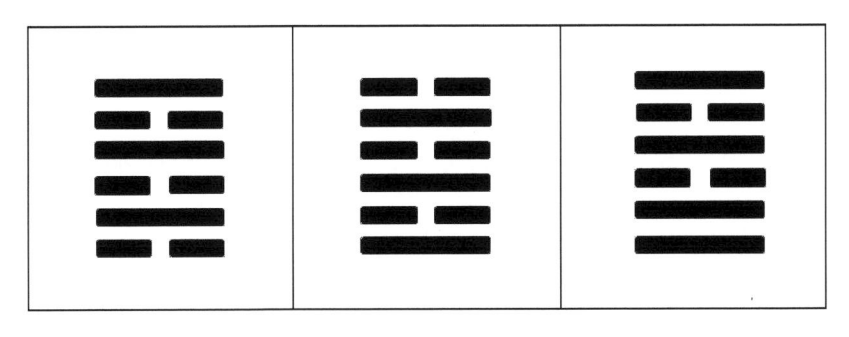

陸劇《玫瑰的故事》2024年午月癸卯日首播，女主角黃亦玫由劉亦菲領銜主演。劇情講述女主從少女到中年時期的成長、事業與愛情。生於書香門第，性格大方灑脫，有三段唯美又傷感的戀情，受寵於六個男人。名字解鎖人生，即使是劇中人物，在作家筆下，也會不經意的配合五行演繹，取啥名就有啥樣演出，實例多矣，名字太重要了，如後天八字。

　　黃亦玫 女主，黃11劃、亦玫14劃。此名眼睛大、熱情、能力強，具藝術天賦，聰明漂亮有氣質，讓男人心動。主卦火水未濟，離火女美麗，離火為眼，卯月火旺則眼睛大有神，坎水為男帥氣，序數6，劇中受6個男人關愛，水火桃花沖，喜歡浪漫愛情。互卦水火既濟，離火體卦與用互離火比和，心中的理想伴侶，要有相同的審美觀、藝文愛好，離火六沖，婚姻不能完美。變卦火澤睽，離火剋兌金為財，離為愛、兌為缺，有缺愛之意，一味追求幸福，同時瀟灑享受自由自在的精彩人生，兌為財、坎為官(男人)，名字有財有官。

不同時空，意涵有別，名字點出一生的財情風景，小說、戲劇人物亦然。

十五、蛇妖美杜莎

天澤履之乾為天　亥月壬申日

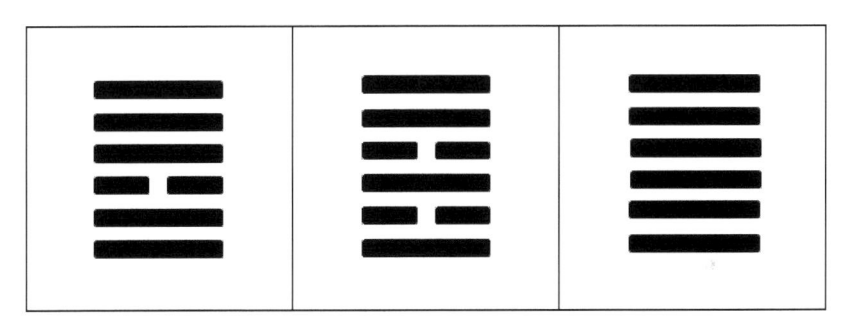

今天在 YT 看到一則影片。在希臘神話中，美杜莎原本是一名美麗少女，擔任神廟的女祭司，因與海神波賽頓幽會，而被雅典娜詛咒，將其頭髮變成毒蛇，那些凝視她眼睛的男子都會變成石頭。(英文翻譯成中文的名字，約定成俗，無巧不成書，卦意就一定會符合情狀，五行運動相當縝密。)

美 9 劃、杜莎 18 劃。主卦天澤履，乾金體卦為美杜莎祭司，兌金則為雅典娜，兌為說開口詛咒。互卦風火家人，巽木為髮為蛇，貼近乾金之頭，頭髮變蛇，木生火具攻擊性。變卦乾為天，用卦乾金受剋成石頭，離火為眼，離剋兌化乾，兌為見到她的人。

如果用六爻來看，與梅易做比較，會選擇哪一種方法詮釋呢？六爻細膩，需要更多學問，顯然梅易簡捷，若兩種都會，那就更好了。世爻(自己)持申金子孫，沖剋二爻寅木官鬼退神，官鬼為情人為男子，朱雀動受詛咒。五爻申金為眼，寅木在艮卦，艮為石，寅申沖，凝視她眼睛的男子會變成石頭，五爻尊位不可侵犯。六爻戌土為頭暗動，初爻巳火為蛇，入戌庫臨白虎，頭上有兇猛毒蛇。

女生的名字，子孫持世不利婚姻，財衰易見渣男，對老公抱怨多，老公受剋運勢也差，有如八字傷官見官。女孩感情不順，檢視名字，是否世持子孫呢？

十六、才女林黛玉

地水師之山水蒙

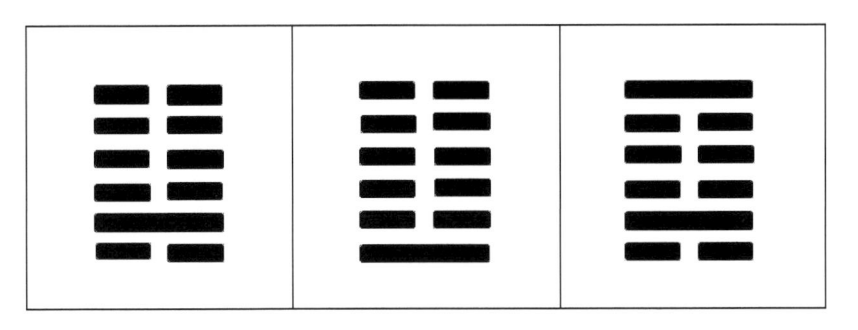

　　她是古典名著《紅樓夢》的女主角，聰明悟性高，多愁善感的詩人氣質，有著捧心西子的病態美。

　　林8劃、黛玉22劃。主卦地水師，坤為地為文，有文采，下卦內心世界，坐坎為病、憂象，寫作偏向哀傷的詩句。互卦地雷復，是大震卦，洩坎體、剋坤土，體弱多病。變卦山水蒙，蒙者有天真特質，艮山如巨石壓在胸口，二至六爻為離火居中如捧心，哀怨又易受傷害。

　　婚姻方面，艮山如賈寶玉，坎水如黛玉，土剋水不能喘息，新娘換人，最終為愛付出生命。

十七、甜心教主王心凌

雷水解之火水未濟　申月辛卯日

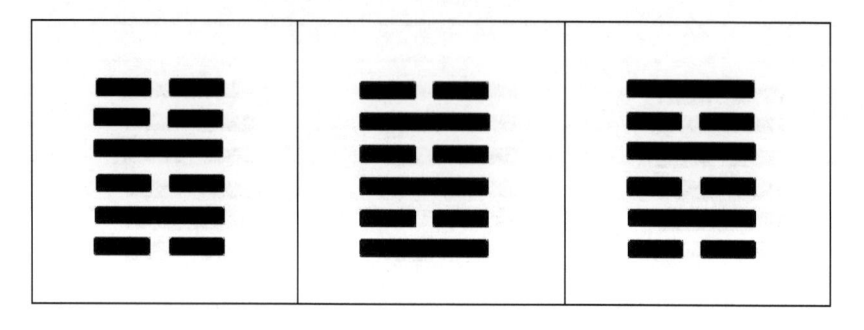

　　"乘風破浪的姐姐3"，王心凌唱跳一首"愛你"，5.20巳月癸酉日播出後爆紅，勾起許多中年大叔的回憶，粉絲爆增500萬，買股捧場，5.24寅年巳月丑日，芒果超媒股價大漲10%。人或歌會爆紅是有原因的，梅易輕鬆解密。王心凌(申月辛卯日生)，將名字成卦，有八字沒有的畫面。

　　主卦雷水解，坎水體卦臨月旺相，震木得生舞動，唱歌活潑生氣盎然，互卦水火既濟，陰陽調和之象，美麗熱情得坎中男歡喜，變卦火水未濟，離火為藝術、演藝工作，坎水剋離火，事業有成。震木為功名，說明有許多大老闆為其青春魅力傾心、瘋狂，從演唱會現場興奮場景可知。寅年巳月

離火旺相,成為最耀眼的一顆星。(莫將坎水洩氣於震木視為不吉,意涵隨環境而變,那是才華展現,若言及感情就不順了,卦意靈活,有時剋非剋、洩非洩,多思考才能領悟。)

六爻:上爻戌土財爻發動,化巳火子孫回頭生,在寅年巳月財氣旺。她的名字財強,公司就能得利,巳火子孫有力,粉絲爆增。情歌為財,撩撥申金官鬼大叔的心,沖起初爻寅木兄弟花錢買股。名字如後天八字,有一生財福、戀情故事。

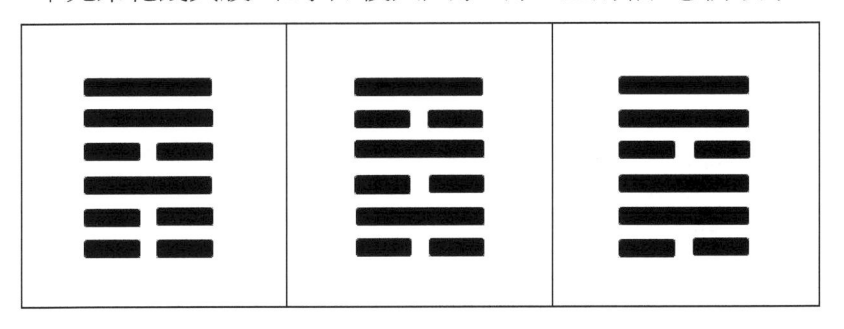

愛你這首歌,於 2004.3.26(甲申年丁卯日甲辰日)發行專輯,為何能打動男孩的心?愛 13 劃、你 7 劃。主卦風山漸,巽為風體卦臨卯月旺相(巽木可視為演唱者王心凌),吹拂著艮少男,是少男殺手,互卦火水未濟,擄獲坎中男的心,變卦巽為風,兩風相隨,綜卦兌為澤為悅,說明聽眾與歌者能

產生互動、共鳴,當下愉悅舒暢。歌名也有故事。梅易應用廣泛,將歌曲、音樂名稱化成卦象,可知常聆聽某種樂音,是否有助於身心健康,亦或有心靈治療作用。

十八、登山失蹤

艮為山之山風蠱　卯月戊寅日

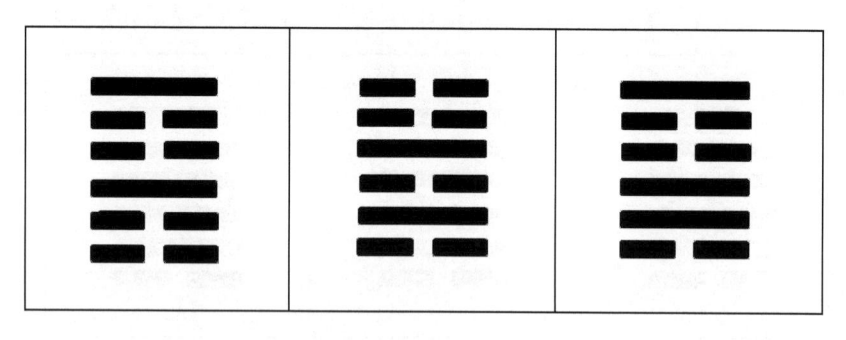

卯月戊寅日60多歲的男子獨自登山,數日後找到遺體,據報導從高處墜落河谷。

名字XXX:卦象艮為山之山風蠱,艮山與山結緣喜登山,互卦雷水解,震木為官,坎水生震木為公司高層,震木喜動

剋艮土登山，變卦巽木在卯月寅日木氣旺極，剋體卦艮土有災。 沒有八字佐證，名字一樣有信息，喜登山有緣由。

十九、大力女子姜南順

天風姤之澤風大過　酉月戊戌日

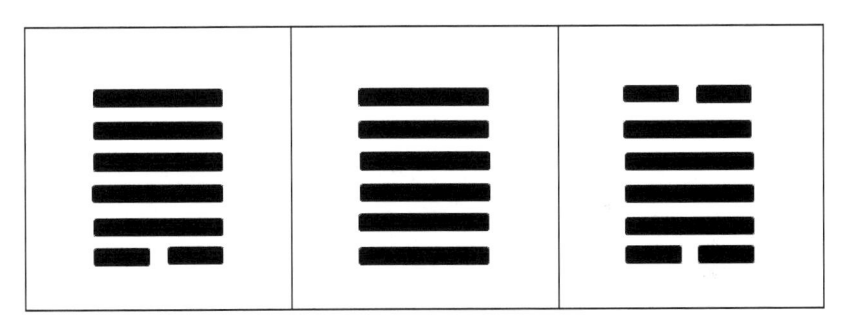

　　呼什麼名，就有什麼花樣人生。2023年10月7日首播的韓劇有趣，姜女有超人的力量，打擊罪犯，提高觀眾對毒品撼動家庭、社會的警覺心。姜9劃、南順21劃。

　　主卦天風姤，卦辭女壯，勿用取女，一陰敵五陽，天生擁有神力。姤卦是個大巽卦，乾金用卦剋巽木體卦是天賦。

互卦乾為天是隱藏的秘密，乾金三陽爻，金旺講義氣、剛健有超能力，姜女戲中正義感十足。變卦澤風大過為大坎卦，兌澤為喜悅、樂觀，巽風為木為仁，是善良活潑的奇女子。名字是另一個人生密碼，有八字看不到的財情。

二十、投資詐騙

天水訟之火水未濟　申月甲子日

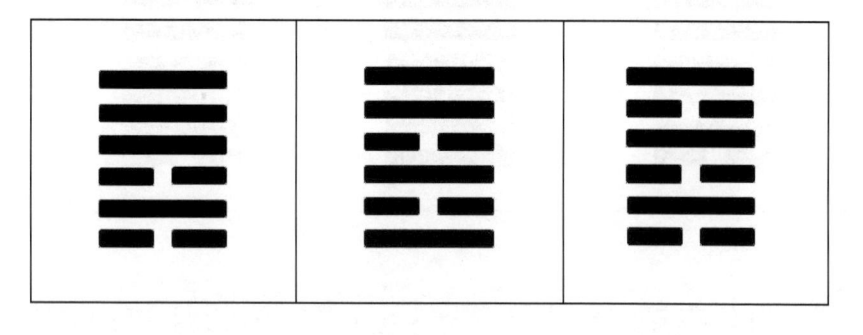

　　名字與運勢有關嗎？2023 年 9 月 3 日新聞報導：中國北京有一名 60 歲老翁，透過網路認識一名 33 歲女網友胡 X，2 人聊得很愉快，很快就發展成情侶關係。2022 年老翁前往合肥見面，胡女推薦他一款期貨 APP，其他 3 名男子一人策劃騙局，一人和老翁聊天，一人謊稱是期貨分析師，最後慘

被騙走 800 萬人民幣。在回北京的路上，老翁因為身體不適被送醫搶救，但最後仍宣告不治。

胡 9 劃、X14 劃，名字有故事。主卦天水訟，乾金是老翁，喜迎桃花，掉入坎水陷阱。互卦風火家人，巽風為說謊，老翁誤信謊言，巽木生離火，受詐騙損財。變卦火水未濟，坎水剋離火賺不義之財，乾化離老翁病災。

此女與中國影視女演員同名，作品多有名氣，同樣會賺錢的名字，用在正途閃亮，用錯地方也會害人，可見處事心態很重要。

二十一、變形金剛

天地否之天雷無妄

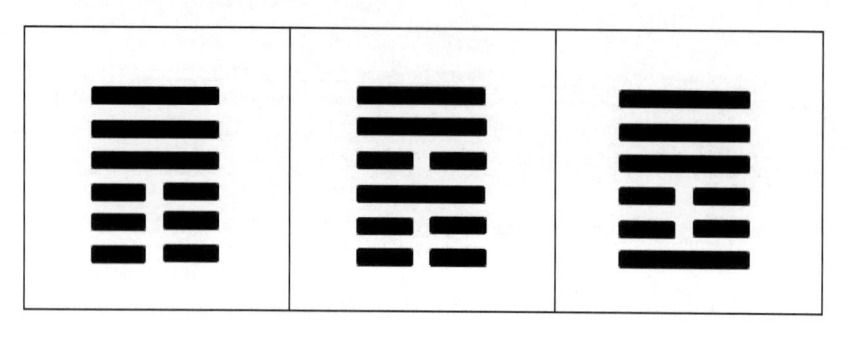

柯博文是博派變形金剛的最高指揮官,有勇有謀,用什麼名字就有什麼特質。

柯9劃、博文16劃。主卦乾金為領導,坤為地為部屬,坤土生乾金得到敬重。互卦風山漸,巽主仁、風柔和,艮山穩定,處事循序漸進。變卦天雷無妄,天上打雷,震懾四方,金剋木,制敵有方。

八字相同者眾,富貴吉凶不一,是否與名字相關?若用柯博文當網名,會有當英雄的感覺嗎?

二十二、NVIDIA 黃仁勳

震為雷　雷澤歸妹　寅月辛卯日

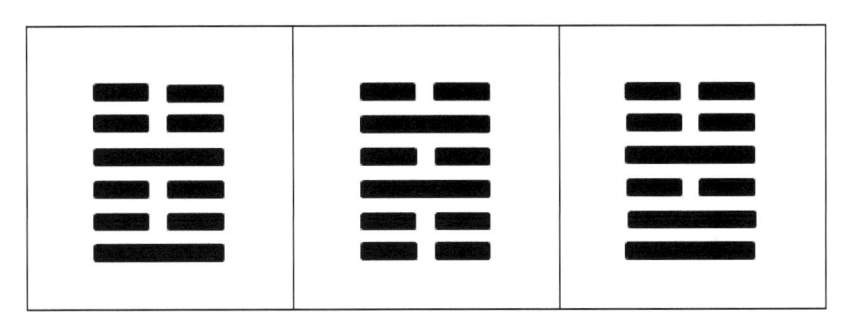

　　黃仁勳是輝達 NVIDIA 執行長，身價破兆，寅月辛卯日生，近年帶動 AI 晶片熱潮，股價狂飆。名字有如後天八字，他的名字傳遞什麼信息呢？

　　黃 12 劃，仁勳 20 劃。主卦震為雷，震體旺相，勤思有行動力，學術有成就，其金句：跑起來，不要用走的。正是震木動的意涵。互卦水山蹇，山上有水，坎水為人工智慧，艮山為財、為晶片。變卦雷澤歸妹，因悅而動，喜著招牌黑色皮衣掀話題，坎水為黑色助運勢。

六爻:見卦中三合財局,發財有密碼,與其相同八字者,會有此成就嗎?不會,命運多面向,隨著環境、技能、抉擇有別。而好的名字,福澤成就會高些,或說冥冥之中,有什麼福氣就會取到什麼名字。命是定數,運是變數。

二十三、文字咒語

地天泰之地風升　卯月丁巳日

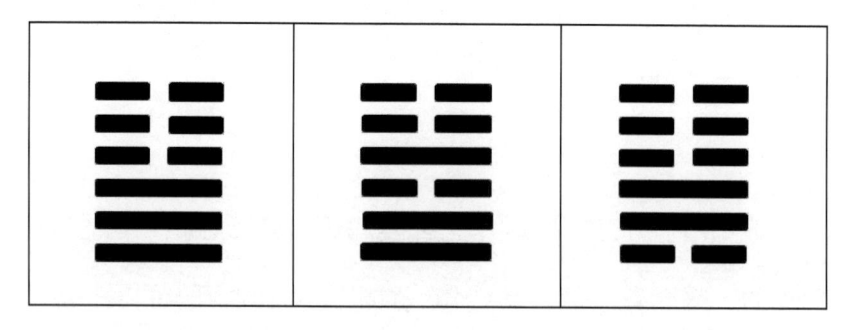

文字如咒語,如影隨形,知對方名字,將筆畫數成卦,就可打開信息庫。網友報上名:周8劃、XX17劃。

主卦地天泰，無祖業白手起家，家庭觀念重，坤地為柔為文，心地善良，勤勞溫厚，喜讀書，28歲有婚期。坤土生乾金妻子，愛妻、妻掌財，常婦唱夫隨。

妻子不是公務員，就是生意人，賺的錢歸老婆管，房產是她的名字。你平時節儉、厚道，但易誤判失大財。陰陽反背不利婚，謙讓妻子，她說了算。乾為天為大錢，積極進取，30歲起發財，住宅西北為財方，事實上，以西北方乾金為教室教學，名聲、財氣皆得，卦中見兌金剋震木有官運，但壓力大。顧家沒外遇，有也不敢怕惹麻煩。小孩與妻子較親切，你注定常為小孩事憂心、煩惱。

24歲認識現在的妻子，運勢30至50歲事業有成，但伴隨壓力易頭痛(互卦)、腸胃差(主卦)。42歲事業有阻，市府建管、教育處查補教立案，辛苦應對約2個月，58歲有病災，確實住院有泌尿系統手術，60歲起享受悠遊人生，70、80歲助運，晚年吉祥。巽木為教育傳播、老師，喜研

習易理，信神佛，對玄學有興趣。以上意涵皆在卦中尋，符合現狀，簡捷實用，還能讀出更多訊息。

譬如，乾金為父，與父親關係良好，關心父親，與之有話聊，巽木為母親，非常愛乾淨、有潔癖，晚運身體不佳，較令卦主掛心。這是個有錢的名字，但責任心重，乾金追求完美，操心的事多。

此外，注意腰腿有傷，晚年75歲防跌跤、坐骨神經痛，81、82歲注意體虛病災，卦中不見離火，顏色喜紅、土黃色，黑色次之，寅卯年忌往東、東南行。

二十四、行雲流劍

山水蒙之山澤損　午月戌日

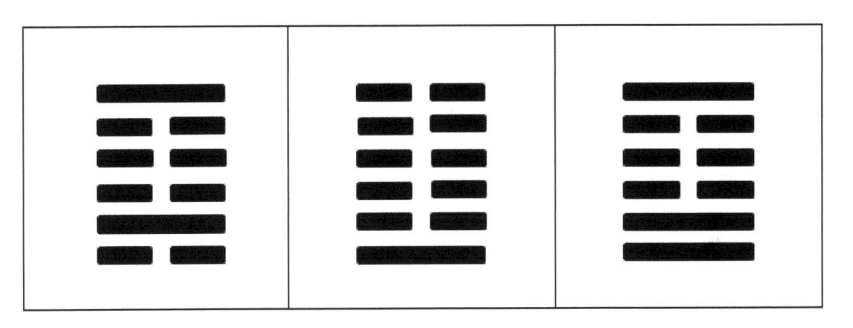

　　蔡宏毅火舞者，獨創行雲流劍，多國邀約，今年 4 月，四把劍成功的驚讚表演，威名美國達人秀。網路影片。

　　蔡 15 劃，宏毅 22 劃，午月戌日生。主卦艮體為獨立，坎水為險，土剋水不畏險。互卦地雷復，坤為肌肉，震雷為動為足，身體舞動反覆。變卦兌金為劍，震木卦序為 4，艮為手為背，任憑 4 劍遊走項背，畫面驚險，離火居中為心，離火剋兌金觀眾，兌金讚嘆尖叫。與其八字相同者眾，焉能有這膽識？名字呈現個人特有的氣質，此名較辛苦而有所得。

二十五、屈原端午節

地澤臨之山澤損

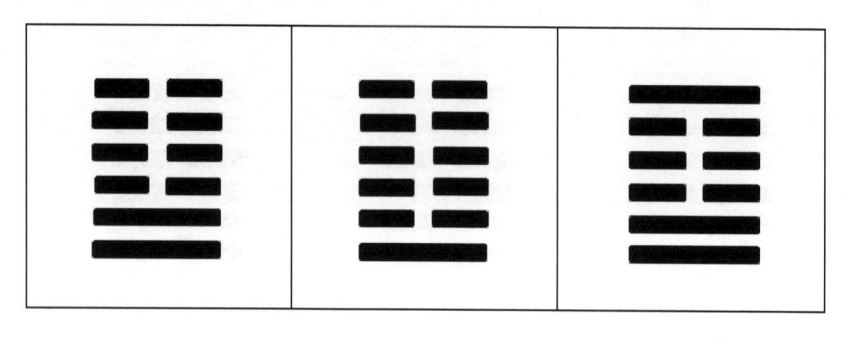

屈8劃、原10劃。主卦地澤臨,坤土為國家,坤土生兌金,國家意識強烈,坤為腹為文、兌為説,滿腹經綸,為大詩人。互卦地雷復,震雷在地下為悶雷,憂國憂民,諫言不能上達,悲苦。變卦山澤損,損下益上,艮山為石為止,離火為文居中,心中有大石,離火剋兌金,有苦無處傾,訴情"離騷",經典之作。

艮為石、兌澤為江,抱石投江,後人緬懷,艮象為粽,兌為吃,吃粽子,沒想到與其名字相關。互卦地雷復,坤為河道、震為龍,龍舟競賽也。和屈原同八字者,境遇大不同,名字會演繹人生故事。

二十六、首富馬斯克

澤火革之雷火豐　午月甲申日

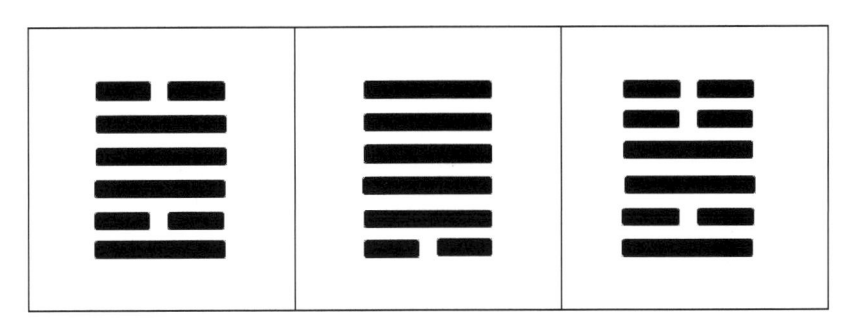

富比士雜誌3月5日公布2022年富豪榜，特斯拉、SpaceX的創辦人馬斯克，以2190億美元的身價，登上全球首富寶座。1971年6月28日（50歲）八字有何特質？

日月年

元比官

甲甲辛

申午亥...大運47己丑，流年50壬寅

地支亥午合，亥印智慧與午火食傷作合，能學以致用，制申官有膽識。辛是金屬，天象為星辰，喜航太科技，剋甲木為甲木眾人服務。大運己丑財運，財官具旺有理想，有成為富豪的機會。

馬10劃、斯克19劃。 主卦澤火革，兌澤為金為星辰，離火熱忱、光明，革為變革、創新。互卦天風姤，乾金為天為航空，巽木為技術，為航太科技。變卦雷火豐，震雷為木為動，作為積極，震木生離火，體旺而豐收。

馬斯克經歷過3段婚姻，有過2個老婆，眾多的緋聞女友，和14個子女。主卦離火剋兌金，且同性相斥不利婚姻，變卦震木生離火，對異性有其個人魅力。

馬斯克是英文名翻譯成中文，五行一樣會配合信息，而與其八字一樣者，非千億富豪，機緣與努力有別。

二十七、王美姬創意點心

雷火豐之澤火革　寅月壬戌日

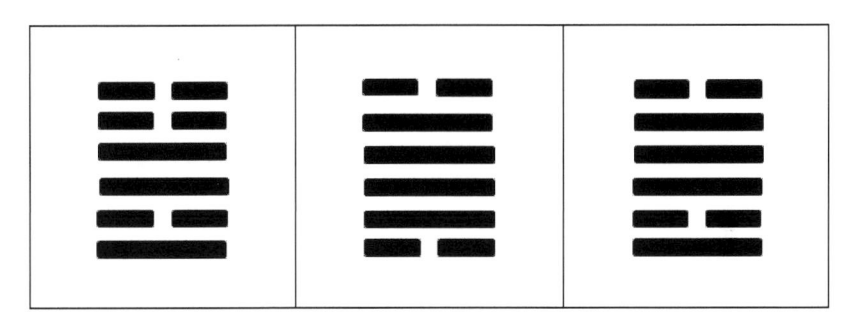

　　寅月辛酉日上午 10:38，坐車去台北的路上，車內電視介紹著一名生於內蒙古的王美姬老師，遠嫁台灣，傳承媽媽的好手藝，首創 3D 立體造型饅頭，創新藝術點心，年銷量突破一百萬顆，學生遍布全球。王 4 劃、美姬 19 劃。

　　主卦震木生離火體卦，離火為文化藝術，震木為傳承，震木倒卦艮土饅頭，傳承到好手藝，互卦澤風大過，兌澤為說、巽木為教育為傳播，傳授學生技術，變卦革為革新創作，離火剋兌金為財，是名利雙收的好名字。(想取佳名，例子看多了，就能依樣畫葫蘆。)

二十八、不堪的婚姻

雷澤歸妹之震為雷　寅月庚戌日

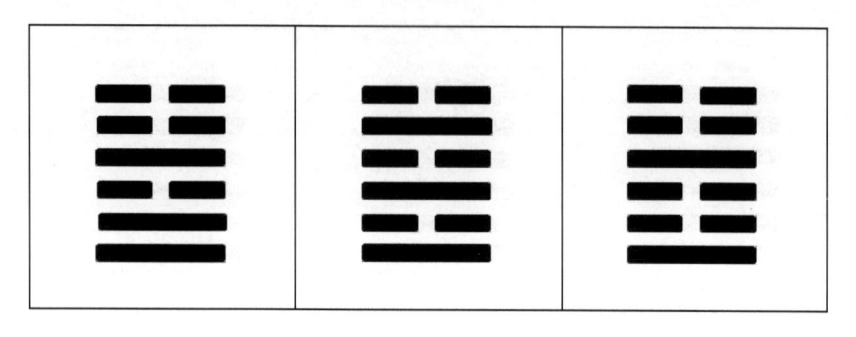

```
▬▬　▬▬     ▬▬　▬▬     ▬▬　▬▬
▬▬　▬▬     ▬▬　▬▬     ▬▬　▬▬
▬▬▬▬▬     ▬▬▬▬▬     ▬▬　▬▬
▬▬　▬▬     ▬▬▬▬▬     ▬▬▬▬▬
▬▬▬▬▬     ▬▬　▬▬     ▬▬　▬▬
▬▬▬▬▬     ▬▬▬▬▬     ▬▬▬▬▬
```

　　2025.2.10上午10:09，社團一女傾訴有個很不堪的婚姻，2014年55歲離婚，因不堪前夫糾纏拖累申請移民，離開台灣到美國，到美後深感不適應。丁未年癸卯月戊子日甲寅時生，大運55己酉、流年58甲辰。姻緣有望嗎？還是不要較好？很迷惘。

　　這一生算是浪費在前夫身上，誰願意離開家鄉呢？前夫如敗家子，只會闖禍挖坑，出事、缺錢就只會糾纏要我解決。自小獨立，結婚後從來沒有停止學習，結婚三十年，家庭、公司靠我撐著，我在娘家綽號才女，只唸到高中，中年後44歲左右才又開始唸書，完成兩個碩士，本想完成博士學

位,無奈碰到離婚來美,心情不好財力也有困難,申請休學,當初是淨身出戶,把錢全都留給前夫,完全沒有給我自己留錢。八字財生官剋身有夫累,命中注定?

提問時間卦(6.1.13.6):主卦兌金剋震木體卦受夫拖累,互卦水火既濟付出,變卦震木比和六沖不利婚。2022壬寅年離婚,體旺不受剋而離。出生時間卦:風地觀之水地比,同樣巽木老公剋坤體,請同學自行解卦。

命主八字與提問時間卦,都受夫累不佳,那麼名字是否一樣情形呢?本名XXX,山雷頤之山火賁。

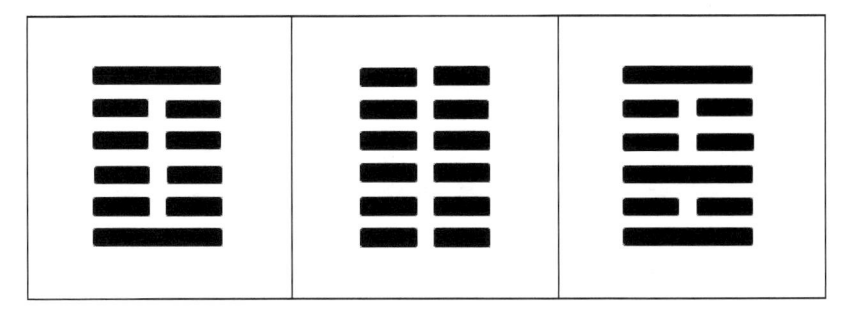

主卦艮山為獨,個性獨立自主,用卦震木為先生剋艮土體卦,艮為震之財,不就很明顯受夫欺負,互卦坤為地,坤

土六冲少交集,坤亦主文主學習,命主好學,變卦離火學歷,是個活到老學到老的性情,山下有火,太陽西下,可安享晚年,至於新的姻緣,避免重蹈覆轍,建議交友即可,或占卜確認為佳,隨心所欲較不靠譜。(卦中哪裡看出其夫敗家呢?)

二十九、出國失聯

天火同人之乾為天　丙子月癸亥日

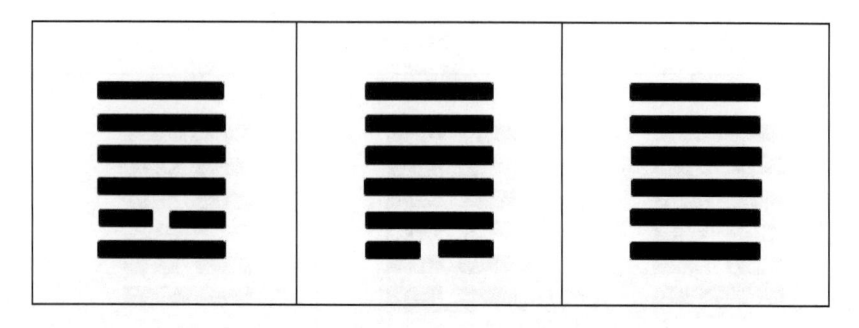

　　27歲火舞表演者謝某接到泰國的工作邀約,2024年12月25日(丙子月癸亥日)搭機赴泰國後失聯,其家人發現謝最後定位在緬甸,且要數萬美元贖金,緊急報案,謝某也很

機智，利用機會在網路發信息求助，後經貴人和兩地警方合作下，1月14日(丁丑月壬午日)安全返回台灣，在節目中陳述驚嚇經過。

見其臉書2024年慶生27歲，戊月甲日生，丙火大運丙火，甲木流年。只要一天癸亥印星日，剋丙丁火食傷，失去食傷防禦，就有機會受騙上當，驚嚇之旅，甲木比劫奪財即是園區。此例出行，八字很難看出一定是大的災劫，相同命盤者眾，不會遇到一樣的事，事前占卜避凶很重要。妙瓦底(KK園區)化成卦象，山風蠱之艮為山，意涵請同學自行解密。

謝17劃、XX27劃。主卦天火同人，乾金體卦，離火為官星剋之為工作，以表演火舞為業，互卦天風姤，乾金剋巽木，體剋用為吉，但逢子月亥日乾金洩氣，水生巽木旺相，巽意為騙，逢水失控，變卦乾金比和為吉，有好的結果，丑月金氣旺，得乾金警察、官方救援。與其名字相同者，不會發生同樣事情，各人際遇有別，也就是說不會有完美的名字，

再好的卦象組合，遇到歲月剋洩，一樣有災，吉凶大小隨環境更易。

曾經有位媽媽，請我為其子女改名，要求小孩日後品德要好，不做壞事的乖寶寶，改個名就得打包票一輩子順利，責任重大，她忘了還有八字和個人福氣也會左右運勢，委婉拒絕。擇優取名，內外卦我都會審度，名字關係一生財福，沒有把握或功夫不夠，不要輕易為人擇名。

三十、許仙白蛇傳

火風鼎之山風蠱　丑月丁亥日

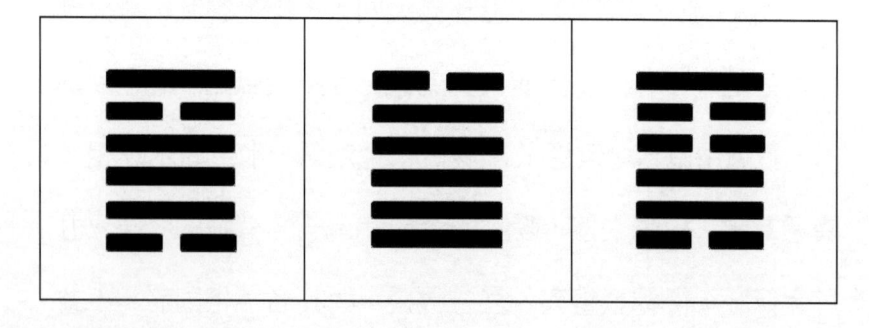

中國傳說故事《白蛇傳》中的男主角，許仙因故幫助了一條白蛇，後來白蛇為了報答許仙，化身為一名美女，名叫白娘子，並嫁給了他，引發一連串故事。

許 11 劃、仙 5 劃。主卦巽木體卦為仙道為中醫，許仙是中醫生，巽為蛇為白、用卦離火為妻為美人，直讀白蛇美人白娘子，木生火愛妻子，互卦澤天夬，兌澤為缺、乾金圓滿，過程不順，變卦艮山為廟為神佛，法海和尚為代表，洩離火之氣，收服白蛇，艮為雷峰塔，巽木剋艮土，許仙救塔中妻子阻止法海。名字是人生故事，解密要有點想像力。

三十一、竜樹諒預知夢

日本知名漫畫家「竜樹諒」從 22 歲起開始記錄「預知夢」，並於 1999 年出版漫畫《我所看見的未來》，將夢境圖像化。起初這本書並未受到太多關注，直到 2011 年 3 月，日本東北 311 大地震發生，世人才驚覺:書封上赫然印有「大

災害是在 2011 年 3 月」的大字，進而被許多相信者奉為未來夢的神蹟。書中一共收錄 15 則夢境預言，包括阪神大地震、神戶地震、戴安娜王妃車禍、新冠疫情等，當中約 10 則被公認真實應驗。竜的預言屢屢成真，讀者都對於書中一個尚未發生的夢境，感到惴惴不安。

這就是 2025 年 7 月 5 日凌晨 4:18 的夢境預言，台灣、菲律賓、日本的三角海域，正中央的海底爆炸，湧出大量岩漿，伴隨巨大海嘯席捲週邊地區，更預言日本有三分之一的土地消失，台灣則因地殼變動隆起為新大陸，連結菲律賓和香港。

預言家的名字有特徵嗎？竜 10 劃、樹諒 31 劃，澤山咸之雷山小過。

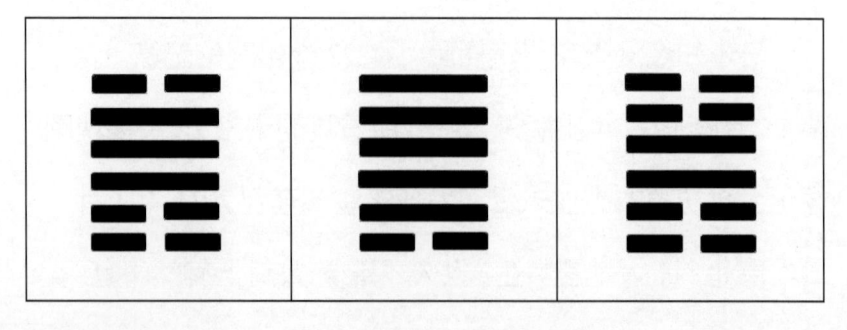

主卦艮土體卦，艮為收藏為星斗，生兌金用卦，兌為說為出版，將所知成書。互卦天風姤，乾金為天，巽風為預言，天下有風，傳播信息。風為搖擺不定，有謠言之象。變卦山上打雷，震木剋艮土令人驚恐，小過是個大坎卦大驚險，其夢境預言如地震、車禍、疫情等，皆是擔心受怕之事，相信竜的人也會如同艮土體卦不安，而午月夢災艮體旺相，應是無憂之象。竜樹諒1954.12.2出生，八字甲午年乙亥月壬辰日，大運62癸未，流年70乙巳。壬水日元，甲乙食傷雙透，又逢大運癸水比劫信眾助力，食傷敢言，其著書作為合乎運程。

　　2025年7月5日凌晨4:18的夢境災劫，取時間卦(6.6.113)：山澤損之山雷頤，午月乙亥日。

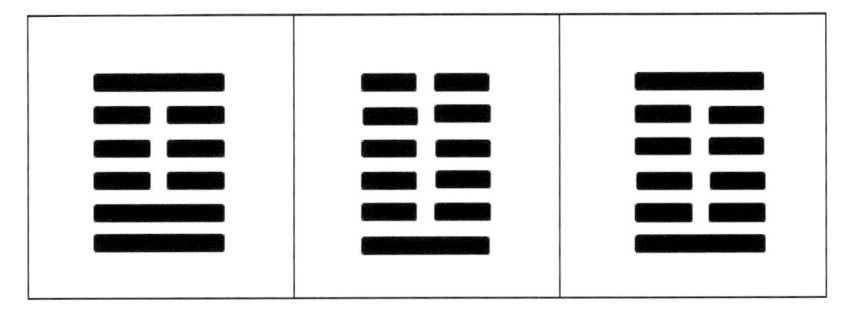

主卦艮土體卦洩氣於兌金，損失損耗，艮為山生兌金為能量釋放，互卦地雷復，震木剋坤土，地下有雷是地震卦，變卦山下有雷，震木得亥水日生有能量，但是否動能會大到如夢境所言？不太可能，小地震或車禍也會有類似卦象，午月體旺，震木休囚，希望這只是個夢境。結果，當日許多人屏息以待，是有多次小地震，但平安無事。

　　另位沖繩靈能者金城保，曾公開宣稱，2025年4月26日14時58分，東京灣北部將發生規模8.3強震，並伴隨高達30公尺的海嘯，自信預言準確率高達98%，並未真實上演，令各界虛驚一場。預言非事事能應驗，不必過於杞人憂天。

三十二、連續犯案

火雷噬嗑之天雷無妄　丑月壬寅日

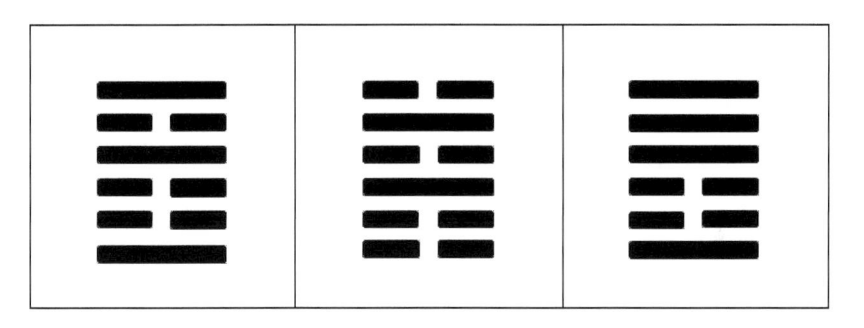

　　2025年1月17日起，一宗連續謀殺婦女案，主嫌為73歲的張男，他涉嫌因財務、感情等糾紛引發殺機，相繼殺害三位七旬老婦。1972年曾結夥2人犯搶奪計程車及強姦女客等罪行，遭逮後判處死刑，二、三審後改判無期徒刑，1997年假釋，出獄後無穩定行業，流連於市區的各大公園，以家境富裕為號召吸引多名女子上當。

　　為何犯案刑獄不斷，名字有何信息？張11劃、XX12劃。主卦噬嗑卦象徵口舌和刑罰，口裡有不吉不順之物，有刑獄之災，曾受軍法審判無期徒刑，後減刑出獄，震木生離火，木火性急容易做不理智之事，互卦水山蹇，艮土剋坎水

為財,財為錢為女,坎水為險,在取財方面就得謹慎,不能違法,而變卦無妄,行為逾矩,就有無妄之災,乾金剋震木為壓力,當震木受到乾金財星誘惑或威脅時,會想除壓,此時離火就會執行任務,為自身利益掃除障礙。離火有如食傷,乾金為官殺,傷官見官禍百端,做出違法之舉,有刑獄之災,和八字的看法一樣。

三十三、未曾有婚姻

澤水困之天水訟　丑月癸巳日

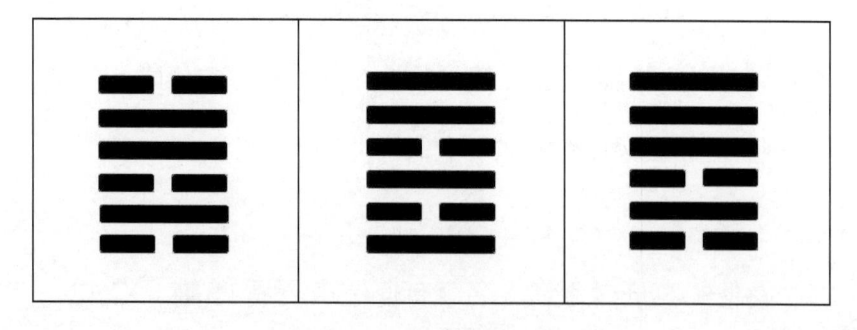

2025.1.24 晚 9:53 團友 Rebecca XXX 問:我單身未曾有過婚姻,前幾年還會對姻緣有些想像,但隨著年紀飛逝,有感

於這一生註定孤獨終老。請教我的晚運以及身體健康？我長得不會太差,大眼睛,鼻子高挺,年輕時有桃花,感覺都不是姻緣桃花,沒有進一步交往。戊午年辛酉月庚子日丁亥時生,大運39丁巳,流年46甲辰。

出生時間卦:主卦澤水困,兌金生坎體為吉,互卦風火家人為吉,變卦乾金生坎體,亦是用生體,差在金氣有入墓之象,坎水體卦不旺,生活沒問題,身體則乾金兌金為肺、氣管,坎為病,巽木洩氣,膽不好,腦神經衰弱睡不好覺,橫看缺老公。六爻:午火官鬼逢空休囚,世持寅財無力,財官皆弱姻緣薄,而八字卻是官星兩重,大運又行夫星官運,沒有交叉驗證,只看八字會困惑其中。

英文網名:Rebecca19劃、XXX10劃,火澤睽之天澤履。

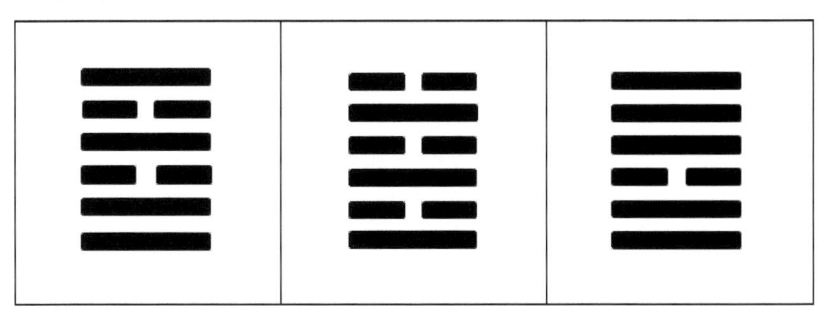

主卦離火剋兌金體卦，女命剋我者為官為夫星，對婚姻有期待，互卦水火既濟，水火相沖，離火休囚無火花，變卦乾金為夫，兌金為缺，缺老公也。以六爻看亦清楚，酉金子孫持世，與二爻卯木官鬼相沖，卯木月破夫緣差，英文名同樣有信息。

三十四、中六合彩

山天大畜之地天泰　子年己卯月

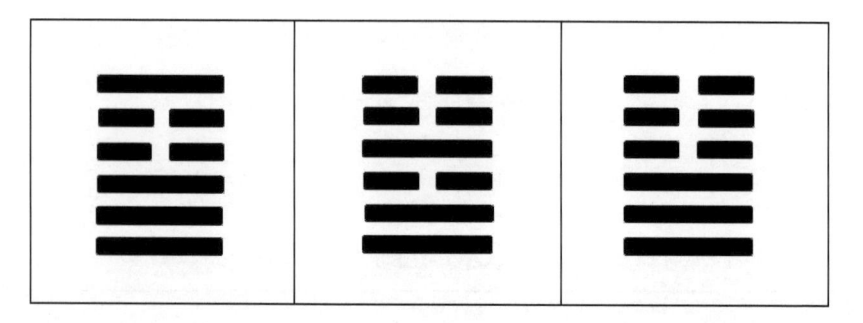

2022.6.23 社團團友問:我小學同學在移民國外後，2020庚子年己卯月中六合彩頭獎。八字全局無印，日主無根，食神無力制殺，就知到他命不好，他從小父母離異，說他媽媽

沈迷賭博，爸爸也有一個家，他自小就到處在不同親戚家住養。然後 2018 年他跑去讀書移民，看不出來他八字為什麼可以在 2020 年突然暴富，是不是 2020 年他食神通根生財？八字:丙寅年癸巳月辛巳日辛卯時，大運 31 丁酉，流年 37 壬寅。

名字李 7 劃、X 昊 17 劃。主卦艮土生乾金體卦為吉，互卦雷澤歸妹，兌金剋震木為吉，變卦坤土生乾體，三卦皆吉，己卯月為乾體之財月卦氣強。

參看六爻卦:五爻子水財爻發動，在庚子財年臨太歲生世爻寅木，身旺財旺也，有福氣就會取到有福澤的名字。相同八字者不會同時中大獎，命運是多元的運氣組合，名字是後天福氣，八字不能改，名字可擇優，網名也行。

三十五、黃定宜追回 4 千萬

雷地豫之坤為地　申月壬子日

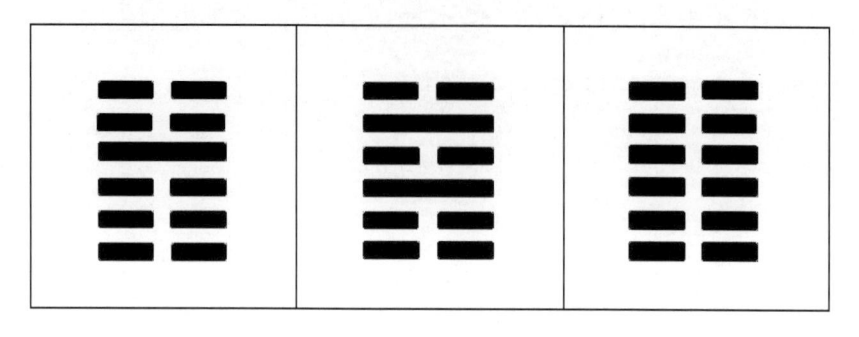

　　一則遭詐騙新聞:黃定宜，三商美邦人壽通訊處經理，是人人稱羨的高收入職場女菁英，聰明、能幹，事業有成，沒想過會跌了這麼大一跤。情感和財務遭到重創，親人冷酷而痛心，人生最低谷的一年。網路交友被騙 4 千萬，戶頭慘剩 15 元、每天餐費僅 100 元，卻在 1 年奇蹟式追回。

　　2021 辛丑年 6 月甲午月，疫情期間網路交友，與自稱香港馬會工作的男子趙志遠相識墜入愛情陷阱,男子自稱書香世家，孝順貼心，興趣相投，每日情話，待事蹟成熟，騙其馬會慈善抽獎中獎 8 千萬台幣，但手續費、稅金、臨時股

東等,需付完後才能領取,期間也向親友借款,2021年8月至12月,共匯10筆4千萬,之後聯絡不上,方知上當。2022年1月,兒子幫助,在香港報案,求助當地律師,需要30萬港幣,2022年7月2日友助,7月4日打官司,2022年12月17日大好消息,凍結帳戶資金600萬,帳戶只進不出,因過年加上警員確診,又延宕2個月,2024卯年寅月丁未日神助,法院判決可拿回4千4百萬元。自述上當原因,離婚單身多年,心靈寂寞,加上疫情上網時間多,加社群,認識朋友,讓詐騙集團有機可乘。

不知道50歲左右的黃女士八字,但她的名字成卦,卻有完整的故事。黃12劃、定宜16劃。主卦雷地豫,震木男子官鬼剋坤土體卦,午月午火通關認識,震為4,震為馬,震木剋坤土體卦,與遭騙4千萬、馬會相關,互卦水山蹇,坎水財生震木遭騙、坤艮比合,艮少男為兒子,剋坎水幫忙追財,離火居中為隱形印星貴人,變卦坤為地比和得助,再清楚一點,上卦坤土的錯卦是乾金,土生金請求協助,乾金

為法院、警察或律師，剋震木詐騙人、集團，又生水財，助坤土追回錢財。

　　再看六爻卦，四爻午馬子孫爻發動剋五爻申金，申金官鬼男子，在五爻道路臨螣蛇有計劃，午動在午月發生認識男子，午化丑土為財為帳戶，申金入丑庫沖世爻未土妻財，午未馬會來生合，冀望錢財，可惜未土在丑年歲破，根本是空想，錢拿不到。為何在丑年午月發生？卦中午火發動化丑土也，太巧了吧！早已寫在名字裡，只動一個爻，可怕的故事展開，離開丑年，寅卯年午火旺生世爻，寅木衝破申金官鬼詐騙，財又回來了。(午火子孫為公安警察，戌土為朋友幫忙，錢財奇蹟般追回，這是自己努力的結果，而五行也好像早有劇本。)

　　2024/03/14 黃女士出版:四千萬跨海詐騙案：奇蹟般追回全額!名字神奇，六爻文字學一書數百實例，梅花易數也有信息，這是八字看不到的故事，也唯有六爻梅易解說姓名故事，能如此鉅細靡遺。

三十六、媽媽的驕傲

2022.4.14 今天下午 4:05，在臉書突見一篇文，媽媽驕傲地貼出女兒的成績，獎狀和禮物，一學期可以領到五張獎狀，上學期還當選模範生。我之所以開心，是第一次見到9年前，為其剖腹生產擇日和取名的女孩模樣，聰慧可愛活潑。我是丁火日元身弱，今天丁酉日高興，4:05 為戊時戊分，食傷星旺是快樂的泉源，無關身強身弱。女孩八字卦象官父興隆利學程，經常名列前茅，當然，基因好，媽媽漂亮有福氣。

名字 X13 劃、XX23 劃，風山漸之水山蹇。

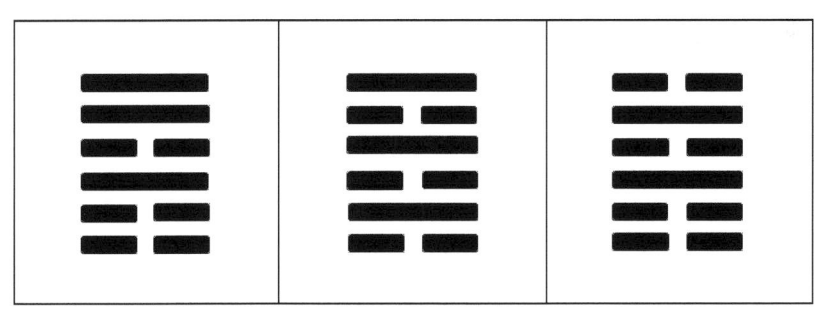

主卦之體卦艮土腳踏實地，巽風為教育、讀書，會鞭策自己努力，巽木媽媽時常關心，將女兒視為掌上明珠，艮為手，離火光明，而互卦火水未濟，30 歲後事業有成，水見

火為財，中年運佳，變卦艮土剋坎水，水為財，晚運吉祥，並注意腎臟、泌尿系統、血壓、腸胃問題。

沒有完美的八字，名字亦然，大運流年都是挑戰，吉凶仍受後天人為的選擇和修養影響，但好的八字和姓名，能提升命運層次，也是不能忽視的。

三十七、武俠泰斗金庸

地火明夷之地山謙　卯月戊子日

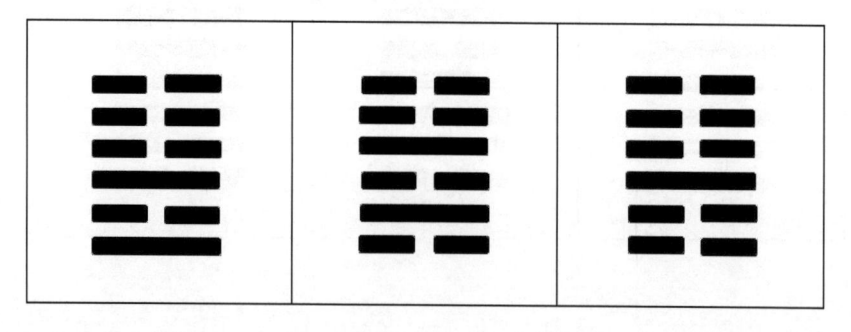

生於1924年3月10日(卯月戊子日)，原名查良鏞，將「鏞」字一分為二，以「金庸」為筆名。是香港作家、媒體

人。1950 年代開始，創作多部膾炙人口的武俠小說，如《射鵰英雄傳》、《神鵰俠侶》、《倚天屠龍記》、《天龍八部》、《笑傲江湖》、《鹿鼎記》等，改編的影視、電玩、漫畫作品達上百部，獲讚有華人的地方，就有金庸的武俠。

金 8 劃、庸 11 劃。主卦離火為文化藝術，木火通明，生坤土體卦，坤土亦主文，多才多藝之象。互卦雷水解，坎水生震木，坎水主智慧為財為險、為美女俠女，震木為功名為武林，是英雄豪傑，震為動為刀光劍影，坤為江湖為群眾，離火為秘笈，隱約可聽到兒女情長的溫柔細語，可看到江湖黑白兩道你爭我奪的較勁畫面，變卦大坎卦，大的驚險劇情，坤土在艮土高山、舞台之上，坤土是讀者、觀眾，與金庸共同陶醉在小說的世界，彷彿是戲中人物。

能描繪出如此想像力豐富的小說情景，令人讚賞、讚嘆，人如其名、名如其人，取名必然有其福澤相隨。

三十八、張無忌九陽神功

離為火之雷火豐

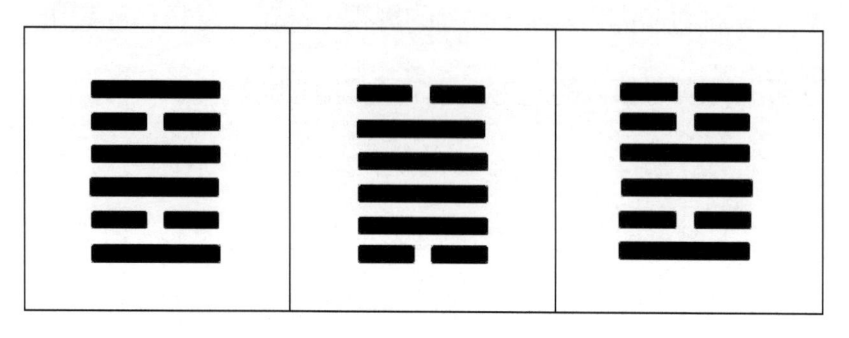

張無忌是金庸武俠小說中的虛構人物,《倚天屠龍記》的男主角。出生後在冰火島過著原始生活,其後隨父母回歸中土。因身中玄冥神掌命危而帶病習醫,忍受寒毒煎熬七年後,在因緣際會下練成九陽神功、乾坤大挪移、太極拳等,是武功絕頂的高手。生性隨和宅心仁厚,精通醫術和藥理,20 歲時便當上明教教主。張 11 劃、無忌 19 劃。

主卦離火比和卦,個性光明有禮,聰明好學悟性高,性急好動。互卦澤風大過,兌金剋巽木,兌金為寒、巽木為風,寒風入體,大過為大坎卦,坎水寒冷,所以,互卦就有他中寒毒之象,水滅火受煎熬,而變卦震木為機緣生離火體卦,

木火旺盛,有此機緣才能學到九陽神功,以陽剋陰,才能驅除寒毒。明教教主就需要此光明之人,小說的劇情要此人成為高手,那麼在取名時就會莫名的配合。

三十九、掃地僧

天水訟之天澤履

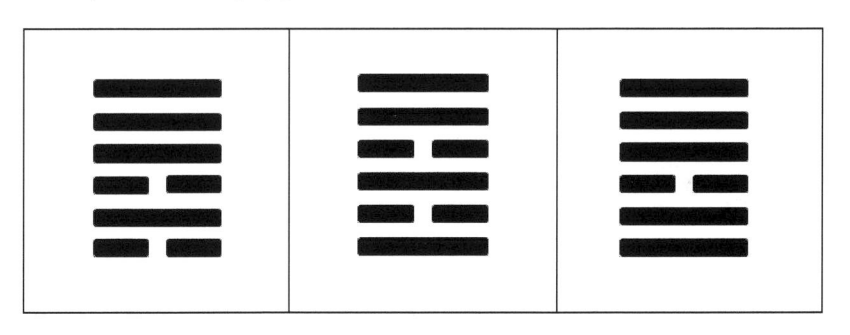

　　少林掃地僧是《天龍八部》中的神秘高僧,四十多年前就隱居於少林寺藏經閣,日常工作是掃地,堪稱金庸系列中最深不可測的人物,武功絕頂。平時掃地僧都會暗自將佛經(大乘妙法蓮華經、雜阿含經)擺在藏經閣的武學旁邊,期盼盜書者能借去參悟。劇情中暗示掃地僧不論在武功還是佛法等修為,皆遠在玄字輩僧人之上。

掃地 17 劃、僧 14 劃。主卦乾金為老者、智者，有卓越武學，乾金生坎水為鋒芒內斂。互卦風火家人，巽為掃帚，帚動氣行，木生離火，能量匯聚內力深厚。乾金為寺院佛堂，巽木為經文，隱居藏經閣，變卦為履，履虎尾，不咥(咬)人，面對情勢險惡，從容應對，行事謹慎之能者。

四十、千千雞肉代言

離為火之雷火豐　子月乙丑日

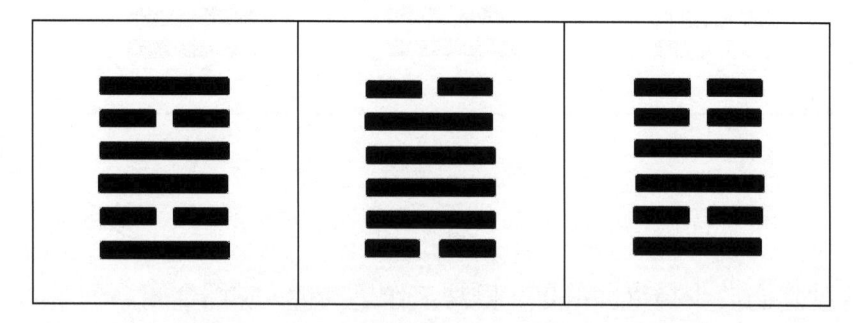

　　今天中午 11:56 妻女聊到量販店的肉品，自從沒有千千百萬美食網紅的代言圖像後，感覺就不好吃了，有漂亮小姐，

肉味道就比較香嗎？好像今年初發現產品上沒有千千圖像，不確定何時開始沒的。

千千為百萬訂閱 YouTuber，以大食量著稱。千3劃、千3劃。主卦離火為文藝、為網紅，火主熱鬧、熱情，會受到網友的喜愛與關注。互卦澤風大過，兌澤為說為代言，巽風為傳播推廣，變卦震木為名聲，生離火體卦，是出名之象，個人名氣高，代言的產品自然受歡迎，提升價值，對代言人而言，則有進益之喜。藝人明星代言產品，味道真的會跟著變嗎？還是心理作用？

四十一、陸劇紅高粱

《紅高粱》2014.10.27(午年戌月辛未日)首播。戴九蓮農曆九月初九生，小名九儿，在1930年代山東土匪橫行，不成材父親將十九歲女兒九儿,許配給患有痲瘋病的酒坊二少爺換 100 大洋。迎娶當日，土匪擄走九儿，抬轎領頭余占鰲

挺身搭救，九儿萌生好感，結婚回門途中被余占鰲截至高粱田內，因互有好感發生關係。

在二少爺過世後，九儿成為酒坊的女掌櫃。後來日本人來此，打破平靜生活，九儿在抗日期間，為掩護重傷的余占鰲撤退，在藏酒處被日軍射殺。劇中九儿如同野高粱一樣，充滿活力，表現出真情和對幸福的追求。

梅易解卦不能只看上下卦的關係，想詮釋完整意涵，需細膩解讀。小名一樣有深層意境。九2劃、儿2劃，兌為澤之水澤節。

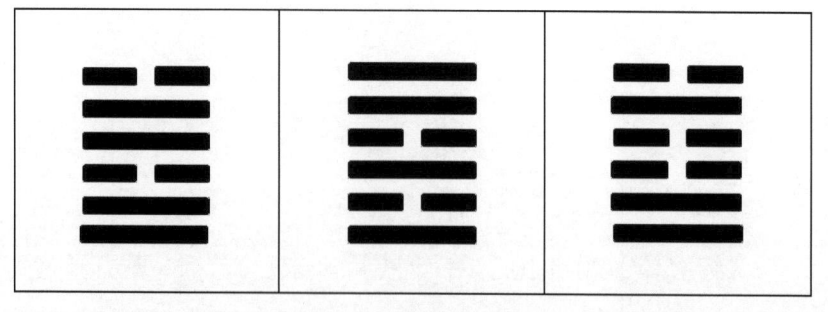

主卦上卦兌金為缺，下卦兌金為財，直讀缺錢，六沖卦家境不佳。上兌為酒水，為酒坊為夫，許配給酒坊二少，兌夫剋用互巽木，巽為風為傳染病，痲瘋病症之象，多發性神

經病、肢體萎縮等。互卦巽為文書，此為釀酒秘方，巽木生離火為官星責任，掌管酒坊，變卦坎水為余占鰲，兌體生坎水，追求自由的幸福，肯為愛人付出奉獻。

四十二、那年花開月正圓

陸劇《那年花开月正圆》2017 年 8 月 30 日(酉年酉月己丑日)首播，由孫儷主演。女主周瑩原先是街頭藝人，被輸光錢財的養父賣到沈家當丫鬟，逃跑時躲進吳家東院大少爺吳聘的轎中，意外成為少奶奶，一開始和丈夫吳聘恩愛甜蜜，卻因命運捉弄，夫英年早逝。周瑩撐起破敗的夫家，憑著聰慧靈巧與寬容，具商業頭腦與經商之道，成功翻轉人生，成為名聞遐邇的女首富。

劇播出後連續 39 天收視冠軍。周 8 劃、瑩 10 劃，地澤臨之山澤損。

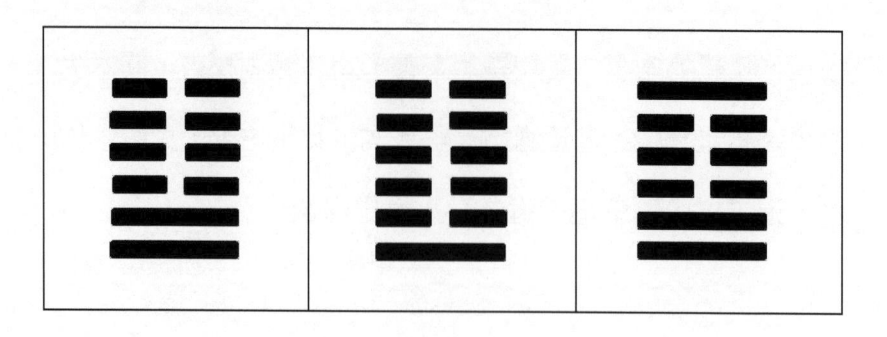

戲劇人物的名字必會融入情節。主卦兌金體卦臨月旺相，兌金為金融人才，能說善道，坤土用卦生之，得眾人幫扶深得人心，坤亦為夫。互卦地雷復，體剋用得財，復為地震卦，行事有大刀闊斧之舉。變卦山澤損，損者損失，犧牲短利，先難後易，心地善良體貼他人，救貧濟災，成功有其緣由，救濟群眾參看互卦。變卦離火居中生艮土，為執愛獨守一生。

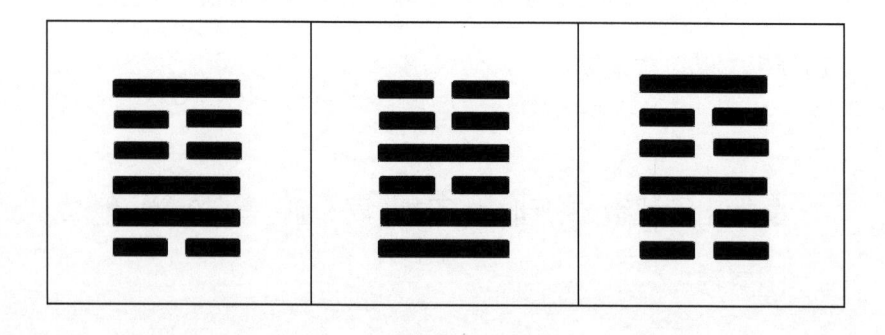

吳 7 劃、聘 13 劃，山風蠱之艮為山。吳聘是吳家東院大少爺，溫文儒雅、仁義慷慨，與周瑩恩愛，十分疼愛妻子，有超強的經商頭腦，因要查賬，遭人在茶裡下毒，於毒發從棗樹上摔落，英年早逝。

　　主卦艮體為獨立、穩重，巽風為生意，巽木剋艮土是經商人才，巽木為妻子，視其為亦師亦友的丈夫。互卦雷澤歸妹，震為功名，身負五品同知官銜，兌金剋震木，兌金為吃喝，震木為茶葉，坎水居中為黑有險，遭人暗害。變卦艮為墳、艮為高，從高處摔下，七竅流血而亡。

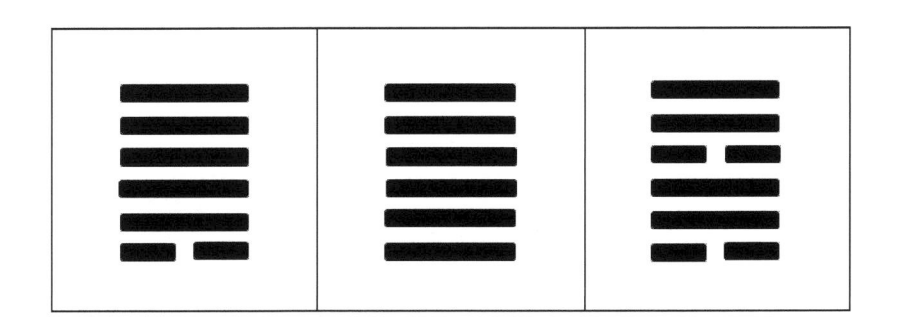

　　柳 9 劃、婉儿 13 劃，天風姤之巽為風。吳家三孀柳婉儿是個貪圖榮華富貴的人，還讓偷情 20 年的初戀情人孫掌

櫃(孫永泉)，幫她從典當行中謀取暴利，當吳聘要查賬時，更唆使孫掌櫃毒害吳聘，並燒掉典當行，最終吳家三嬸柳婉兒的惡行敗露，其夫吳蔚雙情緒激動，手刃妻子後揮刀自刎。

主卦乾金剋巽木體卦，乾金為權為大錢，有個視財如命的心，乾金為其夫，經營典當生意，是有錢的老闆。互卦乾為天，財權圍繞，用互乾金也是偷情的聽話情人孫掌櫃。變卦巽為風應是夫妻兩風相隨，但柳氏做了天理不容的事，五行意涵隨之變化，上巽倒卦為兌刀，夫妻緣盡。

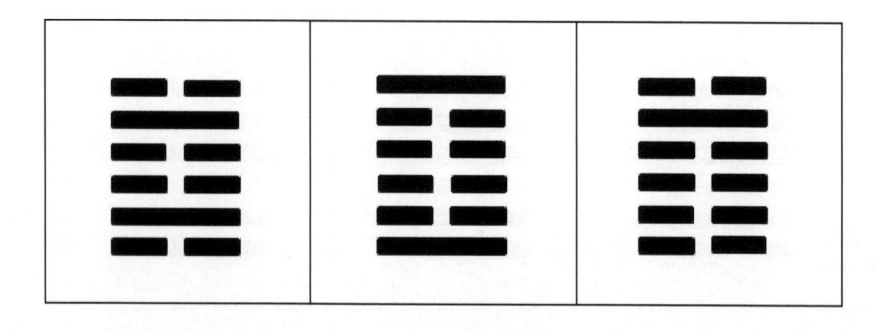

孫 6 劃、永泉 14 劃，坎為水之水地比。從年輕就戀慕表妹柳氏，兩人早就私定終身，為了柳氏侵吞不少典當行的

收益，兩人私下規劃有一天要私奔遠走高飛，但卻被柳氏背叛，意圖置於死地。

主卦坎水比和，坎為情，比翼雙飛，與柳婉儿青梅竹馬。互卦山雷頤，兩人深情擁抱，震木剋艮土，體互孫掌櫃願為柳氏賣命謀利，百依百順，變卦坤土剋坎水，柳氏坤土為小人，利用了他，坎水為毒，最終還想用毒酒殺了他。欲瞭解人性，解讀姓名是最佳利器，欲學好梅花易數，姓名的五行意涵變化，最是精彩。

三原 13 劃、典当行 20 劃，風雷益之風火家人。吳聘調查三原典当行，因帳目眾多，就拖到了第二天，結果當天晚上被孫掌櫃一把火燒了，湮滅證據。

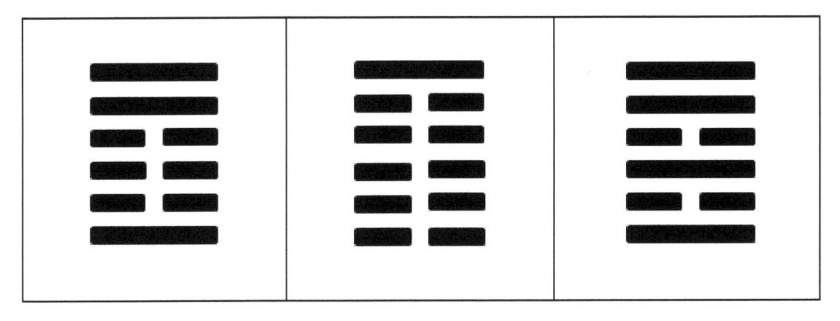

主卦巽風為店家典當生意，震雷為客戶。互卦山地剝，艮坤土比和，坤土為典當物品，艮土為店家估價的借款，是個大艮卦。變卦巽木生離火，火多木焚，店最後遭祝融，取啥名就有啥意涵，不可思議，文字太神了。

　　到底五行有多變幻莫測，考驗讀者的領悟力，有時生非生、剋非剋，生剋不是死板教條，八字亦同，只要能點竅觀念，豁然開朗。名如其人，雖八字信息不少，有時名字更簡捷傳神，一生寫照。

四十三、魔女朴美珍

　　韓劇《魔女》2025年2月15日(寅月乙卯日)首播。面貌姣好、深受許多男生愛慕的女孩「朴美珍」，一直有男生追求，但追求者總會遭遇不測。人們稱其魔女，男生對她告白遭雷劈身亡，一起超過10分鐘，不是下樓扭傷腳，就是差點被機車撞。

朴美珍內心也重創,躲避人群,同校的李東鎮暗戀她,研究原因,最終東震豁出性命告白:我愛妳,朴美珍我愛妳!霎時烏雲密佈雷電交加,幸虧美珍回應:東鎮,我也愛你。隨即烏雲退散,兩人擁抱,魔女勇敢去愛,才是破除詛咒的唯一方法。

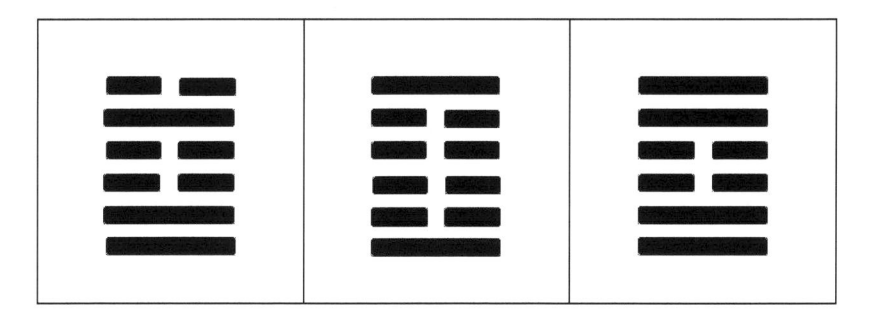

朴 6 劃、美珍 18 劃,水澤節之風澤中孚。翻譯的名字一樣有戲,主卦兌體為少女美珍,兌金魅力吸引著坎水男孩,但男孩卻不敢靠近,互卦山雷頤,體互震木旺相剋艮土,對男子大不利,艮為止會帶來厄運災難,變卦巽風為東震,巽為細心觀察,真誠對待,頤卦為兩人親嘴之象,愛意綿綿看出來了嗎?原來文字意境深遠,每個人的名字都有故事,讀者可以好好解讀自己的,吉凶易辨。

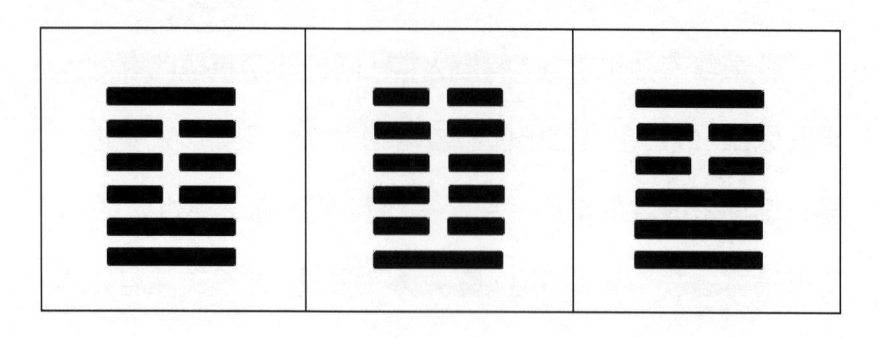

李 7 劃、東鎮 26 劃，山澤損之山天大畜。主卦艮土體卦為東鎮，兌金為少女美珍，損上益下，艮少男愛慕兌少女，互卦地雷復，同樣見到震木旺相剋坤土，靠近美珍會身陷險境，變卦大畜為大的等待、大的積蓄，兌化乾、缺化圓，乾金為圓滿，接受艮土的情愛。

四十四、袁了凡

澤風大過之澤水困　子月己卯日

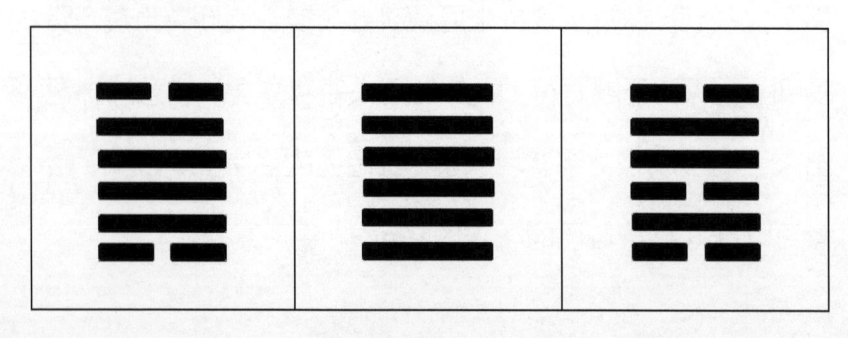

袁是1533癸巳年甲子月己卯日生，依身弱喜火土，45歲後大運入南方火運，功名有之，似乎順應八字走勢，但命局相同者，修為、境遇、成就不會一樣。37歲己巳年遇雲谷禪師，領悟行善積德可改變命運，並改號了凡，名字起了什麼作用呢？

袁10劃、了凡5劃。主卦之巽木為仁慈善良，有惻隱之心，兌金體卦剋巽木即是行善積德，為救世化俗出力，互卦乾為天，乾金為財官能得功名(1586丙戌年官旺登進士)，變卦兌金生坎水智慧，坎中滿陽剛在中，堅持不懈，坎水生巽木，行善不斷一以貫之。巽木為書，兌金剋巽木著書，《了凡四訓》是袁先生給兒子的家訓，為改變命運之鑰，也是一本有益世道人心的善書。

了凡5劃、四訓15劃，風山漸之巽為風。主卦巽風體旺為教育、文書，艮山為艮少男，木剋土正是給兒子的家訓，互卦火水未濟財剋印研讀，變卦巽風為傳播，指引人生要立命、思過、積善、謙德，鼓勵世人進取，掌握命運。

四十五、歌手江蕙

水地比之澤地萃　申月丁酉日

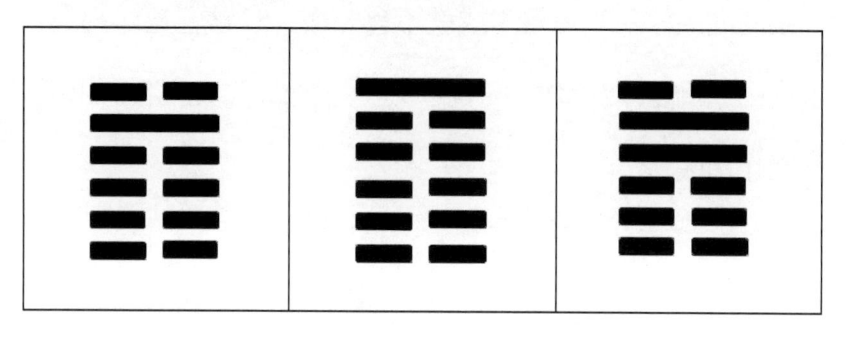

　　台語天后江蕙(本名江叔惠)，封麥9年抗癌，10月5日在台北大巨蛋為國慶晚會獻唱。甲你攬牢牢、家後、甜蜜蜜為其經典歌曲。辛丑年丙申月丁酉日生。

　　江6劃、蕙16劃。卦意好名氣則高，主卦坤體剋坎水為財，但這是大坎卦，早期辛苦，互卦山地剝，一陽領五陰，坤為群眾，黨多有觀眾緣，變卦坤體生兌金，兌金為樂音、歌聲，坤艮聽眾為兌金美聲著迷，土生金付出，再生坎水得財，所以，體生用雖洩氣，但得到欣賞，照樣有名利，今辰年酉月為國慶獻唱，體旺合乎卦意。六爻:2015乙未年罹癌，可能與五爻戌土逢刑有關。

四十六、歌手張清芳

水地比之澤地萃　申月丁酉日

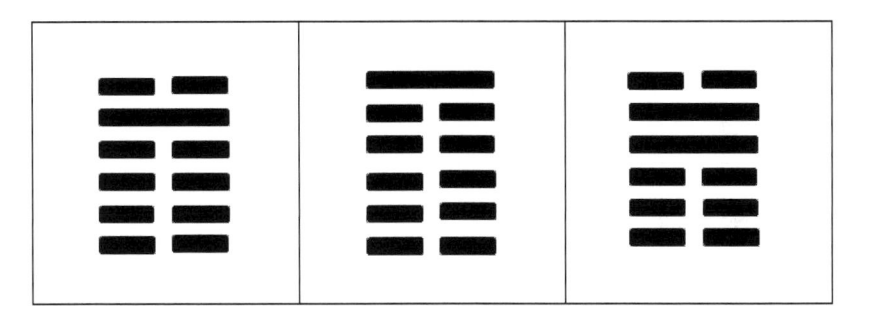

2020 年 6 月 22 日(子年午月申日)聲明離婚。和朋友喝杯咖啡，太久才回家會被老公念，幾乎沒有私人時間，貴婦生活不如想像的美好。2005 乙酉年結婚，去年(己亥年)已協議離婚，據新聞報導，分得 16 億財產(贍養費)。張 11 劃、清芳 19 劃，離為火動六爻。

主卦離為火，上下皆火又六沖不協調，互卦澤風大卦，兌金剋巽木，巽為風喜自由，受限不悅，變卦雷火豐，震木生離火得夫之財。名字有玄機，梅易簡捷，快又清楚。

四十七、富商郭台銘

據報導:郭先生是 1950.10.18 早上 7 點多在慈惠宮出生。庚寅年丙戌月丙戌日壬辰時。郭 11 劃、台銘 19 劃,離為火之雷火豐。

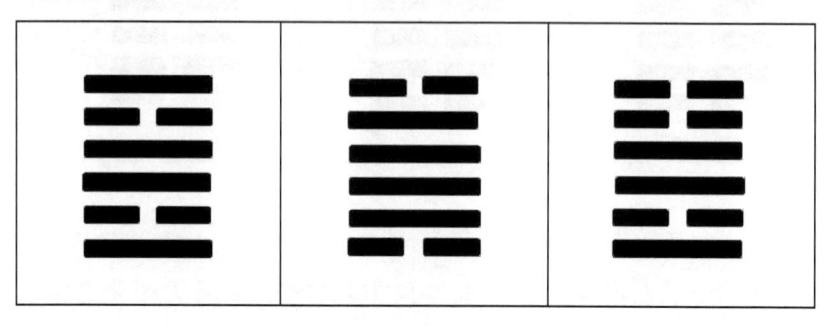

主卦離為火比和為吉,有事業夥伴相扶持,互卦澤風大過,財剋印投資,有賺財的思維,變卦雷火豐,震木生離火大豐收。簡單主互變卦道盡人生路,快捷清楚。

曾 12 劃、馨瑩 35 劃,雷火豐之澤火革。

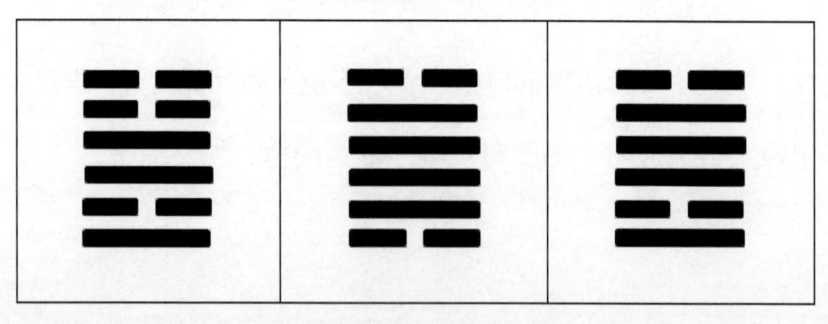

主卦雷火豐，震木生離火體卦為吉，得老公疼惜，震為動、離為藝術，為舞蹈老師，互卦澤風大過，兌金為說、巽木為柔，說話柔和心細，變卦澤火革，離體剋兌金為財，享受榮華富貴。相同八字者，不會同時嫁入豪門，名字不一，福氣有別。

四十八、116歲長壽

2024.10.14(甲戌月辛亥日)新聞報導:高齡116歲的日本奶奶糸岡富子，2024年獲得金氏世界紀錄，成為當今在世最高齡的人類。乳酸飲料和香蕉是她的最愛，這與她的健康長壽相關，百歲後依然會走到1、2公里遠的神社參拜，長壽的人，都有著健壯的雙腿，因腿部是血管老化最開始的地方。糸岡14劃、富子15劃，水山蹇之地山謙。

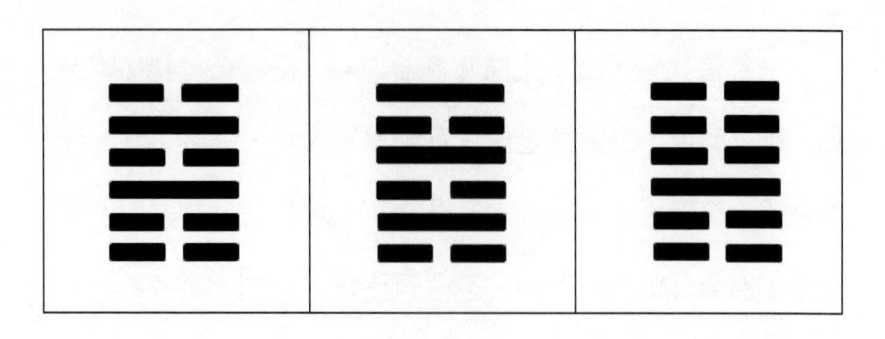

主卦艮土體旺剋坎水為財，山高水遠不畏艱難，互卦火水未濟，離火為艮體的印星，戌土為廟宇，離火入戌庫參拜神社，坎水付出勞力，變卦坤為大地，艮為腿腳，倒卦為震木剋坤土行走，雙腿健壯血液循環好，是長壽之源。

四十九、忠犬帕爾瑪

2021.3.18 在俄羅斯放映的電影《忠犬帕爾瑪》，是一部反映人和狗的溫情故事,劇中牧羊犬被主人因無防疫證明留在機場後，2 年來天天去停機坪等待主人，後來與兒童尼古拉斯交上了朋友，真心關照牠，當主人來接帕爾瑪時，牠選

擇留在尼古拉斯身邊，故事是真實事件，該影片在豆瓣評分 8.1 分，是今年少有的高分影片。

名字對生命的影響力不可思議，2024.10.23 晚上 6 點多在 YT 見此影片，狗名翻譯也行，就有其意涵。帕 8 劃、爾瑪 28 劃，地雷復之山雷頤，卯月乙丑日。

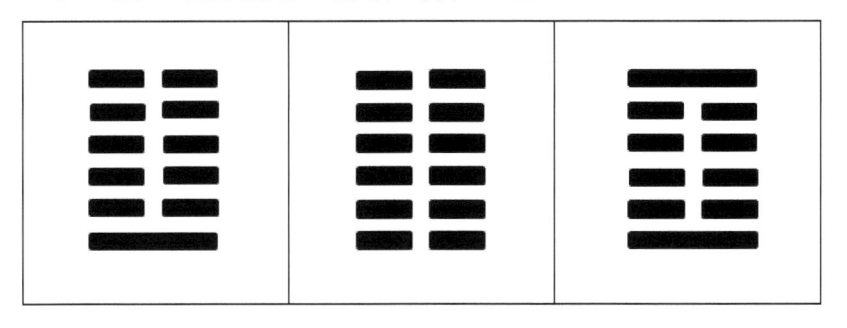

主卦震木體卦是狗，震為動為積極，臨月旺相，剋坤土主人盡忠，丑未(坤)沖動，主人離去，坤為虛象，並沒有真正愛這隻狗，互卦坤土比和，實際是六沖，沒有交集，帕爾瑪等不到主人，變卦艮土為少男，艮為手，震的倒卦是艮，是雙手擁抱的畫面，與艮少男才是麻吉，也是電影最後小孩與狗的鏡頭，山雷頤為大離卦，離火溫馨的寫真場景，厲害了。

五十、關愛治病

今天戌月甲子日中午 1 點多看 YT 刑事偵查影片,一位年輕邱女士有著病態的性慾,父親有錢供她揮霍,在健身房遇見一位想靠女人吃穿的余男,之後余辭職兩人同居,每個月余可拿 8 萬元,剛開始還行,漸漸余吃不消,不敢回家。邱父深知女兒病情,找余訴說女兒 12 歲沒了媽媽,缺少關愛,讓其治療女兒的病,最終余帶著邱看心理醫師,四處旅遊,安撫心靈,使其身心健康,治好了病情。

邱 7 劃、XX22 劃,山水蒙之風水渙。

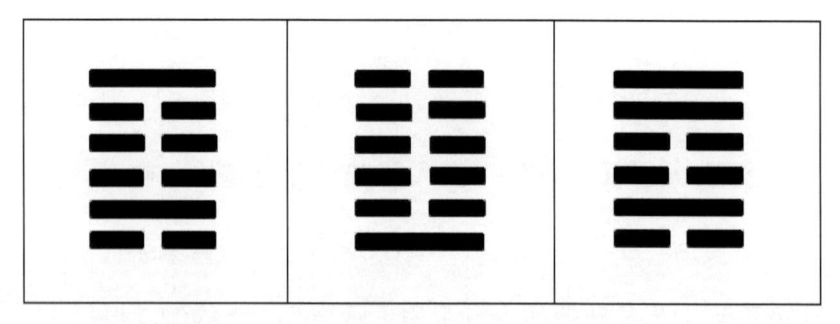

主卦艮土剋坎水體卦,艮為少男精力充沛,坎水體卦為性慾,用剋體不吉,但瞭解了故事,就學到什麼是享受壓力的奇怪心理,明知不好,仍沉醉其中,有如玩電腦遊戲通宵,

有害身體而不知,這是性癮,事後也會莫名痛苦。互卦地雷復,重複行為不滿足,變卦坎水生巽木男友幫助,回剋艮土,去除了壓力,恢復正常。艮土男剋坎水女為財,剛開始男士的想法,只是為了錢財。呼啥名有啥畫面,有八字看不到的戲碼,不可思議。

五十一、義子義母

　　戌月甲子日見 YT 刑事偵查影片,一個鄉下來的年輕小伙子,有天在工地工作,見約 50 歲婦人李 XX 昏倒附近,遂送醫救治,後李婦感謝他,為他找輕鬆倉管工作,又邀其到家同住省房租錢,李婦老公已不在,有 2 子在外地,兩人以義子義母相稱,但日子久了產生質變,變成畸形同居關係,男想成家,李百般阻撓,破壞好幾次婚緣,每每以公佈不倫關係威脅,男遂生殺機,一天凌晨趁李熟睡殺了她,終被警方逮捕悔恨不已。李 7 劃、XX16 劃,山地剝之風地觀。

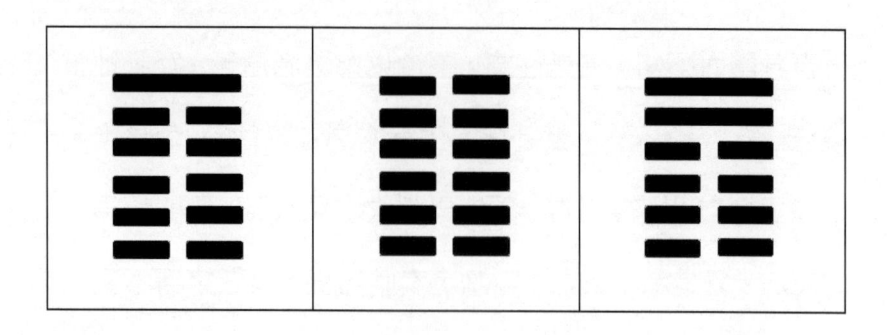

主卦之用卦為艮少男，體卦坤土為老婦自己，艮坤比和母子配，坤似母親般照顧他，最是神奇，互卦坤為地亦是比和形影不離，坤為房同居一室，變卦艮化巽剋坤體，巽主自由，不想再被李婦掌控，木剋土殺了她。名字會顯現重要的人生事件。

五十二、張國煒得遺產

火地晉之天地否　申月己丑日

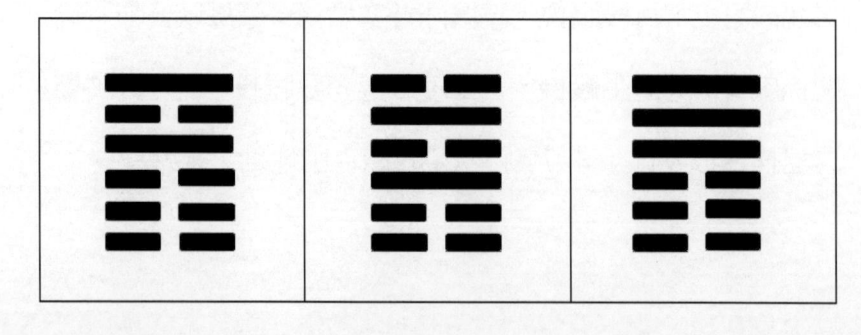

長榮集團創辦人張榮發 2016 年過世前，曾作成密封遺囑由 4 子張國煒接任總裁，繼承 140 億元財產，目前已增值至 200 億元以上，而大房三子提起密封遺囑無效訴訟，纏訟 8 年，最高法院 2024 辰年 8 月 14 日正式判決此遺囑有效。

　　張 11 劃、國煒 24 劃。主卦離火生坤土，小時家境好，聰明學歷高，互卦水山蹇，艮土剋坎水為財，有財可得，變卦乾金為父親，得坤體生助，兒子孝順，得父親疼愛，讓其得遺產。今年辰土年，坤體得太歲扶助，打贏官司得遺產，坤為 8，是否意味 8 年訴訟。變卦乾金為天空為高檔飛機，坤土生乾金，從小喜歡飛機，航空事業為其所愛。

　　卦中很微妙的五行變化，張國煒得父喜愛是一回事，但如何看出遺產是留給他的呢？請讀者思量。梅易姓名學可領悟人生哲理，卦例俯拾皆是，焉能不看透人生？名字與八字一樣重要。

五十三、奢華無度

今天酉月丁酉日見 YT 視頻，說民初盛恩頤的故事，父為中國實業之父盛宣懷，含著金湯匙出生，繼承父親龐大家產，幾輩子用不完，他擁有 10 幾個老婆，10 多年敗光，曾一夜輸掉上海一百多棟房子，沉溺賭博，奢華無度，酷愛養馬(離火午馬)，曾有多達 75 匹馬，晚年落得一個淒慘的結局。(1892 壬辰年辛亥月丙午日生。)

盛恩頤在家排行第四(前 3 子夭折)，人稱盛老四，4 就當成自己的專屬數字，但凡與 4 相關東西都會用上，最愛的汽車車牌也用上「4444」。

盛 11 劃、恩頤 26 劃，火澤睽之火水未濟。

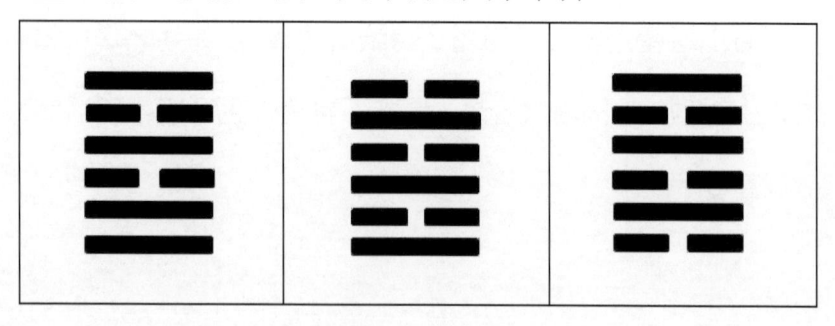

主卦之離火體卦剋兌金為妻財,含金湯匙出生,互卦水火既濟,坎為險剋離火,兄弟有災劫,離火為午馬,坎剋離喜養馬,以兌金為源揮霍,變卦坎水滅離火,晚年辛苦落魄結束。卦意簡捷清楚,取名須謹慎也!

車牌 4444:

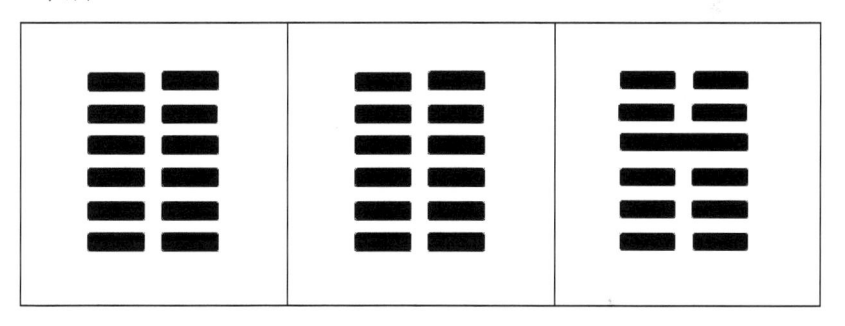

主互卦坤為地比和順利,坤土為房產,變卦雷地豫,亥水財星臨月,震木剋坤土大不吉,大坎大險。號碼不是喜歡就適合,選錯號碼,吉凶可能順著卦意走。

五十四、花木蘭巾幗英雄

地天泰之地澤臨　申月庚戌日

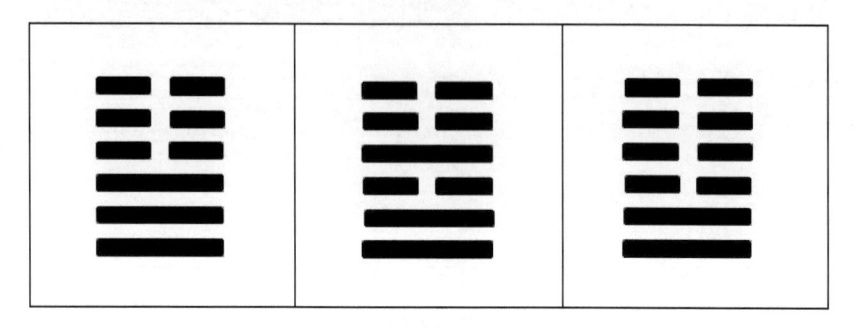

電影《花木蘭》2020 庚子年 9 月 4 日上映，女子代父從軍的故事。花 8 劃坤卦、木蘭 25 劃乾卦，動 3 爻。

主卦地天泰，坤體為木蘭，乾金為父為軍隊，坤土生金有孝心，代父征戰，乾變兌，下卦兌為缺，父親腿上有疾病。互卦雷澤歸妹，震雷為動，兌澤為刀，動刀侵略，坤為疆土，震敵剋坤，坤握乾金有肅殺之氣，執正義之劍抵禦。變卦地澤臨，坤為柔，廣披恩澤，親臨親為，坤土生兌金，喜出心力助人，對家庭、國家肯奉獻。看名字知性情，能反映生活實況，鐵血柔情女漢子。

五十五、壽山石屏風

水山蹇之水地比　未月丁卯日

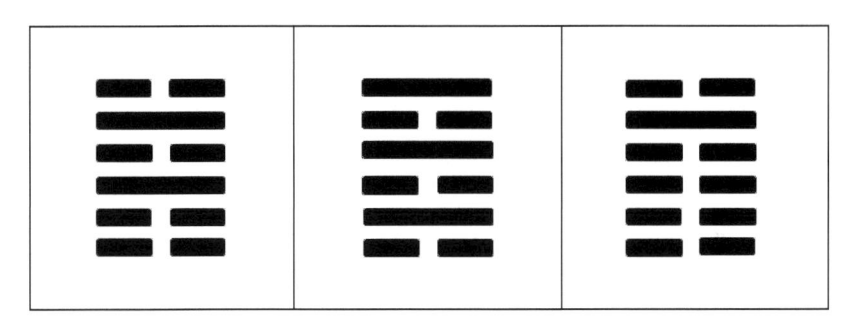

　　同命盤者成千上萬，富貴不一，八字學得再好，個別機緣和福氣是算不出來的。名字信息豐富。網路新聞:纪汉涛先生(未月丁卯日生)2013癸巳年收藏到世界最大壽山石屏風《秋山万水白鹤满堂》，價值不斐，與之共盤者，哪有此機緣呢？

　　纪6劃、汉涛15劃，水山蹇、動三爻。主卦水山蹇，艮為山石為屏風，坎為水，有山有水。互卦火水未濟，離火為文物，坎水為同好，變卦水地比，坎水為體、坤土為用，

水土交融，坤為貯藏，有收藏嗜好。用剋體不全是凶，想想他何年有機會賣出獲利呢？

　　六爻:世持申金身旺，2013巳年沖出福神亥水，與卯財、未父形成亥卯未三合財局，未土為壽山石帶財，2014午年未月申日頒證，午火官鬼合未土父母，是官方認證也。卦象有合財信息，未土有價值，這就是有財的名字，同命盤不同姓名，名字成卦有趣，婚姻事業暗藏，是另一個福份的觀察點，如果一直覺得財氣不佳，檢視姓名有必要。

五十六、樂觀的廖智

水雷屯之水澤節　巳月壬子日

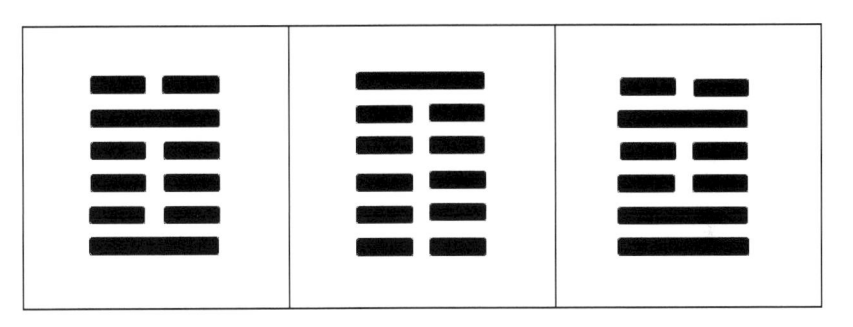

1985年生的廖智，原是一名舞蹈老師，在汶川大地震，2008戊子年巳月壬子日14(未)時28(申)分，失去雙腿、女兒，而後離婚，多重打擊。廖智樂觀面對，在2013年，認識從事假肢行業的先生，2014年5月31日結婚，重獲幸福，擁抱生命的美麗。她說：「只要你有明天，就有無限可能，不用一直注視過去。」2014年出版《廖智：感謝生活的美意》，2023年出版《活着，像光和鹽一樣》。

廖14劃、智12劃，水雷屯動2爻。主卦水雷屯，坎水流、震雷動，震為足，身子舞動，曼妙如水波。水生震木，

體生用，為家庭美滿付出，震木為第一任老公。互卦山地剝，剝者剝落，地震卦，婚姻如是觀。變卦水澤節，兌澤為金，剋主卦震木，兌金為手術刀，剋震足為截肢。兌金生坎水，第二任老公愛她。一個人為何會樂觀？原來是名字賦予了喜悅的能量，取名重要。

六爻：世持二爻寅木，子孫動化進神，木動為足為舞蹈，樂觀進取，地震時，巳月合動申金剋寅木，寅巳申三刑，刑者傷也，未時申分，寅木為腳受剋傷重。辰、戌土官鬼夫星兩重，二婚之象，初婚辰土，在 2014 甲午財年，寅午戌三合財局再婚，名字神妙也！

八字看不到的人生，坎坷或平順，名字有記載、常玩味感慨多。同名者，不一定會發生同樣的事，而五行會依卦意，在適當環境下引動。

五十七、連嫁三夫

山天大畜之山火賁　未月辛亥日

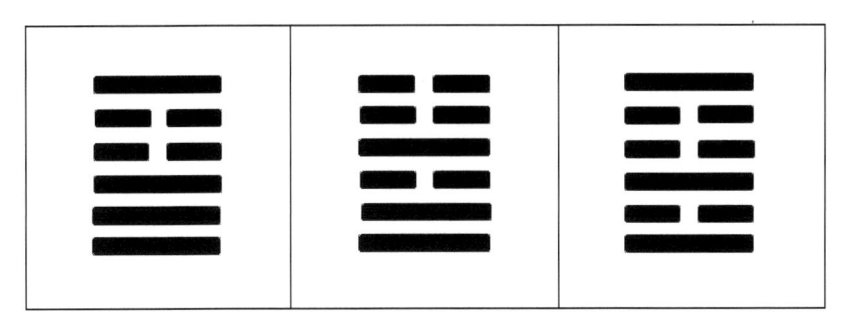

台灣風雲影集，"請鬼救夫"，女主潘心愛連嫁三夫亡，得萬千財產。13年前，潘不小心踢倒門前煎藥罐子，導致林阿枝小孩因發燒，無藥醫身亡，怨恨詛咒，欲使潘小姐無夫無子，歷經波折，最後釋懷。

潘15劃、心愛17劃，未月辛亥日(2020.7.7)播出。主卦山天大畜，艮為體，乾金為夫，土生金愛夫，互卦雷澤歸妹，兌剋震缺長子，變卦山火賁，乾金化離火，夫星受剋有災，離火生艮土得夫財。所嫁之夫皆富有、早亡，不可思議。能嫁有錢的老公嗎？名字有跡可循。

五十八、摔傷長不高

雷天大壯之雷風恒

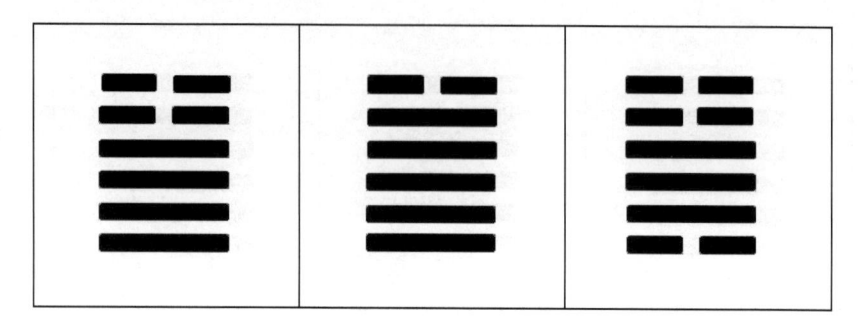

大陸節目"當幸福來敲門"，一女子 30 多歲，4 歲左右跌落小坡，腿傷長不高 1.25 米，2 段婚姻，沒有八字，名字藏玄機。

王 4 劃震卦、X9 劃乾卦。主卦雷天大壯，震 4 為足，4 歲金剋木摔傷腳長不高。乾金是第一個丈夫，乾金高剋木，生產時，夫不拿錢不照顧，因而離婚，互卦澤天夬，金旺不利體卦，生活有缺困頓多，變卦雷風恒，巽為風是第二個丈夫，木主神經、四肢，小時發高燒小兒麻痺，身高也是 1.25 米，雷風相薄，相助益其势，育一子恩愛美滿。

五十九、至聖先師孔子

雷火豐之雷山小過

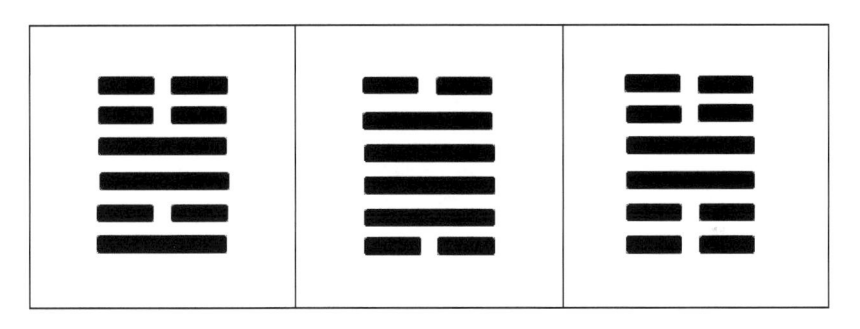

孔子倡導有教無類及因材施教,是私人講學的先驅和代表,後人尊為「萬世師表」及「至聖先師」。

孔 4 劃、子 3 劃。主卦雷火豐,離火學術文明之象,木生火奉獻心力,互卦澤風大過,兌為說、巽為書,說書講學也,為大坎卦大智慧也,變卦雷山小過,山上打雷,艮為子孫學生受益,學術成就非凡。

六十、五百斤金子

風天小畜之乾為天

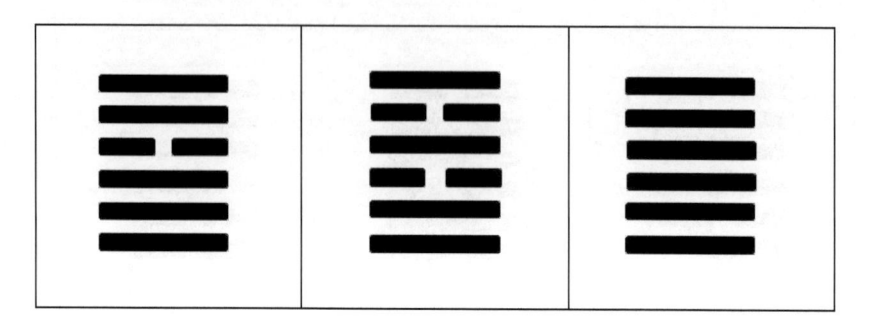

魏晉南北朝時代，有個人叫隗炤，在去世前，把畫了圖的一塊木板交待給妻子，說我死了之後，我們家裡會窮困不堪，到時千萬別把宅子賣了，再過五個年頭的春天，會有一個詔使(官員職位)路過，到時會在咱們家邊上的亭裡歇腳，他姓龔，這個人欠我不少金子。到時拿著這塊木板找他要帳。死後，果然他家一貧如洗，妻子想把宅子賣掉，可一想到丈夫的話就打住了。

五年之後的春天裡，果然有一個姓龔的使者到驛亭住宿，她拿著那塊板子討債。龔使者摸不著頭腦，她告知夫善於易經，於是龔取出蓍(施)草根據板畫起卦，你們有五百斤金子

裝在一個青色的瓮裡，一個銅盤子蓋著口，埋在你們家堂屋東頭。隗妻回家一挖，果然挖出來了那一瓮金子!

隗13劃、炤9劃。主卦風天小畜，乾金能力強，剋巽木妻子為財，巽序數 5，上下讀卦 500 斤金子，互卦火澤睽，兌為說，離火剋兌金開不了口，隱藏之象，隗炤無福享用。變卦乾為天，上卦乾金為詔使官員(姓龔，乾金為龍)，幫助巽木妻子得財。黃金真有五百斤，裝在青色(巽)瓮裡，一個銅盤蓋著，看主卦山天大畜之卦象形狀。

財福居然暗喻在名字中,快看看您的名字有黃金嗎？破解姓名奧妙，梅花易數堪稱一絕，寫這個小說故事的作者，應不會事先知道隗炤二字有何神妙之處，恰巧我對文字拆解有濃厚興致。

六爻:四爻未土妻財發動，化午火子孫回頭生，妻子得財之象，酉金官鬼官員伏藏三爻辰土旁，辰酉合，辰亦為龍，官員姓龔，五行是不是很神妙？

六十一、淚揭傷疤

火天大有之雷天大壯

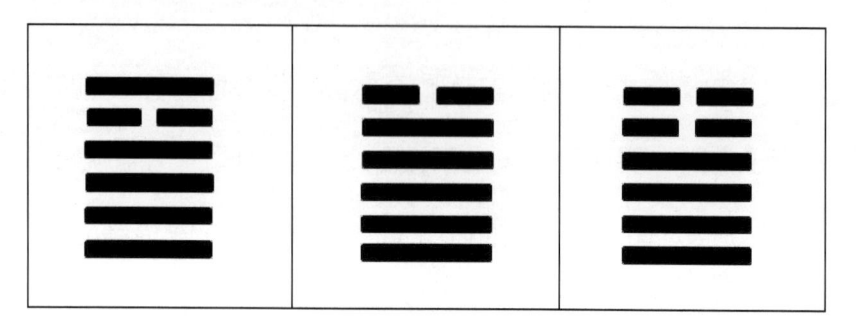

　　歌手張 XX 受訪淚揭傷疤，20 歲出道後，收入都交媽媽，卻捲走她上億存款，打拚歸零。八字相同者都當歌手、與媽媽有錢財糾結嗎？不可能，但會有類似情節。

　　張 11 劃，XX 25 劃。主卦火天大有，離火剋乾金體卦，少年辛苦，有媽媽的壓力，互卦澤天夬，兌為說唱，是優秀的名歌手，名利雙收，變卦雷天大壯，乾金剋震木為財，演藝事業賺錢，財卻叛逃，看出原因了嗎？財要自己掌控。因被渣男傷害過，恐懼愛情，她說單身一個人挺好，對婚姻沒有期待，離火為對象，試想乾金會喜歡火煉嗎？

六十二、官司訴訟

天水訟之天澤履　午月子日

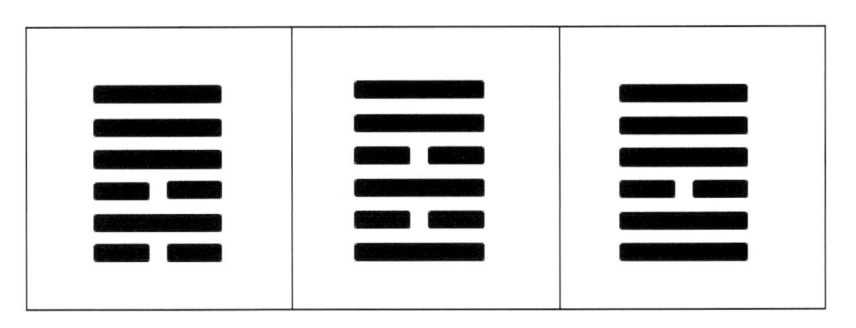

　　謝某涉台南雙屍案，遭羈押 19 年，經高院再審無罪。謝 17 劃、XX14 劃，天水訟動初爻，訟乃訴訟、官司之象。在 2000 年 6 月 23 日(辰年午月子日)，謝某涉嫌與友人殺害一名 18 歲女子，後得人權團體營救，庚子年還自由之身。

　　名字相同者，生辰不一，命運未必如此，還有環境外因，言行謹慎。主卦天水訟主官司，午月乾體受剋有官符，互卦風火家人，巽木為財生離火，因財女惹禍，變卦天澤履比和，兌澤為律師、人權團體助之，子年離火熄，乾金得自由而出獄。名字竟然有五行操作的痕跡。

六十三、國際詐騙

風天小畜之風火家人　子月丁巳日

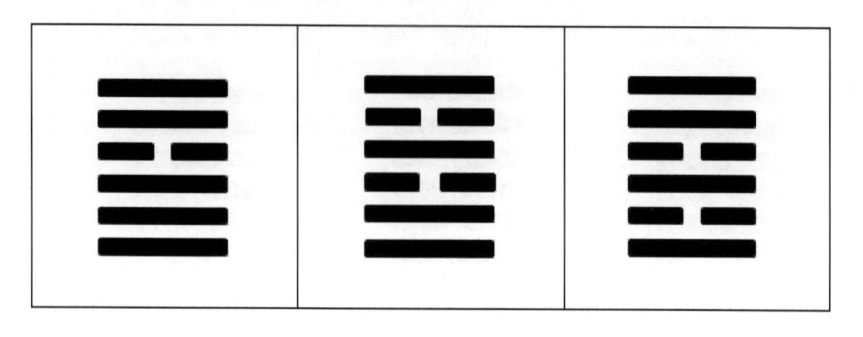

2024.12.19 財委會立委質詢:西班牙籍奧姓男子，在義大利詐騙3000萬歐元約10.5億台幣，居然來台並在銀戶開戶、開餐廳，銀行到底有沒有落實KYC(認識你的客戶)，金管會證實，該名詐騙男在8家銀行開戶，並擔任公司戶負責人或本人開戶。10.20移民署已遣送出國。

奧13劃、XX25劃:主卦巽風體卦為生意為騙，乾金為大錢，互卦火澤睽，體剋用獲取兌金錢財，變卦巽木洩氣，終將被揭穿。洩氣是好還是壞呢？依所面對的環境，意涵不一，有好有壞，譬如助人為善，是吉或凶呢？

K3劃、YC4劃，認識你的客戶:火雷噬嗑之火地晉。

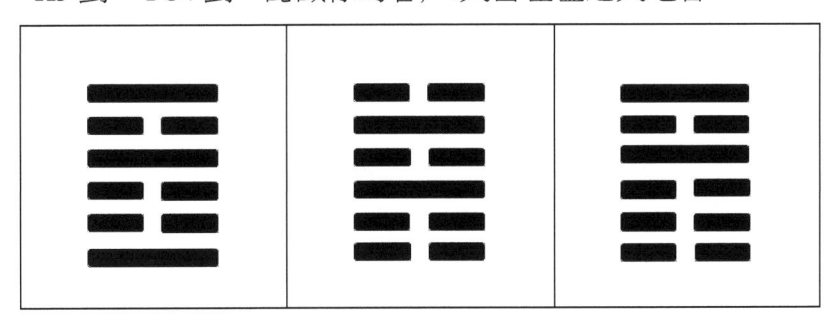

　　主卦震木為客戶生離火體卦為吉，互卦水山蹇開戶，變卦離火生坤土群眾，主動認識客戶，進行背景調查。主互變三部曲簡捷，解卦需要豐富聯想力，如互卦意涵是開戶，為何？

六十四、婚姻騙局

山地剝之風地觀　丑月丁酉日

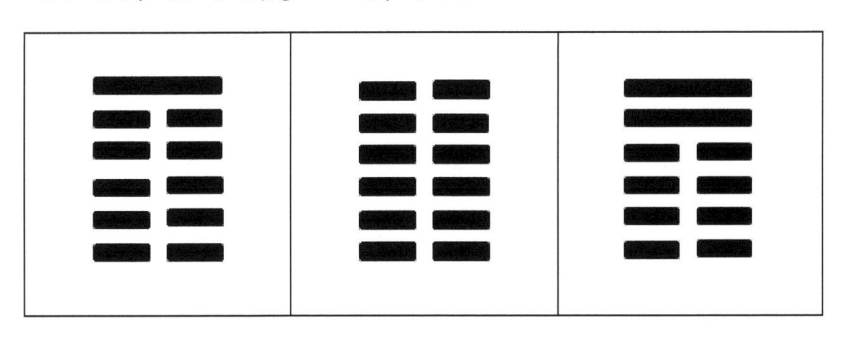

苏XX丁酉日生，是大陸軟體工程師。2017年3月30日，在婚戀交友網站結識翟女，隔日女方說願意為蘇生寶寶，6月7日結婚，但42天後，7月18日離婚。

苏結婚前後為翟買房、車、鑽戒、皮包等共計1100至1300多萬。2017年9月7號凌晨5點許從家中15樓跳樓自殺。在遺書中稱自己不堪女方威脅並索要1000萬元和房產，且女方隱瞞了自己的婚史。2018年，苏家屬提民事訴訟，撤銷翟女近千萬贈與，2023年法院做出有利苏家判決。

苏7劃、XX16劃。主卦山地剝，艮土用卦與坤土體卦比和，但艮坤原本方位對沖，非完美比和，艮硬坤柔，男主個性上吃虧，互卦坤土比和，變卦是結果，巽風為說謊為騙，剋坤體不吉，2017年3月30日(丁酉年癸卯月丙辰日)結識翟女，即是巽木的旺月。戊申月丁酉日癸卯時跳樓自殺，金氣太旺洩坤土體卦太過，艮7坤8為15，山地剝15樓跳下，名字暗藏婚姻陷阱，太令人驚訝了。六爻:寅卯妻財日月破，是絕望時。

六十五、JOHN WICK 殺神

天火同人之乾為天　戌月丁巳日

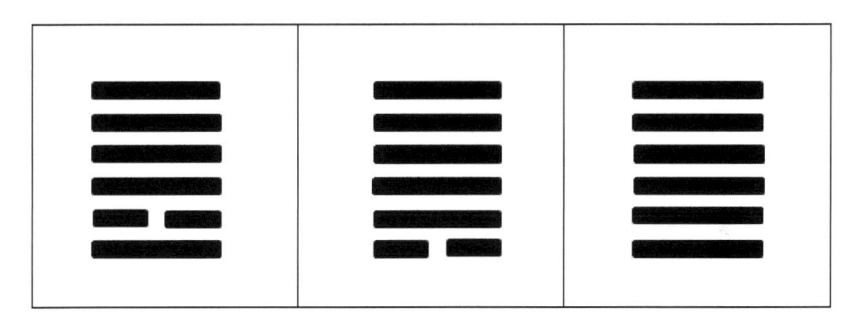

　　《捍衛任務》(John Wick)是一部 2014 年 10 月 13 日(甲午年戌月丁巳日)美國新黑色動作驚悚片，男由基努·李維主演。故事敘述一位退休的殺手約翰·維克，基於愛犬被殺害而展開的復仇之路。接下來有多部精彩續集，戰鬥力十足。

　　JOHN 9 劃、WICK11 劃。主卦天火同人，乾金體卦剛健有頭腦，具肅殺之氣，月生旺相氣場強大，離火用卦為剋傷體卦的人物、組織，互卦天風姤，乾金剋巽木，有仇必報，變卦乾為天六沖卦，積極與敵人抗衡，永不妥協，隨時準備開戰。乾卦內藏戌土小狗，是妻子留給他做伴的**寵物**。

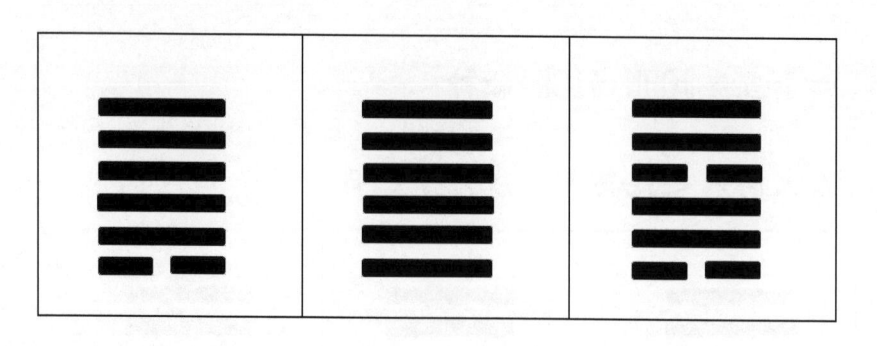

如果用譯名來看，約翰 25 劃、維克 21 劃。主卦天風姤，巽風仁慈在內卦，乾金剛烈於外卦，外剛內柔，乾金剋巽木，巽體具備乾金特質，互卦乾為天，絕不服軟，變卦巽為風，溫文儒雅歸於平淡，但長風相隨吹拂不斷，隨時起風，運勢跌宕。變卦之互卦火澤睽，睽乃叛逆、背離凶象，火剋金意見不合，爭鬥、不協調，易犯小人也。

第四章 文字梅易

一、佛

```
▬▬ ▬▬        ▬▬ ▬▬        ▬▬ ▬▬
▬▬▬▬▬        ▬▬▬▬▬        ▬▬▬▬▬
▬▬▬▬▬        ▬▬▬▬▬        ▬▬▬▬▬
▬▬▬▬▬        ▬▬▬▬▬        ▬▬▬▬▬
▬▬▬▬▬        ▬▬ ▬▬        ▬▬▬▬▬
▬▬ ▬▬        ▬▬▬▬▬        ▬▬▬▬▬
```

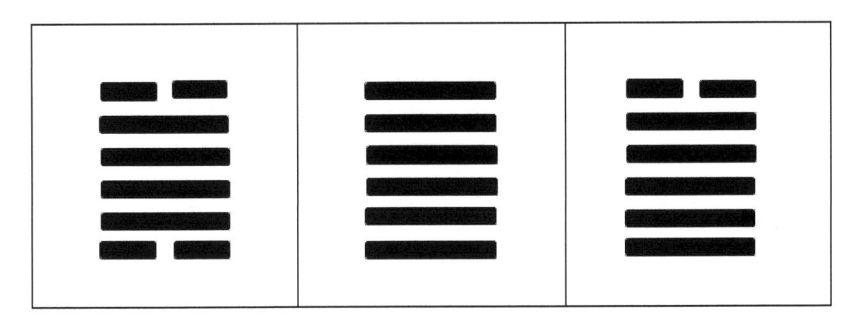

　　佛:左邊 2 劃,右邊 5 劃。主卦澤風大過,兌金為澤,一陰在上、二陽在下,為向上發展,開竅開悟之象,巽木為道,金剋木修行,大坎卦主大智慧。

　　互卦乾為天,剛健、自強不息,福慧圓滿,為德行高之智者、聖者。變卦澤天夬,夬為果斷,乾為大,有大的自覺,從苦和煩惱中解脫,是個大兌卦,主大的喜悅,頭上放光,光明之象。

二、觀世音菩薩

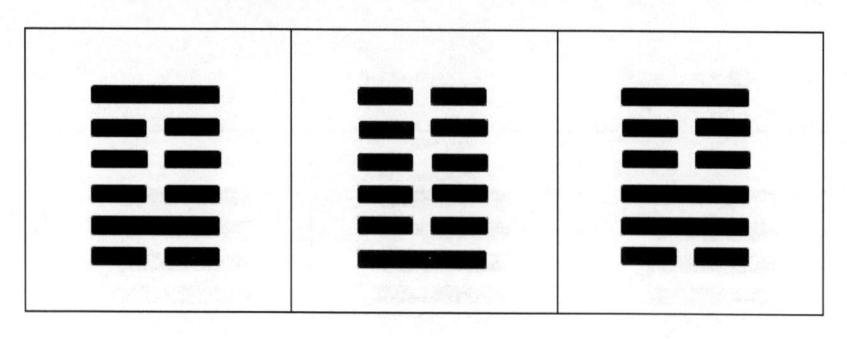

　　觀世音 39 劃，菩薩 30 劃。主卦山水蒙，蒙者啟蒙、教育，艮山高為佛，為觀世音菩薩，艮為手，艮克坎，手持淨瓶，瓶中的甘露水，可以消除人們的煩惱。

　　互卦地雷復，坤為眾，震為聲響，震木剋坤土是眾生痛苦聲，大震卦克艮，觀世音聞聲救苦，坎水主智慧，水生震木給予滋養教化。

　　變卦山風蠱，艮為手，巽風為木為楊柳枝，手拿柳枝柔軟，木主仁，象徵觀音菩薩大慈大悲，為眾生消災去病，巽為道，行菩薩道渡眾生。

三、天道酬勤

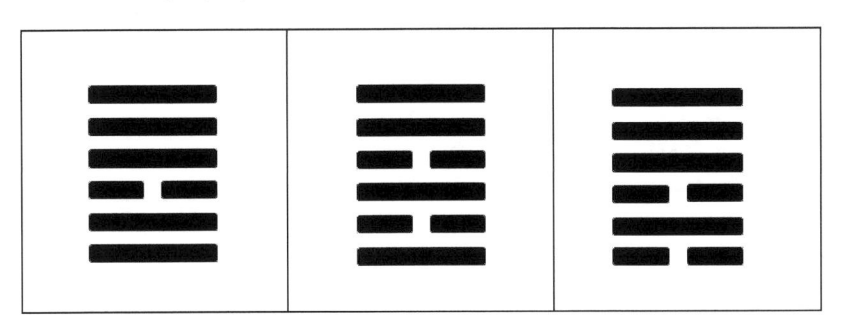

　　天道 17 劃，酬勤 26 劃。主卦天澤履，體卦乾為天為老天爺，兌為缺為不足，人皆有缺點不圓滿，履是履行，須行進而不停留。

　　互卦風火家人，巽風加強離火之勢，離火剋兌金，壓力重重，兌金須接受考驗，勤奮不畏勞苦。

　　變卦天水訟，上乾為天，有錢有權，乾金生坎水，坎水歷經磨練、努力，最終老天垂愛，必有所獲。

四、有錢真好

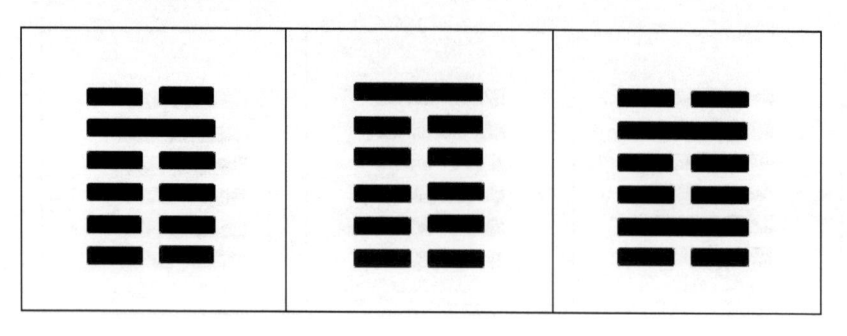

```
▬▬ ▬▬        ▬▬ ▬▬        ▬▬ ▬▬
▬▬ ▬▬        ▬▬▬▬▬        ▬▬ ▬▬
▬▬▬▬▬        ▬▬ ▬▬        ▬▬▬▬▬
▬▬ ▬▬        ▬▬ ▬▬        ▬▬ ▬▬
▬▬ ▬▬        ▬▬ ▬▬        ▬▬▬▬▬
▬▬ ▬▬        ▬▬ ▬▬        ▬▬ ▬▬
```

有錢 22 劃、真好 16 劃。主卦水地比， 坎水為憂象，水主財，坤土剋坎水，受困之象。

互卦山地剝，剝卦上下皆土比和，為大艮卦，大土剋水，賺錢過程艱辛。

變卦坎為水，雙坎水彎曲為陷，生活不如意，上下皆坎為大水，窮怕了，憂心忡忡，而二至五爻為離火為心，火是水的財，嚮往錢財，滿心羨慕、期待。

五、鐵公雞

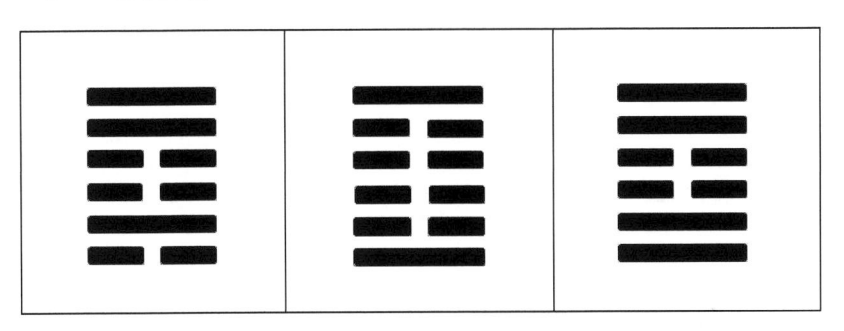

鐵 21 劃、公雞 22 劃。主卦風水渙，巽木體卦為風為雞，下坎水為中男，公雞也。

互卦山雷頤，艮山為巽之財，我剋為財，震木是巽木之比劫朋友，木剋土來要錢。

變卦風澤中孚，巽風為雞，兌澤為金屬，是鐵公雞，金剋木是對金的執著，錢抱緊緊不放，兌金剋震木拒絕也。

六、我愛妳

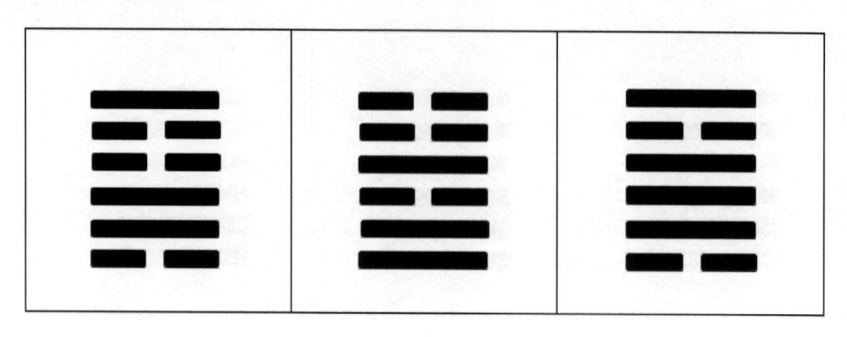

我 7 劃，愛妳 21 劃。主卦山風蠱，艮為大山，高高在上，巽風為柔，溫情攻勢，艮山為大石，風無孔不入，細心呵護，讓對方知道真心。

互卦雷澤歸妹，兌澤為說為悅，因喜悅而動，兌金剋震木，震木剋艮土，打動對方，付諸行動。

變卦火風鼎，巽木生離火，木生火旺，表現熱情，全力以赴，讓愛情滋長，漸漸擄獲芳心。

七、你騙我

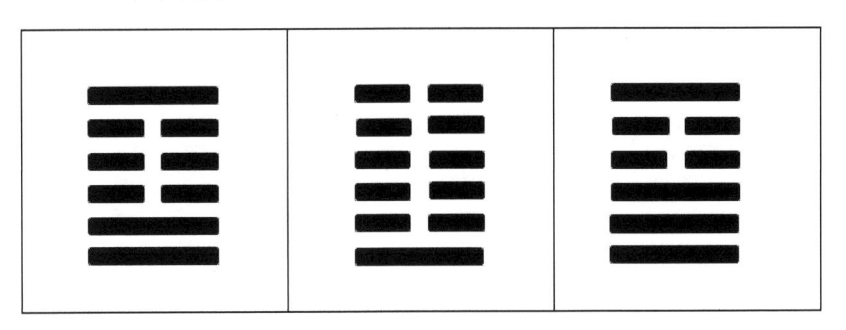

你7劃，騙我26劃。主卦山澤損，艮為山，兌澤為缺口，山下有口盜洩其力，艮體付出損耗而無回報，又兌之倒卦為巽，巽為騙，體受騙也。

互卦地雷復，地下有雷，震木剋坤土，先前施惠於人，卻遭反噬、打擊，為一大震木，對艮體不利。

變卦山天大畜，艮山為寶庫，乾為天為大，艮土生乾金洩氣大耗損，無奈之象。

八、中大獎

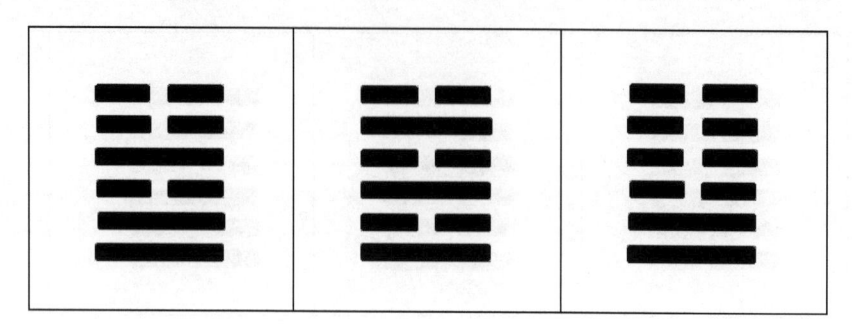

中 4 劃，大獎 18 劃。主卦雷澤歸妹，兌體為金，震木為動為財，內心為財而動有期待。

互卦水火既濟，既濟為亨通，水上火下各得其位，所求成功，但水火畢竟相激，非長久之象，中大獎可遇不可求，偶而有也。

變卦地澤臨，上坤為順，下澤為喜，臨是來到，坤土生兌金，財氣豐盈，大兌卦中大獎大喜之象。

九、哈巴狗

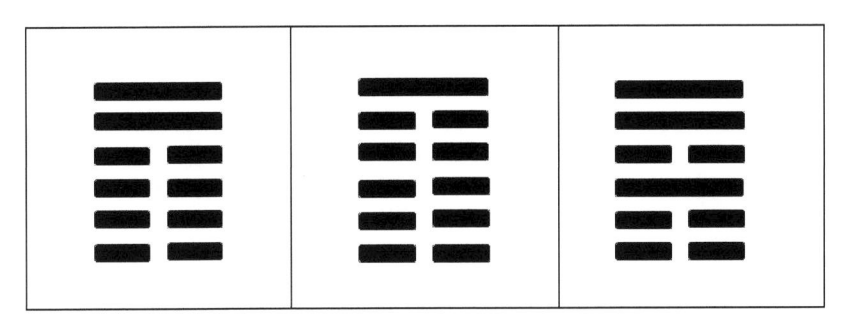

　　哈巴 13 劃，狗 8 劃。主卦風地觀，哈巴狗是可愛，供玩賞的狗，也有貶意，隨聲附和，搖尾討喜。主卦風地觀，巽風為跑動，坤為地，到處奔走觀看，巽長為尾巴。

　　互卦山地剝，艮山為巽之財，我剋為財，大艮為大財，跟著有錢人打轉。

　　變卦風山漸，巽體有生意人的心思，巽木剋艮山，艮中藏寶物，如財庫，剝為依附，喜討好他人，搖尾乞憐之意。巽風為柔，艮為狗，上下讀卦，即是溫馴的狗。

十、沉魚落雁

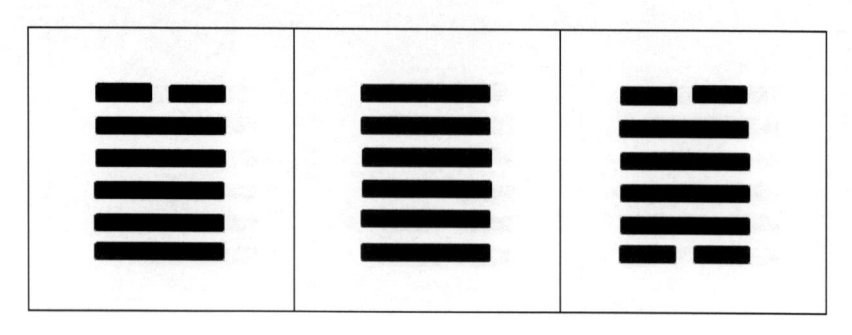

　　沉魚 18 劃，落雁 25 劃，形容女子容貌的美麗。主卦澤天夬，兌澤為少女，容貌秀麗，乾為完美，美麗動人，乾之錯卦為坤，坤為水為魚，澤下有魚，見兌金下沉，不敢與之比美。

　　互卦乾為天，乾金為圓滿、貴重，世間稀有。變卦澤風大過，兌金有光澤，亮麗誘惑之象，巽風為飛禽，空中飛雁屬之，大雁受兌金之剋，見美麗容，也會羞愧地從空中降下來。

十一、媽寶

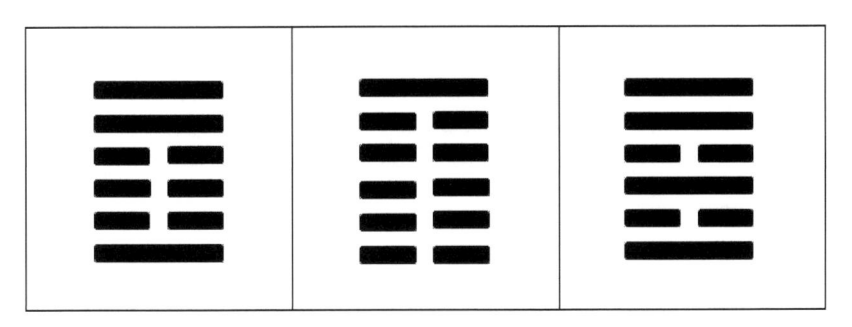

指一些凡事聽從媽媽的意見,彷彿尚未斷奶的巨嬰。較常指男性,缺乏主見、責任感,常依賴母親做決定,飲食起居都要母親照料打理,婚姻也會出問題。

媽 13 劃、寶 20 劃。主卦風雷益,巽風體卦為子,巽木主柔,左右搖擺,震木為母,震雷為動具影響力,巽風隨之起舞,小花草與大樹的概念。互卦山地剝,艮少男與坤母,比和卦媽寶的概念,剝為陷落,內心有母依賴心大。變卦風火家人,巽風生離火,木生火沒有自我,洩自己的氣,生活較沒有擔當。

十二、曖昧

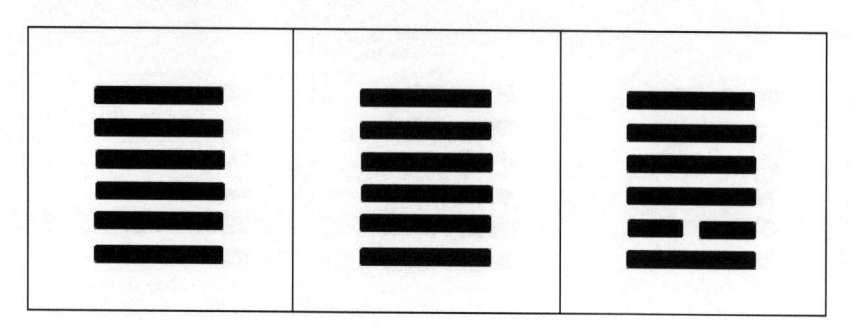

曖 17 劃，昧 9 劃。主卦乾為天，上乾下乾比和卦，乾三連三陽爻完全封閉，金與金相碰撞，但彼此無大交集。

互卦乾為天，互卦是過程，雙方仍保持沉默，乾金高貴，有相遇之機，乾為頭，彼此點頭欣賞對方。

變卦天火同人，離火太陽在下，默默給予關心，火剋金，離火有熱情，體卦會有溫馨感覺，但離中虛，心不紮實，言行拘謹止乎禮，不輕易表態。

十三、搞曖昧

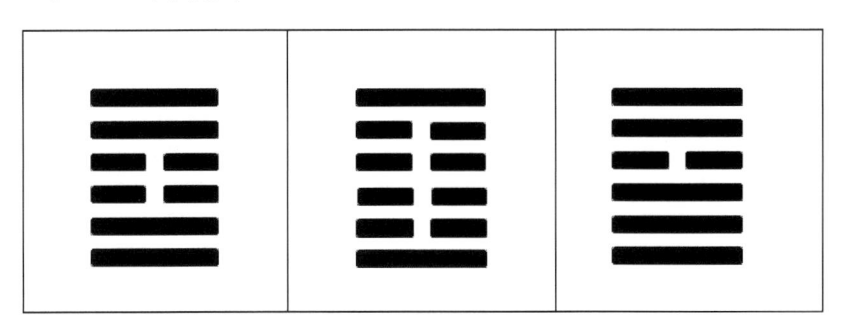

搞 13 劃，曖昧 26 劃。主卦風澤中孚，上巽為風為動，下兌為悅，面對面，與上例比較，多個動詞(搞)，意境豐富許多，具有實像，相互開口對話。

互卦山雷頤，為大離卦，離為房，同在屋簷下，艮山為震木之財，已經將體卦視為寶，想擁有對方。

變卦風天小畜，下卦動三爻，由兌金有缺口，變成乾金圓滿，乾為大、為果決，用力剋巽木追求，小畜卦為密雲不雨，等待時機，離火熱情居中，兩情相悅。

十四、小確幸

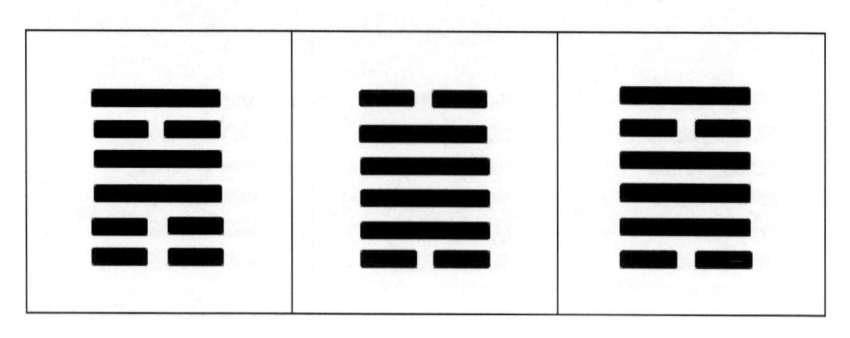

這是日本作家春上村樹在《尋找漩渦貓的方法》一書中提出來的新名詞,意思是微小但確切的幸福。小小的、隨手可得的、不需要勞心費神、不需額外付出代價,就可以得到的幸福感受。

小 3 劃、確幸 23 劃。主卦火山旅,旅者旅行,山上有火,太陽在山頂緩緩移動,沒有刻意作為,互卦澤風大過,兌金為離火的財,剋巽木印星,財剋印如中獎、再來一罐的驚喜。變卦火風鼎,巽木生離火,用生體,離火體旺精神舒暢,就是一種幸福。

十五、雞婆

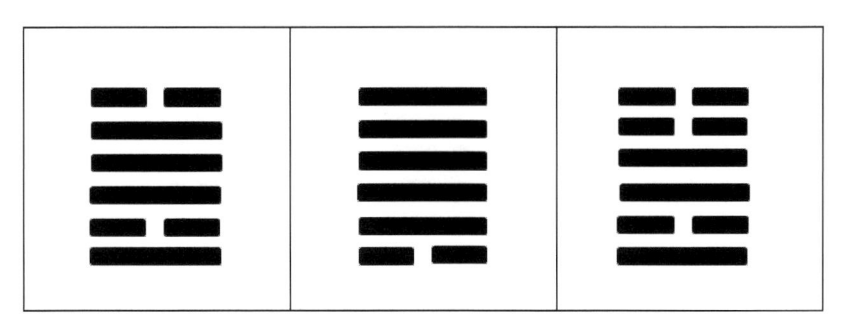

　　雞 18 劃，婆 11 劃。主卦澤火革，兌金卦位庚酉辛，酉金為雞，下卦離火體卦熱心腸，兌金為說，上下讀卦，為熱心地說。

　　互卦天風姤，天下有風，巽風為訊息，巽木生離火，離火可謂知天下事，火剋金，不說難過，而乾金剋巽木，他人不一定領情，兩種意涵。

　　變卦雷火豐，震雷為動，木生火盛，火有源，好管事熱情不減，離火在內卦為房，在家就是個管家婆，大小事都要經手。

十六、福報

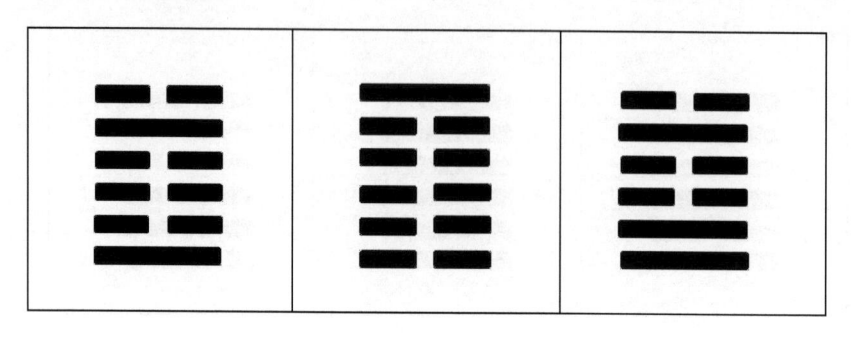

　　福 14 劃，報 12 劃。主卦水雷屯，屯者屯積、盈滿，坎水向下順生震木，付出儲存，行善累積福德，震木得以生長、茁壯，是福之前世前因。

　　互卦山地剝，艮山坤土厚實，如同艮胃中裝滿食物，對體坎而言，是修行功德的積累。

　　變卦水澤節，兌金生坎水，用生體、財福自來，兌金為財為福果，今生在世間能得善果，所謂積善之家必有餘慶也。

十七、以訛傳訛

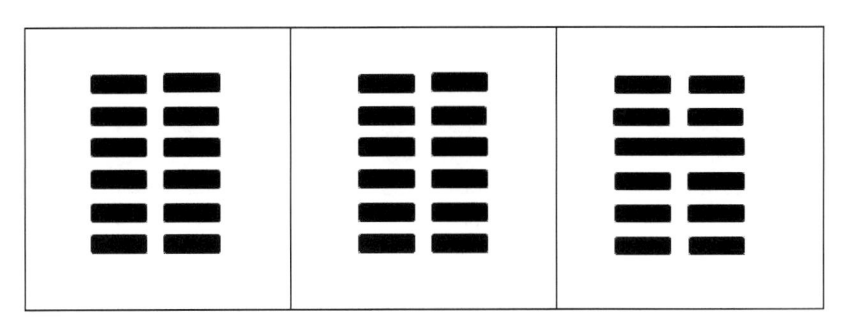

以訛 16 劃，傳訛 24 劃。主卦坤為地，上下卦皆為坤土，純陰、消極，柔軟無力，陰則暗，暗為黑，黑則不明，事物不明確，未經查證。

互卦坤為地，互卦是事情發展的過程，依然是坤卦，坤為文，資訊原封不動的傳揚。

變卦雷地豫，震雷為動，是將信息傳開，離真相會愈來愈遠，可看成大坎卦，坎為險境，震木剋坤土，信以為真帶來災咎也。

十八、南柯一夢

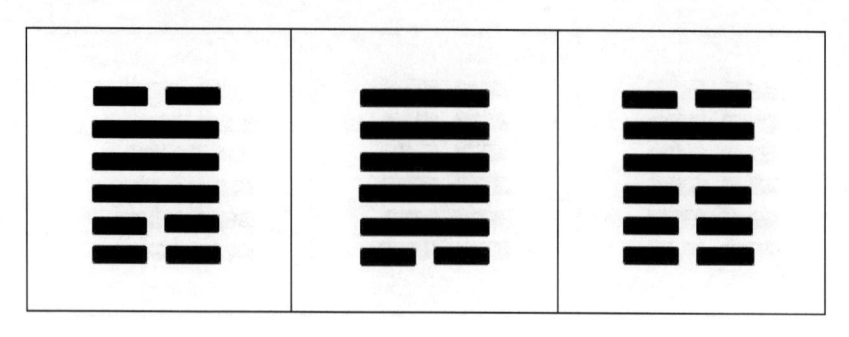

　　南柯 18 劃，一夢 15 劃。這是成語故事，主卦澤山咸，咸者感應，兌澤為酒，艮為庭院，倒艮為震樹，因酒醉在庭院槐樹下休息，睡著做夢，兌上缺不實也。

　　互卦天風姤，夢中，乾為天當官，在槐安國，為南柯郡太守，金剋木，娶公主巽女為妻，幸福、地位高。

　　變卦澤地萃，互卦乾到變卦兌，圓變缺是夢醒時分，艮山變坤地，坤為虛空，才知是夢一場，富貴功名來去無常也。

十九、揠苗助長

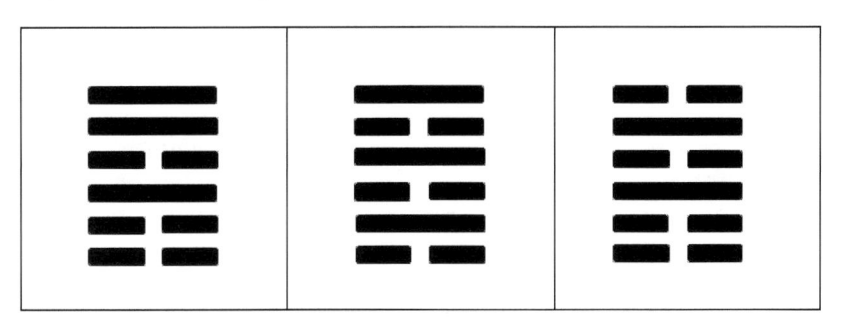

揠苗 21 劃，助長 15 劃。主卦風山漸，艮山為田野，巽木為禾苗，木剋艮土，是長在田裡的莊稼，但艮亦為農夫，剋是壓力，嫌禾苗長得慢，艮的旁通卦(錯卦)是兌金，金剋木，將禾苗一棵棵拉高。

互卦火水未濟，未濟是不成功，火上水下，哪有那麼便宜的事。變卦水山蹇，蹇者阻礙，事不成，體艮剋用坎，土剋水，水不能生巽木，禾苗必然枯死，這是違反事物發展的規律也。

二十、小三

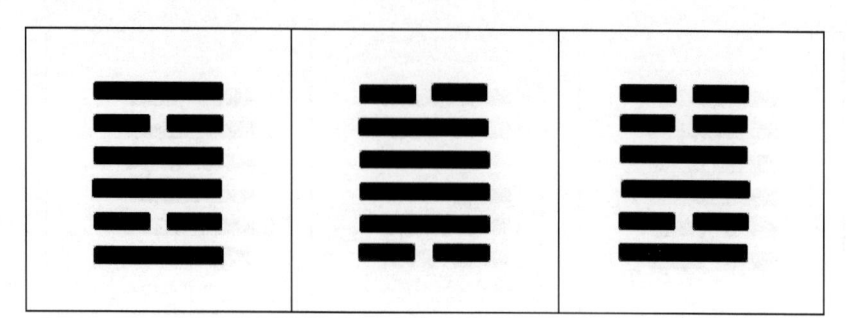

　　小三通常指的是男人在婚姻或戀愛關係中有一個私下的情人,是婚姻或戀愛關係中的第三者,與正牌妻子或女友存在着非法的、私密的關係,是破壞別人婚姻的女人。

　　小3劃、三3劃。主卦離為火,離火熱情,離者麗也,美麗誘惑,下卦離體為小三,兩火相交情意濃,物以類聚。

　　互卦澤風大過,兌金為用卦離火之妻,勢必不能忍受,兌金剋巽木斬情絲。變卦雷火豐,震木為男生離火體卦,禁不起互卦巽木的浪漫體貼,天雷勾地火愛得濃烈,難逃第三者的溫柔鄉。

二十一、良藥苦口

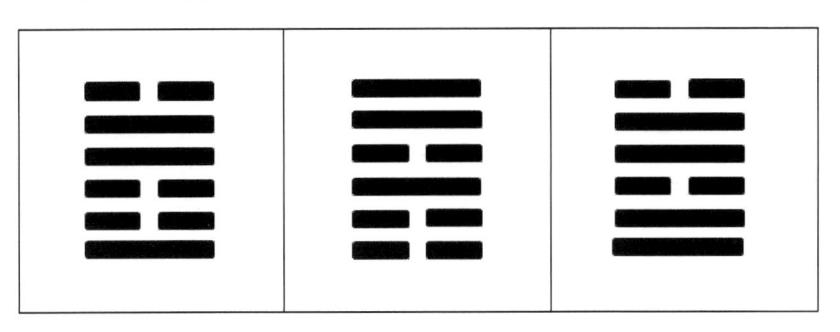

良藥 26 劃，苦口 12 劃。比喻諫言有益於人，但多不順耳。主卦澤雷隨，兌澤為說為口，震雷為木，兌金剋震木進言，如修剪枝葉，讓大樹長得更好，兌體有心幫助震木。

互卦風山漸，巽為風為話語，在艮山上吹拂，艮似關起來的門，讓風在門外，不予理會。

變卦兌為澤，兌體為震木盡心為良藥，可惜對方不領情，上兌開口向上說他的，兩個兌金六沖沒有交集。

二十二、因果

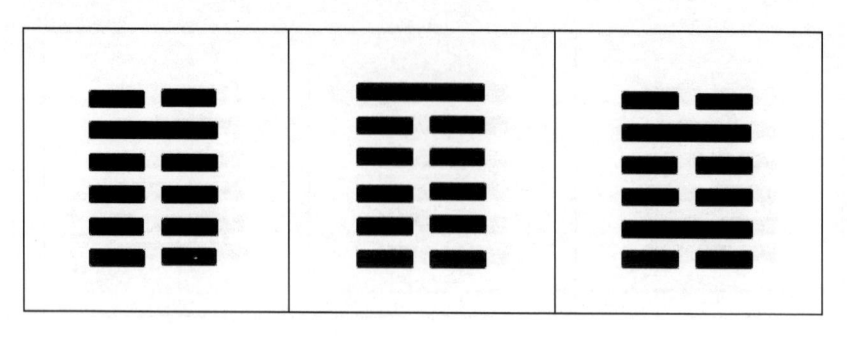

　　因6劃,果8劃。原因和結果,指事情演化的前後關連。主卦水地比,坤為地為眾,坎為水為記憶,坤土剋坎水,曾經做過的點點滴滴是因,坎為人(直立形象),在地上行走,必留下痕跡。

　　互卦山地剝,土旺是疊得很高的記憶庫,大艮綜卦為大震,有走動、有記錄。

　　變卦坎為水,上下皆水,坎為隱伏的人生曲折,水地比為大坎卦,原音重現是果,坎水重複在生活的節奏裡。

二十三、監守自盜

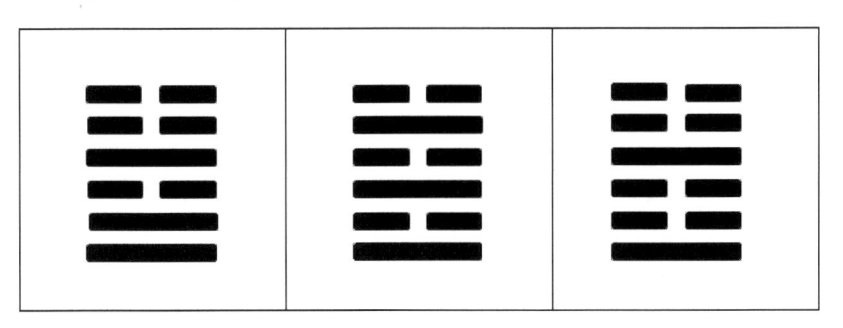

監守 20 劃,自盜 18 劃。主卦雷澤歸妹,震為工作為職位,兌澤為所保管的財務,金剋木職責所在,坎水居中財物貼身。

互卦水火既濟,坎水為思維,離火為行動,起心動念,離火剋兌金取財。

變卦震為雷,上震下震比和卦,體用合一,視為自己的財,變震生互離剋主兌盜竊,木生火剋金,暗地裡操作。

二十四、龐氏騙局

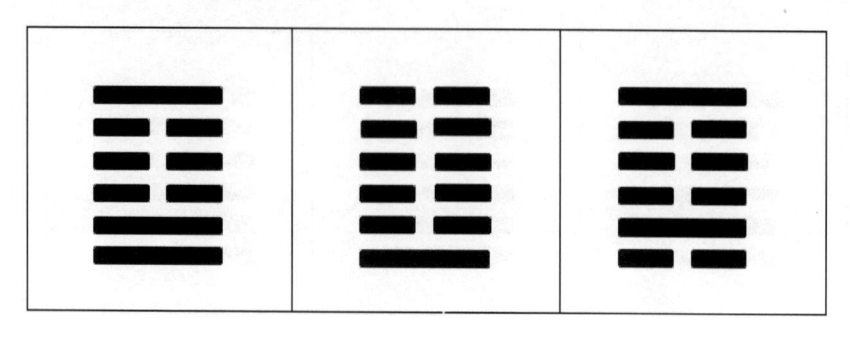

龐氏 23 劃，騙局 26 劃。主卦山澤損，卦象是艮體生兌金，用卦投資者受惠當誘餌，實則不然，澤水向上滋養山上萬物，是澤水減損，體艮獲利。

互卦地雷復，震木投資者剋坤土，我剋為財，坤為震之財，以為賺到利息，實際上，震木也是兌金投資者的財，震木剋艮土，投資者已先將錢交給詐騙者，取回一些回報而已。

變卦山水蒙，蒙是蒙蔽，艮體剋坎水，水為財，體為最後得利者，但坎為險，這個財有危機假象，一旦資金出問題，易驟然崩潰。

二十五、人善被人欺

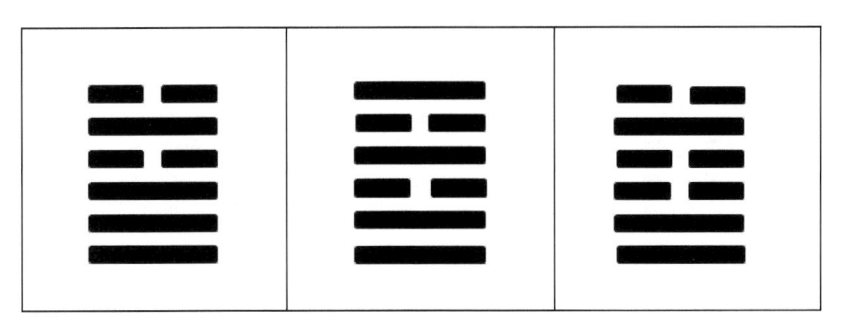

　　人善 14 劃，被人欺 25 劃。主卦水天需，坎為水，水為黑為暗，有陰謀、算計之意，乾為天，有錢有德、大度，金生水，無條件奉獻。

　　互卦火澤睽，睽者觀察，火為眼看著兌金，以兌金為財，只想著從對方得利，予取予求。

　　變卦水澤節，積水成澤，體水享受用兌之生，乾為圓變成兌為缺，耗盡所有，過度善良、過於付出，而坎體則佔盡好處。

二十六、投鼠忌器

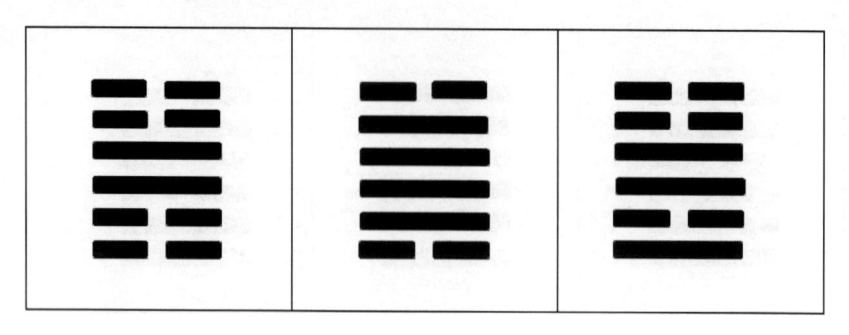

投鼠 20 劃，忌器 23 劃。主卦雷山小過，艮為黔喙之屬，老鼠稱之，震雷為木，木剋土打老鼠之象。

互卦澤風大過，兌澤為金，又為缺損，巽風為木為傢俱，乃破壞物品之意，澤風亦是大坎卦，坎為險，內心有所顧忌。

變卦雷火豐，震為木、離為火，體震生用離洩氣，事情做不成，不敢放膽去執行。比喻想要除害，但因有所顧忌而不敢下手。

二十七、草船借箭

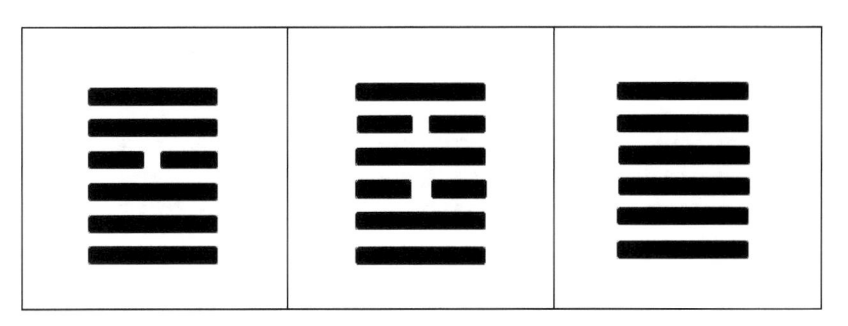

草船21劃,借箭25劃。主卦風天小畜,用巽為風,為長為木,乾金為堅硬,直讀長箭,又乾體為智者,體剋用,此處指諸葛亮的神機妙算。

互卦火澤睽,離火為躁動為士兵,兌澤為吶喊,坎卦居中有霧,澤為江,巽為船(倒兌),用卦為曹操,不知虛實,木生火剋金,要士兵對著船放箭。

變卦乾為天,上乾下乾為比和,體卦有利,乾為一、十,巽為箭,是十萬支箭,運用智謀達到目的。

二十八、守株待兔

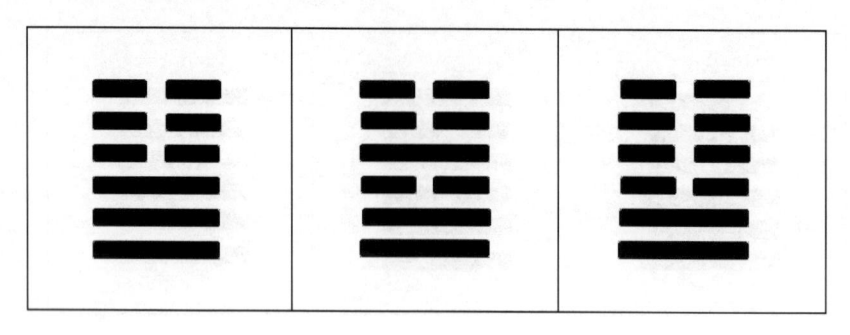

宋國有個農夫耕作時,看見一隻驚慌的兔子跑過來,沒注意撞上一棵樹而死,農夫不勞而獲得到那隻兔子,於是不想再耕作,天天守在樹旁等兔子送上門來。

守株 16 劃、待兔 17 劃。主卦地天泰,坤土體卦生乾金用卦,坤主靜不想動,只想著乾金錢財。

互卦雷澤歸妹,兌金剋震木,震卦中有卯木兔子,震也為工作,金剋木不想工作了,只想等待兔子,變卦地澤臨,坤體生兌金,兌為缺損,坤為虛洩氣,只是空等待做白工。

二十九、塞翁失馬

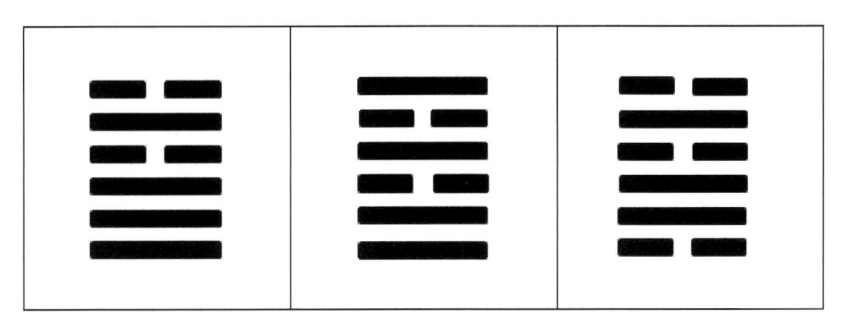

　　塞翁失馬 38 劃、焉知非福 41 劃。比喻暫時受到損失，卻因禍得福，終於得到好處。主卦水天需，乾金為馬，生坎水體卦，是養馬人家，坎水為智慧。

　　互卦火澤睽，離火為坎水的財，兌金為缺，乾金為馬，意味缺馬損財。然而，兌金也是離火的財，又是進財之象，乾一兌二，馬匹增多。(走失的馬又帶許多匹良駒回來。)

　　變卦水風井，坎水生巽木，巽木為腰腿為兒子，受乾金兌金之剋，騎馬跌斷腿，免於徵召作戰，水生木，反而保住性命。梅易非只上下看，卦的前後左右都有戲。

三十、妄自菲薄

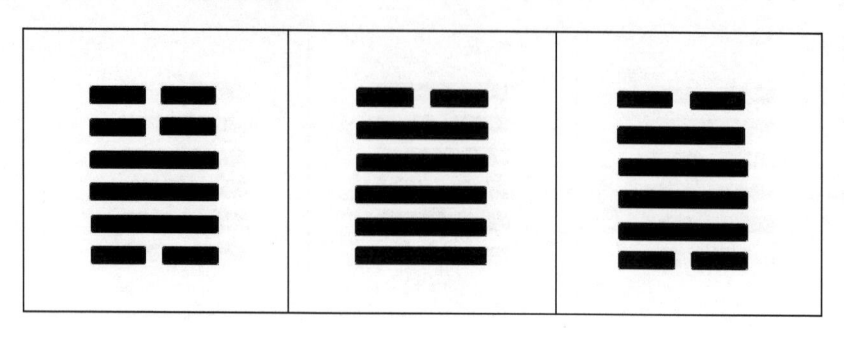

妄自 12 劃,菲薄 29 劃。主卦雷風恆,震雷動於外活躍,巽風柔於內,恆卦為恆久、通順,雷風相薄關係好,但再細觀,巽風開口向下,顯得沒那麼自信。

互卦澤天夬,兌澤為金、乾為金,組成一個大兌卦,金旺則克木,巽為花草,經不起波折、考驗,覺得自己太弱,有自卑之象。

變卦澤風大過,長此以往,將會自暴自棄,兌金為一把刀,頂在頭上,巽風抬不起頭來,看輕己身了。

三十一、破鏡重圓

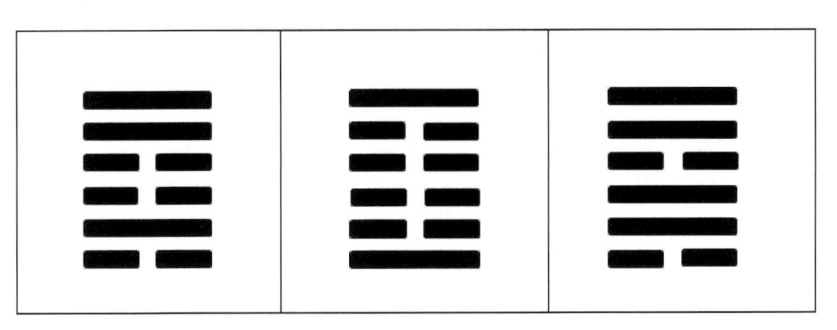

　　破鏡 29 劃，重圓 22 劃。主卦風水渙，上巽為風為妻，下坎為水為夫，巽為船、水上行，時有大風大浪，渙者散也，情感決裂、離散有之。

　　互卦山雷頤，艮為手，震之倒卦亦為艮手，兩手相互擁抱，又是大離卦，有鏡子之象，破鏡重圓，重新和好之意也。

　　變卦上巽為風，下巽為風，兩風相隨，柔順通暢，家之興也。

三十二、名落孫山

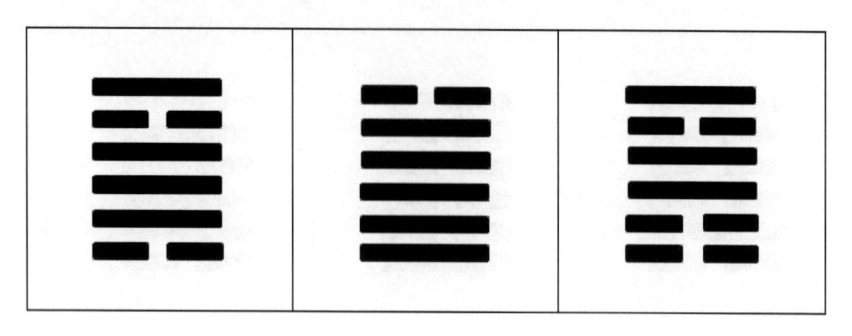

　　名落 19 劃，孫山 13 劃。主卦火風鼎，巽風為文書、考試，離火體卦為文章，為參加考試之人，木生火旺，鼎卦想考第一，信心滿滿。

　　互卦澤天夬，兌澤為缺損，此為大兌卦，是大的損失，兌金剋巽木，自然是成績不佳，難登虎榜。

　　變卦火山旅，旅者不定，太陽在山頭，但離火生艮土洩氣，即將日落景象，易卦神妙，艮為家中少男，為子孫山，太陽下山也。

三十三、杯弓蛇影

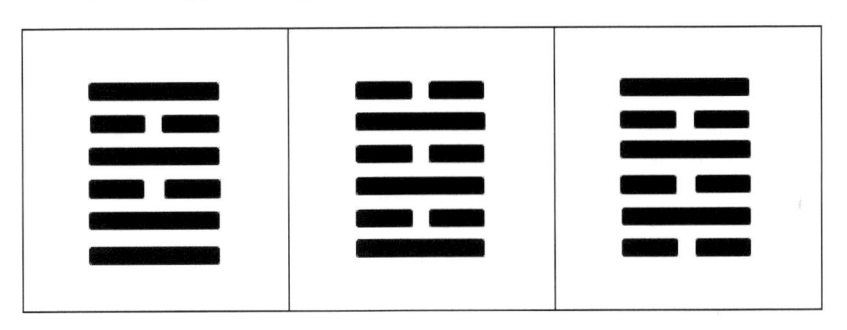

「晉書‧樂廣列傳」記載，樂廣有一次請客吃飯，掛在牆上的弓照在酒杯裡，有個客人以為是蛇，回家就病了。喻疑神疑鬼，不存在的事情，枉自驚惶。

杯弓11劃、蛇影26劃。主卦火澤睽，體卦離火為心，兌澤為缺，缺心眼，思維簡單，缺少洞察力。兌為酒水，倒卦為巽為蛇為弓，酒中的弓影誤判為蛇。

互卦水火既濟，離為心，坎為病，患心理病。變卦火水未濟，坎水官殺剋離火，驚恐害怕難安。

三十四、寵子不孝

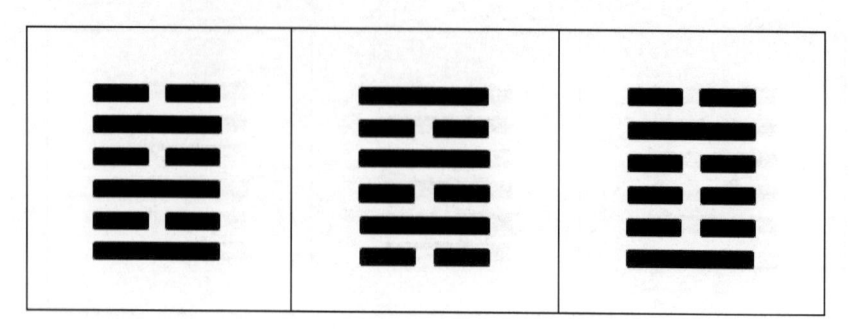

　　寵子 22 劃，不孝 11 劃。主卦水火既濟，坎體為父母，離火為子，水下火上，愛子、寵子必然，視子為寶，不斷提供資源。

　　互卦火水未濟，未濟無交集，互坎向下，並不會對互離感恩，相反的是，水剋火，對父母進行索討，認為應當。

　　變卦水雷屯，坎水生震木付出心力，但震木為子，不會倒生坎水，不知反哺盡孝，這樣的養育是失敗的。

三十五、卸磨殺驢

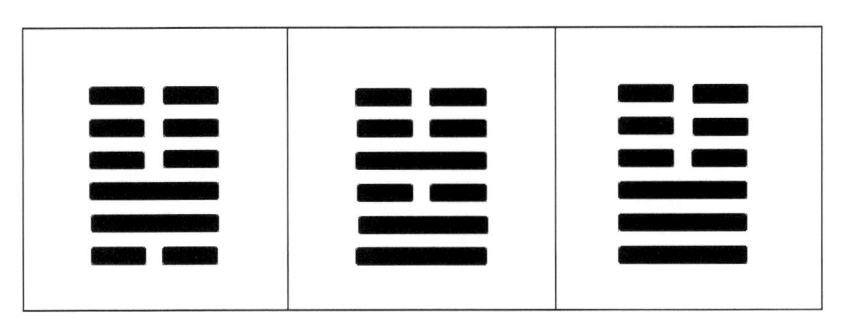

卸磨 24 劃、殺驢 37 劃。將推完磨的驢子卸下來殺掉，比喻將曾經為自己辛苦付出者一腳踢開。如老闆不顧情面解僱老員工，卸磨殺驢的手段讓人心寒！

主卦地風升，坤體為牛，此處視為驢，巽風命令，坤者受剋服從、任勞任怨。互卦雷澤歸妹，兌金剋震木，震為工作受剋，完成任務，利用完了。

變卦地天泰，乾金洩坤體之氣，過河拆橋，翻臉不認人，有忘恩負義的意思。

三十六、乖乖

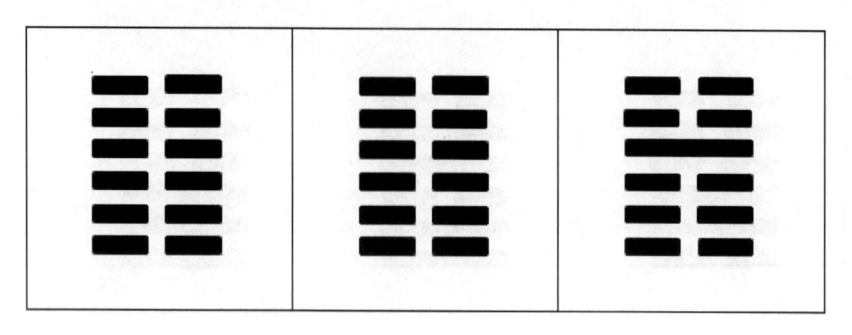

取啥名就有啥作用，為使機器運作正常，有人會放綠色乖乖在旁保庇，黃的不行，真的嗎？

乖8劃、乖8劃。主互卦坤為地，土生萬物，坤為柔、順從、為穩定、為食物。

變卦雷地豫，震木為綠色，上下讀卦，綠色乖乖讓設備穩定、乖乖運作。又機器順利運轉時的燈號通常是綠色，文字能量如咒語。

三十七、賺得到吃未到

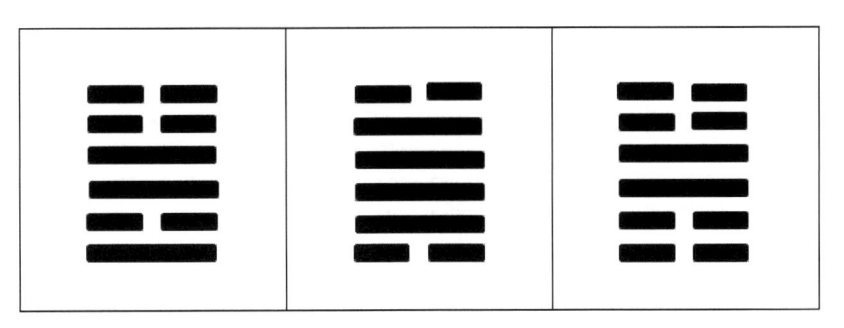

賺得到 36 劃，吃未到 19 劃(台語)。主卦雷火豐，震體勤思、辛勤工作，用離為火，木生火，為了賺錢，不停的耗掉體力、精神。

互卦澤風大過，兌金為財，巽木為生意，兌金一把刀，巽木是身體，那就是為錢操勞，巽主神經，有神經衰弱之象。

變卦雷山小過，經過主互卦，震木已疲憊不堪，變卦見艮山為財，滿山寶物，但犧牲了健康，最終未必能好好享用。

三十八、夏蟲不可語冰

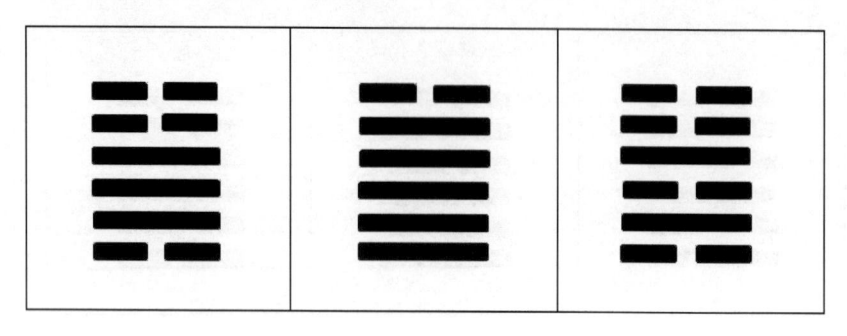

　　夏蟲 28 劃，不可語冰 29 劃。主卦雷風恆，恆為長久，意味長時間相處，震木勤思向上而動，巽木向下如風搖擺不定，巽比擬為地蟲、或價值觀不同的人，雖震巽比和卦，但兩者思維大相逕庭。

　　互卦澤天夬卦象比和，震體希望與用巽木同步，兌澤為說大道理，但金氣盛為秋為寒，巽木見識短淺無法理解，形同雙方壓力。變卦雷水解，解為理解，坎水為智慧，水生震木要明智，坎為險，動則有險，莫為自己和他人帶來困擾，須體察對象適合否。

三十九、烏鴉嘴

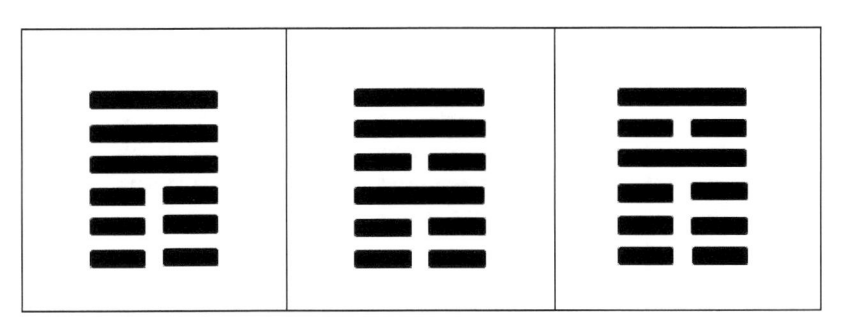

　　烏鴉 25 劃，嘴 16 劃。主卦天地否，否卦為天地不交氣，有封閉之象，意味不好的事情來到。

　　互卦風山漸，巽風為雞為話語，此處指烏鴉，坎水居中、水為黑，烏鴉一身黑不吉利，在山上飛，艮山為墳，有死亡之象，叫聲會帶來不吉利之事。(聽到叫聲嗎？)

　　變卦火地晉，日出地面，晉升光明，離火為文，離用生坤體為佳，說明烏鴉嘴相當靈驗，說話要謹慎。

四十、公雞

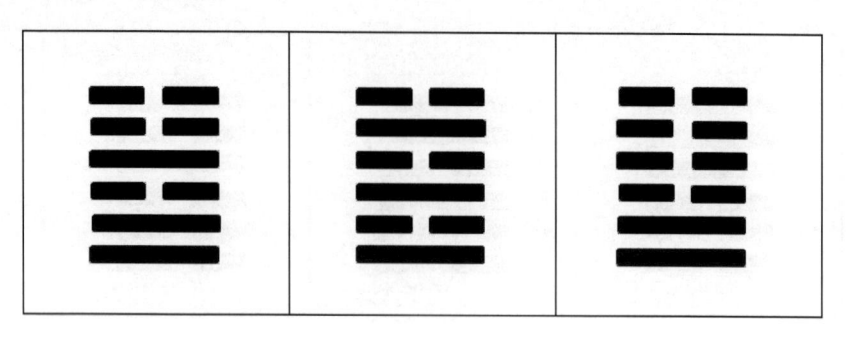

公雞為何會報曉？咯咯咯…，因為名叫公雞。公4劃、雞18。主卦雷澤歸妹，震為長男為雄性、震為雷為鳴，兌澤為雞，公雞鳴也。

互卦水火既濟，坎水為黑夜，離火為太陽，5點左右寅卯時，木生火有微光，離火剋動兌金公雞生理鐘而鳴。

變卦地澤臨，坤土用卦視為母雞，坤土生兌金，嘹亮聲音能吸引母雞青睞。

四十一、以卵擊石

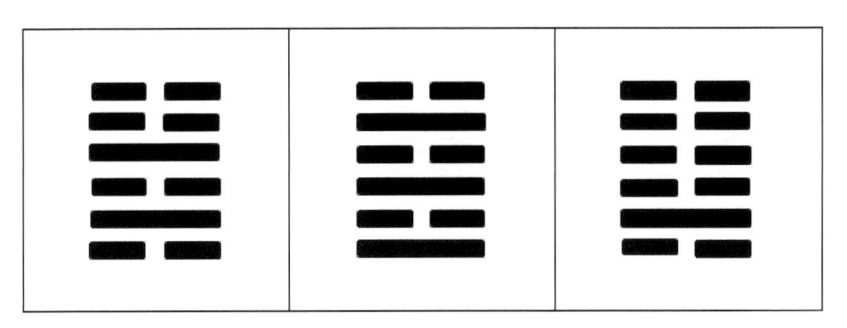

　　以卵 12 劃，擊石 22 劃。主卦雷水解，坎水主智為計劃，震雷為動，水生木，氣洩於木，卯足全力出擊。

　　互卦水火既濟，坎水互用剋離火互體，水滅火，火為心，是心力不足，火為坎體之財，財為能量，是能力有限。

　　變卦地水師，坤土在上，坎水在下，土剋水受壓制，二爻至六爻為倒艮，弱水焉能扛大石？自不量力也。

四十二、對牛彈琴

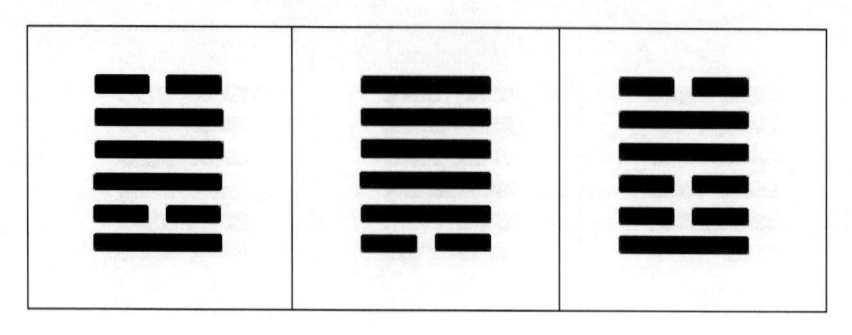

對牛18劃,彈琴27劃,比喻對蠢人談論高深的道理。主卦澤火革,革卦象徵改革、變革,兌澤開口說道理,離火為聽眾,但火剋金,顯然不領情,或說兌體找錯對象。

互卦天風姤,乾金剋巽木,木損難生離火,火無源頭,說明程度不夠,聽不懂。

變卦澤雷隨,兌澤為樂音,兌金剋震木,震木動不起來,沒有共鳴,白費口舌,震之倒卦為艮,艮中有丑牛,巽木剋艮,牛只對草有興趣。

四十三、林森北路

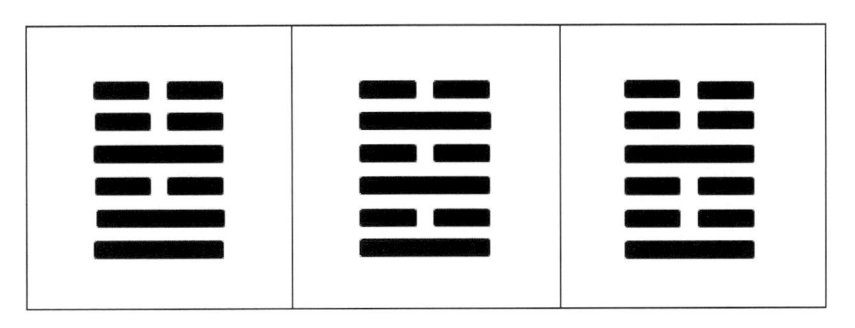

　　林森北路是台北聞名的夜生活，日式、台式酒吧、酒店 pub、按摩店林立，乃燈紅酒綠作樂場所。林森 20 劃、北路 18 劃。主卦雷澤歸妹，為少女急著出嫁，上震下兌，上為震長男，下為兌少女，少女愛上長男，主動追求之象，內悅而外動。震為官，事業有成的男人，兌是年輕漂亮的少女，兌金剋震木，男人是女孩的財，女追男隔層紗，兌為口，說話甜蜜蜜，是溫柔鄉，更何況是美女，男子怎經得起誘惑？

　　互卦水火既濟，坎水剋離火，愛的火花。變卦震為雷六冲卦，冲即散，曲終人散，小心不要陷入情網，野花不要採。剋是喜歡還是討厭呢？路名也有故事。

四十四、美人計

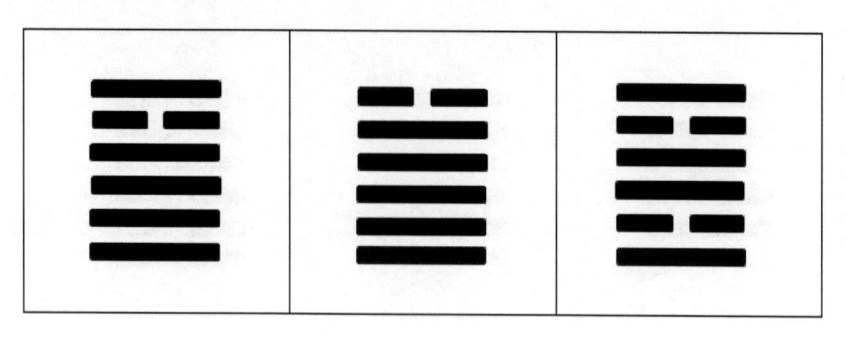

美人 11 劃，計 9 劃。主卦火天大有，離火漂亮、美麗，為美人也，乾金為君王、有權勢，離火以美豔迷惑之。

互卦澤天夬，兌澤為少女為美貌，兌為口是聲音嬌柔，來取悅乾金，兌亦為缺、破壞，讓對方貪圖享受，放鬆其戒心。

變卦離為火，火盛光明，成功之象，用卦乾金變離火回頭剋，失去戰鬥意志，因終日玩樂，貪戀女色，誤事吃敗仗。

四十五、杞人憂天

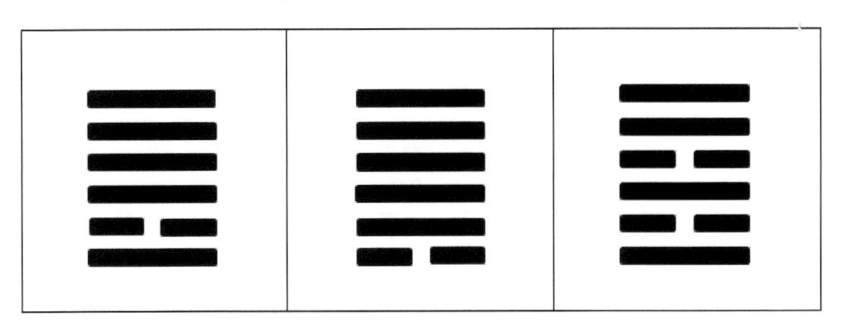

從前有個杞國人,因成天擔憂天會崩塌,每天睡不著覺,也吃不下飯。經過有人開導,心中的疑慮終於消失了。後來「杞人憂天」,比喻缺乏根據,且不必要的憂慮。

杞人 9 劃、憂天 19 劃。主卦天火同人,離火為體卦,離火本身急躁,乾為天在上,同人卦本為有志一同,卻成了憂心的對象,解讀會因地制宜。

互卦天風姤,乾金為天剋巽木印星(離火的元神),擔心天會崩塌而不安。變卦風火家人,巽風為文書、教育,需經人開導指點,方能開悟除憂。

四十六、吹牛

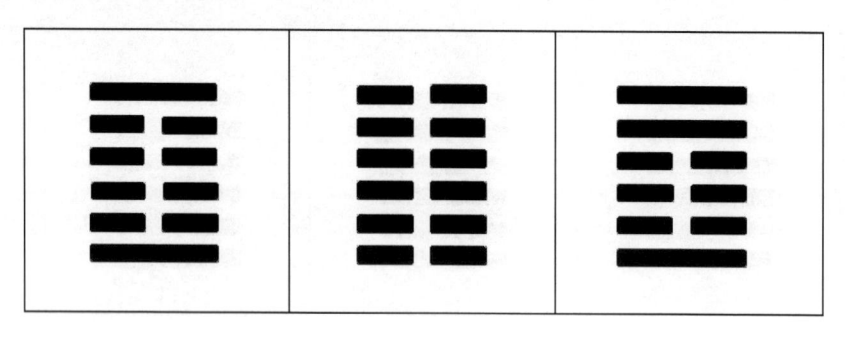

吹牛是形容沒有實力，還喜歡裝作自己很厲害的人，因牛體形龐大，整頭牛吹脹，不可能有這麼大的肺活量，因此說大話叫作吹牛。

吹7劃、牛4劃。主卦山雷頤，艮為倒震，是兩個震卦相抱的大離卦，大離開大口，張口說大話。

互卦坤為地，坤為牛，坤為虛象，內容空洞，不切實際。變卦風雷益，巽風為搖擺為說謊，說誇大的話，巽的倒卦為兌金，終將對震體不利。

四十七、阿茲海默症

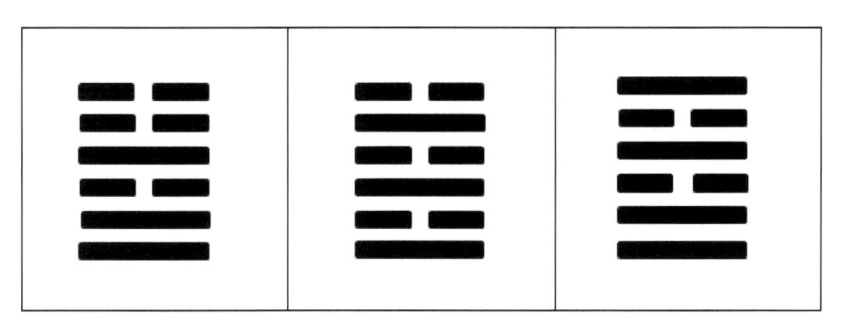

阿茲海默 44 劃，症 10 劃。主卦雷澤歸妹，上震為頭、下兌為缺，震木是動是勤思，兌金是破損，直讀行動緩慢，頭腦受損退化，記憶衰退。

互卦水火既濟，坎水為震木之源，水主智慧，離火主情緒，水火相剋交戰，思維和心情上出現障礙。

變卦火澤睽，兌澤為說，離火剋之沉默寡言、發呆，離火為文、兌為缺，詞不達意，離火熱情，兌為不足，不開心、憂鬱之象。

四十八、鴻門宴

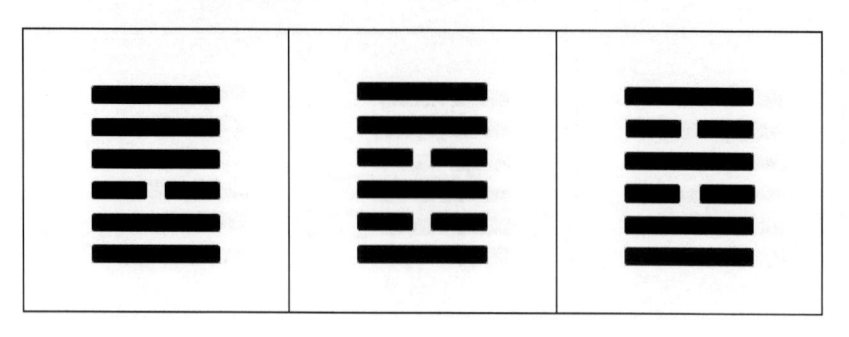

楚漢相爭時，劉邦先入咸陽，項羽嫉之，遂用范增之計，設宴於鴻門，欲加害之。後指不懷好意、居心不良的邀宴。

鴻門 25 劃、宴 10 劃。主卦天澤履，乾金為權貴，兌金體卦為吃喝，是有權勢的人邀約的宴會。互卦風火家人，巽木生離火為熱情，視同家人招待，不疑有他，事實上，離火是宴會、是兌金的官煞，潛藏危機。

變卦火澤睽，火在上，坎水居中為險，水火相剋，睽卦象徵背離、不合，變卦是結果，離火剋兌金，是一場別有用心的筵席。

四十九、洗衣機

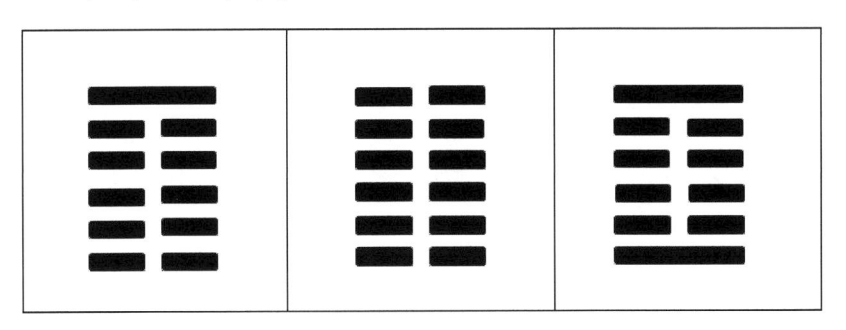

洗衣 15 劃、機 16 劃。主卦山地剝，為大艮卦，形象思維，視為一大台洗衣機。互卦坤為地，坤為布、衣服，坤亦為江海為水，衣服與水一起洗滌。變卦山雷頤，震為機器運轉，頤為大離卦為高速離心力，衣服在滾筒內清洗和脫水。

五十、豬

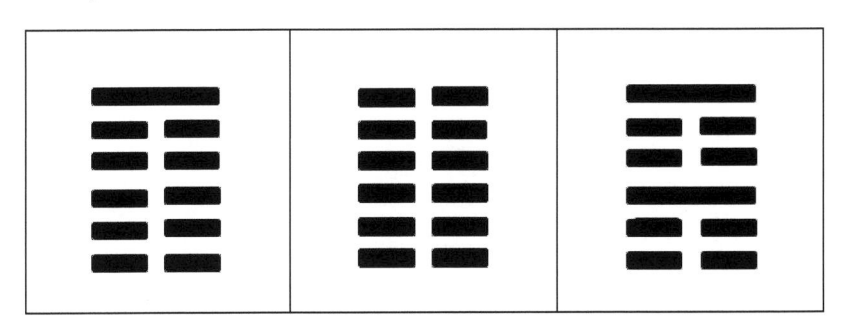

豬:豖7劃、者8劃。山地剝之艮為山。坤艮為土，土為肉肉，土旺就胖就肥，變卦艮為停止，胖到行動緩慢就顯得懶惰。那為何罵人笨得像豬呢？土旺剋水，水為智慧，不就笨嗎？其實，透過訓練，豬也擁有高度的學習能力。若是狗呢？火風鼎之火山旅，請讀者解解看，就知為何狗的鼻子嗅覺靈敏、會看守家門。

五十一、AV女優

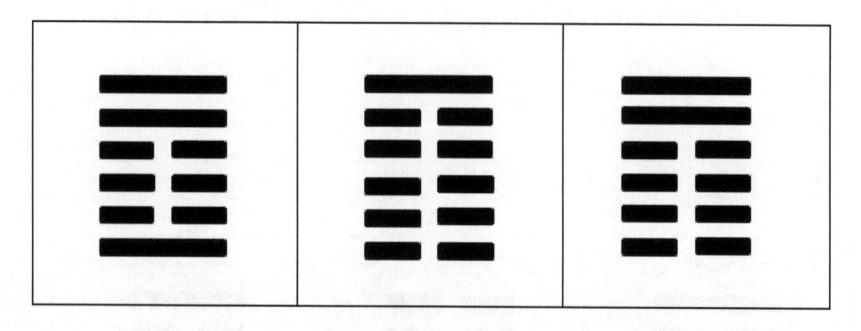

AV5劃，女優20劃。主卦風雷益，AV為成人影片。巽體為女優，震木為男，巽柔和、震為動，巽為股、震為生殖器，離卦居中為畫面。

互卦山地剝，大艮為床、為手，艮下兩陰爻為雨，倒卦為震，震為足，震上兩陰爻為雲，翻雲覆雨之象。變卦風地觀，巽為生意，賺錢思維，坤為場所，巽體以坤為財，木剋土，付出勞力求取報酬，觀者多人觀看也。

五十二、小偷

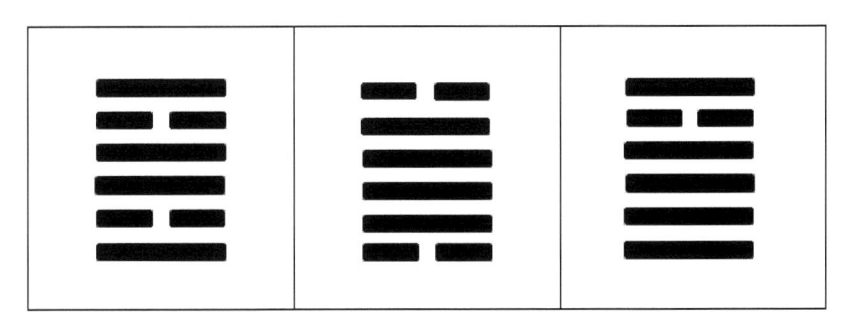

　　小 3 劃，偷 11 劃。主卦離為火，離火為眼，以眼睛偵查，與用離比和，那就是看對眼，心心相印，選定目標，想偷的東西在眼前。互卦澤風大過，兌金為離火的財星，巽木為離火的印星，財剋印做違法的事，又巽為細心生用卦離火，金剋木是趁對方不注意時為之。變卦火天大有大有是大有收穫，乾金為財，離火剋之得財。

五十三、房思琪的初戀樂園

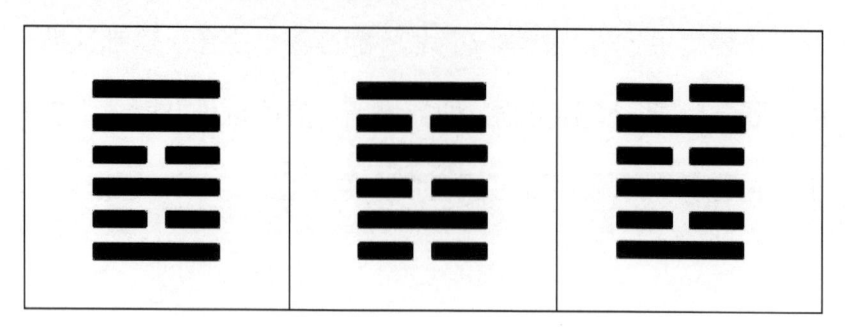

房思琪 29 劃，的初戀樂園 67 劃。這是一本書名，敘述一位身心受到傷害的女孩的經歷過程，作者自己即是受害者，以化名、半自傳的方式寫下此長篇小說，最後因無法釋懷而輕生。主卦風火家人，巽木為教育、為教師，下卦離女為體，木生火，離火得到老師關愛，火為情愫，產生愛意。

互卦火水未濟，互離在上有氣勢，坎為情，是體卦離火的官星，官為情人為夫，對情竇初開的女孩，誤認是愛情，無力反抗。變卦水火既濟，坎為險、為憂象，離火頭上頂著坎水，水剋火是永遠的記憶與痛苦，巽為謊為騙，純潔遭利用，清醒後身心受創。書名也有故事鋪陳。

五十四、結婚

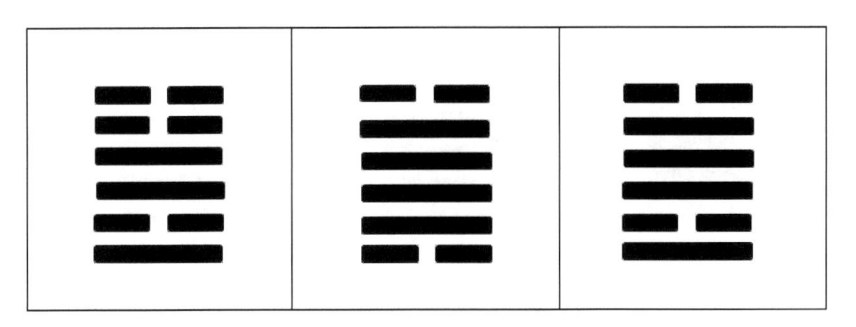

　　結 12 劃，婚 11 劃。主卦雷火豐，天雷勾動地火，你儂我儂，木生火旺，火旺為喜氣盈門，震長男喜離中女，豐為豐盛，事物發展盛大之象。互卦澤風大過，兌澤為法律，巽為合同，在法律保護下，取得合法結婚證書，大過卦為大坎卦，巽木證書得到保障。

　　變卦澤火革，兌澤為酒水，離火為喜慶，即是舉辦婚禮，宴請親朋好友，革為變革，有新氣象。

五十五、離婚

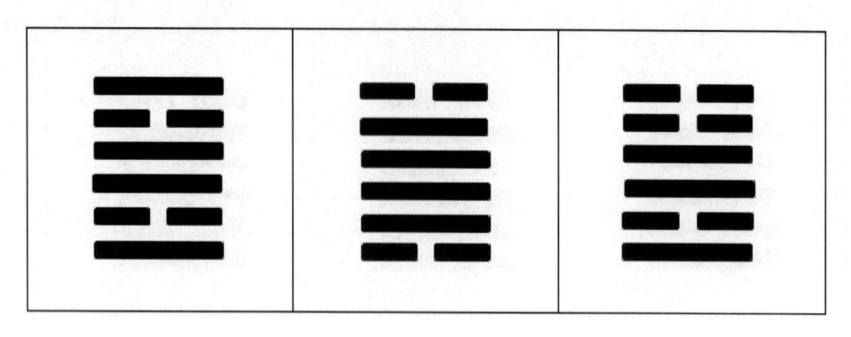

離 19 劃，婚 11 劃。主卦離為火，離火文明，雙方達成共識，離為虛象，六沖卦爭吵，理念相左，有離散之意，坎居其中，內心有過不去的坎。

互卦澤風大過，兌澤為法律，巽為合同，在法律監看下，取得合法離婚證書，與結婚卦的互卦意思一致。變卦雷火豐，震木為政府行政人員見證，木從火勢，順體卦意願，和平解除婚約關係。

五十六、鹹魚翻身

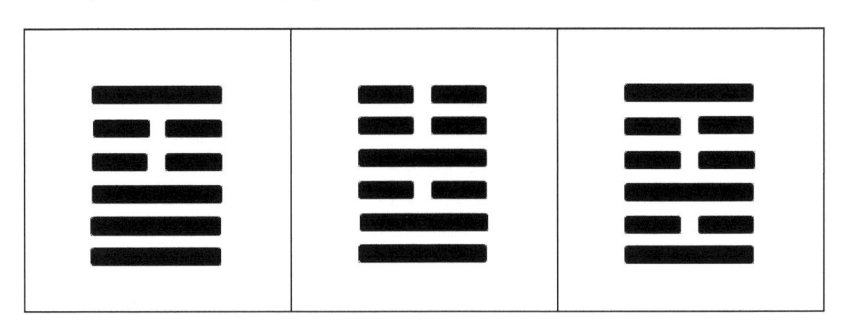

鹹魚 31 劃，翻身 25 劃。主卦山天大畜，艮山蘊藏寶藏，大畜為大量積蓄，土生金，乾天獲益受惠，體艮耗盡能量，運勢低迷。

互卦雷澤歸妹，互卦震木為體艮之壓力，下卦兌金為喜悅，剋去震木之憂，情況從劣變佳，出現轉機。變卦山火賁，賁者裝飾，離火光明，山下有火歡慶之象，火生土，艮山重現精神，起死回生也。

五十七、心經

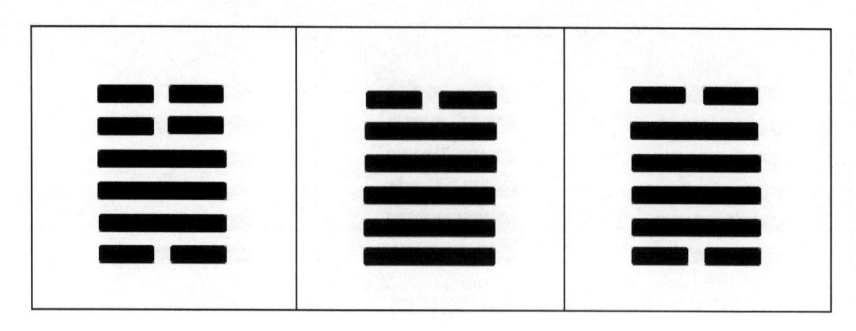

　　心4劃，經13劃。主卦雷風恆，巽木體卦為語文，是非常正能量的經文，震卦一陽向上發展，積極奮進，震為勤思，木為仁慈，讓人有慈悲為懷的心靈。

　　互卦澤天夬，兌澤為喜悅，乾金為圓滿，內心充滿法喜，乾為盛德、揚善，胸襟開闊，乾為財富，心中富有，精神滿足，勝於一切。變卦澤風大過，內巽外兌，巽順兌悅，身心靈獲得療癒，行事亨通，兌金剋巽體，去除煩躁，喜樂福氣相隨，大過為大坎大智慧，福至心靈，心中無罣礙也。

五十八、頂客族

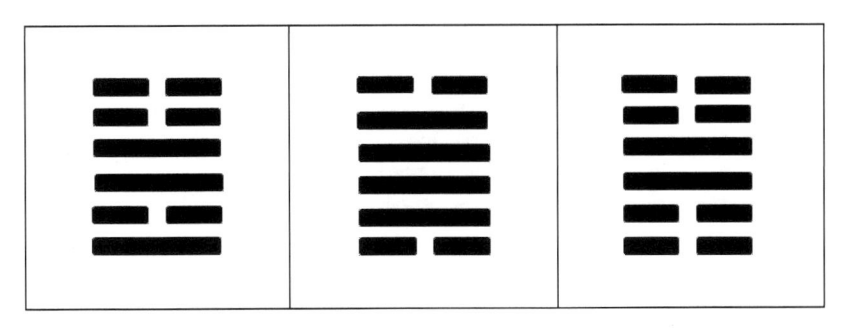

頂客 20 劃,族 11 劃。DINK(Double Income, No Kids)夫妻雙薪、無子女的一種族群生活型態。主卦雷火豐,豐者豐收,震木生離火,情投意合,熱情於兩人的世界,離火為明,有快樂光景。互卦澤風大過,兌金為二,巽木為財利,是兩份薪水,兌金剋巽木,巽風為自由,嚮往沒有負擔的生活。

變卦雷山小過,震木為樹,艮土為山,山上的大樹自主獨立,有自己的事業,艮為子孫山為小孩,木剋土,不想為孩子操心。

五十九、庖丁解牛

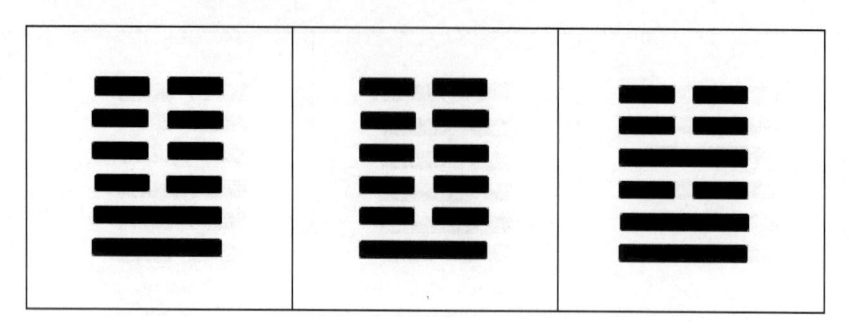

比喻人生處世，應對事物瞭解透澈，做事能得心應手。三種廚子用刀解牛，族庖用「折」，良庖「割」，庖丁「解」。都能完事，但族庖粗魯，庖丁優雅輕鬆。

庖丁用解，庖8劃、丁2劃。主卦地澤臨，臨者親臨不懈怠，坤柔生兌金，體旺自信，互卦地雷復，大震卦，一陽從初爻循序向上，動作優雅。變卦雷澤歸妹，震為動，兌為悅，因悅而動，用刀輕鬆自然。

另兩種參考:族庖用折，族11劃、庖8劃。主卦火地晉，坤地為牛，火體洩氣損力，互卦水山蹇少智慧，變卦火雷噬嗑，噬嗑為咬斷東西，象徵刑罰。

艮庖用割,艮 7 劃、庖 8 劃。主卦山地剝,剝者剝落,互卦坤為牛,坤六斷,變卦艮山為皮、肌肉,錯卦兌金為刀,割皮肉也。取名玄妙。

六十、東方不敗

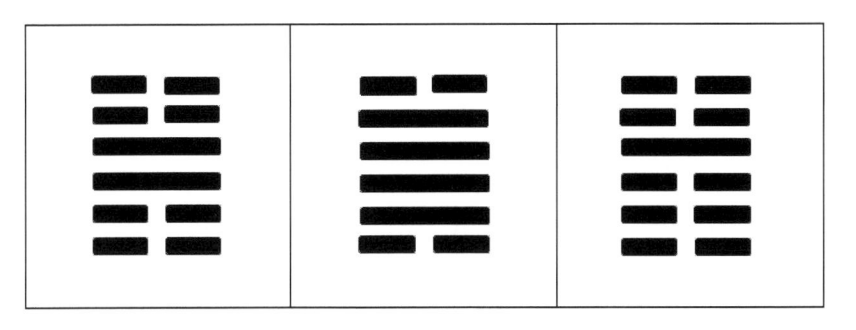

《東方不敗》是武俠電影,林青霞飾演,於 1992 年 1 月 24 日(辛未年丑月己亥日)首映,因票房告捷,一夜成名,成為媒體流行語新寵。東方不敗想一統天下,獲得秘笈葵花寶典後,欲練神功不惜自宮。

東方 12 劃、不敗 15 劃。主卦雷山小過,山上打雷有氣勢,震木體卦剋艮土,艮為寶典秘笈,剋為練功,互卦澤風

大過，兌金為刀剋巽木，去勢之象，變卦雷地豫，震木剋坤土，主卦之艮土變坤土，練就神功，武藝超群。讀者會質疑，都是木剋土，高山變平地，怎麼還能武功蓋世呢？從卦象來看即明，給讀者動動腦。

六爻:三爻申金兄弟發動化卯木妻財，三爻腰腎、生殖器位置，臨玄武主色慾，申金剋卯木不就是閹割。呼啥名有啥意。梅易與六爻互通有無，都研究更能豁然開朗。

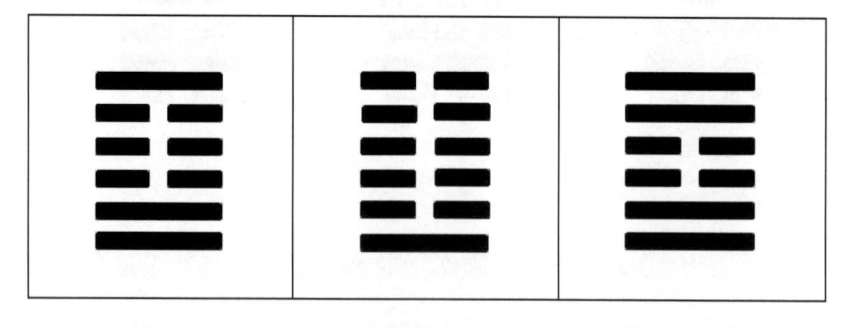

某天和弟弟聊天，說此例東方不敗，他即問起小李飛刀李尋歡，那是古龍筆下的武林人物，飛刀百發百中。我即回應，李7劃、尋歡34劃，主卦山澤損，艮土生兌金體旺能力強，互卦地雷復，震為功名，在群英中聞名，變卦風澤中孚，巽風快速，兌金小刀，不就是飛刀。

附錄一：五行行業

五行屬木的行業

文化界，文藝界，文具用品業，文化用品業，文人，作家，抄寫員，教師，教育用品業，書店，出版業，印刷業，公共事務業，司法界，治安警界，政治界，眾議員，花卉業，花店，植物栽種業，生物工程業，木材，木器業，室內設計，設計師，繪圖員，傢具業，裝修業，紙業，竹業，種植業，樹苗業，藥物業，醫院，醫療業，學校，培育人才業，布業，佛具店，宗教用品店，香料店，宗教業，素菜館，商務中心。

五行屬火的行業

帶光，帶熱，含爆發性，加工性，勞力性，易燃性，皆屬火。手工藝，人身裝飾，照明業，光學業，燃油業，熱飲類，食品，食品加工，機械加工，製造業，衣帽業，印製業，雕刻業，百貨業，評論家，心理學家，演說家，修理業，燒磚瓦業，瓷器業，雜貨店，歌星，明星，演藝界，消防器材，礦

物提煉,電器,電子業,網絡通訊業互聯網,手機業,傳呼業,廚子等等。廚師、飲食、飯店、賓館、工廠、百貨、服飾、美容、照相、眼鏡、電力、電器、爆竹煙花、冶煉、易燒易燃的油類酒精類、理髮、化妝品、人身裝飾品,旁及工藝品、塑料、輪胎、電信、鐳射、印製、評論家、軍界、文藝文字、文具、作家、寫作撰文、教師、文祕、出版、政界等佛教、電腦、電影、塑膠、易燃品、軍火、香菸、打火機、軍人等。

五行屬土的行業

土產或地產,帶大自然性質,農耕性質,畜牧性質皆屬土。農民或農業科研人員,土壤研究業,農業,畜牧業,飼料業,化肥業,所有自然界之買賣,建築業,建材業,房地產,房地產買賣,防水物料業(如雨傘,雨衣,防水材料,築防坡堤),高級行政人員,書記,領導,會計師,核數師,典當行,古董店,考古學家,鑑定家,仲介業公証業,律師業,推銷業,廣告業,法官,代理業,酒店管理,管理業,管家,

設計業,電腦軟件設計業,顧問,秘書,殯儀業,墓碑業,築墓業,和尚,尼姑,死人化粧,死人整容,土方業,實業家等等。

五行屬金的行業

與金屬之工具或材料有關之行業,堅硬的事業,決斷事業,主導別人的事業,皆屬金。武術家,民意代表,五金業,挖掘業,發掘業,開礦業,汽車業,交通業,金融業,銀行業,股票業,期貨業,電器業,電腦硬體,電腦零件,科學界,珠寶業,伐木業,工具機械業,刀劍製造業等等。金屬器材、證券、經濟、財政、保險、信託、銀行、農會、漁會、信用社、期貨、質押典當、金屬機械、金屬工具、噴砂、研磨、車床、汽車、火車、機車、推土機、怪手、電工、工業及其製品、重工業、軍隊、國防、鋼製傢俱、鋼製廚具、牙科、骨科、鼻科、肺科、氣管科、鐘錶、稱磅、銀樓、刀斧等等行業。

五行屬水的行業

帶流動性，漂流不定性，奔波性，易生變化性，液體性，音響性，清潔性，皆屬水。 航海業，船員，漁民，靠海為生者，漁業，水產業，水利業，飲用水業，水庫業，水上活動業，探水業，打水業，潔淨水業，清潔業，游泳池業，湖塘業，池塘養殖業，浴池業，冷凍食品業，搬遷業，運輸業，特技表演業，運動員，導遊業，旅遊業，玩具業，交響樂隊，聲樂業，魔術業，馬戲團，偵探，偵查人員，旅店，飯店，酒店，酒樓，飯館，水果業，釣具業，滅火器具業等。

附錄二：英文字母筆劃數

1劃

　　C O S U

2劃

　　D J L P Q T V X

3劃

　　A B F G H I K N R Y Z

4劃

　　E M W

附錄三：中文用字筆劃數

(依據教育部國語辭典編輯)

1 劃

一 乙

2 劃

丁 七 乃 九 了 二 人 入 八 几 刀 刁 力 匕 十 卜 又

3 劃

三 下 丈 上 丫 丸 凡 久 么 也 乞 于 亡 兀 刃 千 叉 口 土 士 夕 大 女 子 孑 寸 小 尸 山 川 工 己 已 巳 巾 干 弓 才 丫

4 劃

丑 丐 不 中 丹 之 尹 予 云 井 互 五 仁 什 仃 仆 仇 仍 今 介 仄 元 允 內 六 兮 公 冗 凶 分 切 刈 勻 勾 勿 化 匹 午 升 卅 卞 厄 友 及 反 壬 天 夫 太 夭 孔 少 尤 尺 屯 巴 幻 廿 弔 引

心 戈 戶 手 扎 支 文 斗 斤 方 日 曰 月 木 欠
止 歹 毋 比 毛 氏 水 火 爪 父 爻 片 牙 牛 犬
王

5 劃

丙 世 丕 且 丘 主 乍 乏 乎 以 付 仔 仕 他 仗
代 令 仙 仞 充 兄 冉 冊 冬 凹 出 凸 刊 加 功
包 匆 北 匝 仟 半 卉 卡 占 卯 卮 去 可 古 右
召 叮 叩 叨 叼 司 叵 叫 另 只 史 叱 台 句 叭
四 囚 外 央 失 奴 奶 孕 它 尼 巨 巧 左 市 布
平 幼 弁 弘 弗 必 戊 打 扔 扒 斥 旦 尤 本 未
末 札 正 母 民 氏 永 汁 汀 氾 犯 玄 玉 瓜 瓦
甘 生 用 甩 田 由 甲 申 疋 白 皮 皿 目 矛 矢
石 示 禾 穴 立

6 劃

丞 丟 乒 乓 乩 亙 交 亦 亥 仿 伉 伙 伊 伕 伍
伐 休 伏 仲 件 任 仰 伂 份 企 光 兇 兆 先 全
共 再 冰 列 刑 划 刎 劣 匈 匡 匠 印 危 吉 吏
同 吊 吐 吁 吋 各 向 名 合 吃 后 吆 吒 因 回

圳 地 在 圭 圬 夙 多 夷 夸 妄 奸 妃 好 她
如 妁 字 存 宇 守 宅 安 寺 尖 屹 州 帆 并 年
式 弛 忙 忖 戎 戍 戌 成 扣 扛 托 收 早 旨 旬
旭 曲 曳 有 朽 朴 朱 朵 次 此 死 氖 汝 汗 汙
江 池 汐 汕 灰 牟 牝 百 竹 米 糸 缶 羊 羽 老
考 而 耒 耳 聿 肉 肋 肌 臣 自 至 臼 舌 舛 舟
艮 色 艾 虫 血 行 衣 西 阡

7劃

串 亨 位 住 佇 佗 佞 伴 佛 何 估 佐 佑 伽 伺
伸 佃 佔 似 但 佣 作 你 伯 低 伶 余 佝 兌 克
兕 免 兵 冶 冷 別 判 利 刪 刨 劫 助 努 劬 匣
即 卵 吝 吭 吞 吾 否 吠 吧 呆 呃 吳 呈 呂 君
吩 告 吹 吻 吸 吮 吵 吶 吠 吼 呀 吱 含 吟 囪
困 囤 坊 坑 址 坍 均 坎 圾 坐 坏 壯 夾 妝 妒
妨 妞 妣 妙 妖 妍 妤 妓 妊 妥 孝 孜 孚 完 宋
宏 尬 局 屁 尿 尾 岐 岑 岔 岌 巫 希 序 庇 床
廷 弄 弟 彤 形 彷 役 忘 忌 志 忍 忱 快 戒 我
抄 抗 抖 技 扶 抉 扭 把 扼 找 批 扳 抒 扯 折

扮 投 抓 抑 改 攻 旱 更 束 李 杏 材 村 杜 杖
杞 杉 步 每 求 汞 沙 沁 沈 沉 沅 沛 汪 決 沐
汰 沌 汨 沖 沒 汽 沃 汲 汾 灶 灼 災 灸 牢 牡
牠 狄 狂 玖 甬 甫 男 甸 皂 盯 矣 私 秀 禿 究
系 罕 肖 肓 肝 肘 肛 肚 育 良 芒 芋 芍 見 角
言 谷 豆 豖 貝 赤 走 足 身 車 辛 辰 迂 迆 迅
迄 巡 邑 邢 邪 邦 那 酉 里 防 阮 阱 阪

8 劃

並 乖 乳 事 些 亞 享 京 伴 依 侍 佳 使 佬 供
例 來 侃 佰 併 侈 佩 佻 侖 俯 侏 兔 兒 兩 具
其 典 列 函 刻 券 刷 刺 到 刮 制 剎 劾 卒 協
卓 卑 卦 卷 卸 卹 取 叔 受 味 呵 咖 呸 咕 咀
呻 呷 咄 咒 咆 呼 咐 呱 咬 和 咚 呢 周 咋 命
咎 固 垃 坷 坪 坩 坡 坦 坤 坯 夜 奉 奇 奈 奄
奔 妾 妻 委 妹 妮 姑 姆 姐 姗 始 姓 姊 妯 妳
姒 孟 孤 季 宗 定 官 宜 宙 宛 尚 屈 居 屆 岷
岡 岸 岩 岫 岱 岳 帘 帶 帖 帕 帛 帑 幸 庚 店
府 底 庖 延 弦 弧 弩 往 征 彿 彼 忝 忠 忽 念

忿快怔怯恍怖怪怕怡性或戕房戾所
承拉拌拄抵拂抹拒招披拓拔抛拈抨
抽押拐拙拇拍抵拚抱拘拖拗拆抬拎
放斧於旺昔易昌昆昂明昀昏服朋杭
枋枕東果杳杷枇枝林杯杰板柱松析
杵枚欣武歧歿毒氓氛泣注泳沱泌泥
河沽沾沼波沫法泓沸泄油況沮泗泗
決沿治泡泛泊炕炎炒炊炙爬爭爸版
牧物狀狎狙狗狐玩玨玫玟毗疝疙疚
的孟盲直矽社祀祁秉空穹竺糾罔
羌羋者肺肥肢肱股肫肩肴肪肯臥臾
舍芳芝芙芭芽芨芹花芬芥虎虱初表
軋迎返近邵邸邱采金長門阜陀阿阻
附雨青非

9 劃

巫亭亮信侵侯便俠俑俏保促侶俘俟
俊俗侮俐俄係俚俎俞兗冒冑冠剎剃
削前刺剋則勇勉勃勁匍南卻厚叛咬

哀咨哎哉咸咦咳哇哂咽咪品哄哈咯
咫咱咻垂型垠垣垢城垮奕契奏奎奂
姜姘姿姣姨娃姥姪姚姦威姻孩宣宦
室客宥封屎屏屍屋峙巷帝帥幽庠度
建弈弭彥很待徊律徇後怒思怠急怎
怨恍恰恨恢恆恃恬恫恪恤扁拜挖按
拼拭持拮拽指拱拷拯括拾拴挑政故
斫施既春昭映昧是星昨曷柿染柱柔
某柬架枯柵樞柯柄柑枴柚查枸柏柞
柳歪殃殆段毗氟泉洋洲洪流津洌洱
洞洗活洽派淘洛炫為炳炬炯炭炸炮
爰牲牯牴狩狠狡砧珊玻玲珍珀玳甚
甭畏界疫疤疥癸皆皇皈盈盆盃省眈
相眉看盾盼矜砂研砌砍袄祉祈祇禹
科秒秋穿突竿笒紂紅紀紉紇約缸美
羿耐耍耶胖胥胚胃胄背胡胛胎胞胤
致舢苧范茅苴苛苦茄若茂茉菁苗英
茁苜苔苑苞苓苟虐虹衍衫要計訂訃

貞負赴赳趴軍軌述迦迢迪迥迭迫郊
郎郁酋酊重閂限陋陌降面革韋韭音
頁風飛食首香

10劃

乘倨倍倣俯倦倥俸倩倖倆值借倚倒
們俺倀倔倨俱倡個候倘俳修倭倪俾
倫倉兼冤冥冢凍凌准凋剖剡剔剛剝
匪卿原厝叟哨唐唁唷哼哥哲唆哺唔
哩哭員唉哞哪哦唧圃埂埔埋埃夏套
奘奚娑娘娜娟娛娓姬娠娣娩娥娌孫
宰害家宴宮宵容宸射屑展屐峭峽峻
峪峨峰島坎差席師庫庭座弱徒徑徐
恙恣恥恐恕恭恩息悄悟悚悍悔悌悅
悖扇拳挈拿捎挾振捕捂捆捏捉挺捐
挽挪挫挨效料旁旅時晉晏晃晒哂書
朔朕朗校核案框桓根桂桔栩梳栗桌
桑栽柴桐桀格桃株梡栓殊殉殷氣氧
氨氡氤泰浪涕消涇浦浸海浙涓浬涉

浮浚浴浩烊烘烤烙烈烏爹特狼狹狽
狸狷班琉珮珠畔畝畜畚留疾病症疲
疳疽疼疹皰益盍盎眩真眠眨矩砰砧
砸砝破砷砥砣祕祐祠祟祖神祝祇祚
秤秣秧租秦秩窄窈站笆笑粉紡紗紋
紊素索純紐紕級紜納紙紛缺罟羔翅
翁耆耘耕耙耗耽耿胱脂胰脅胭胴脆
胸胳脈能脊臭梟舀舐航舫舨般芻茫
荒荔荊茸荐草茵茴茌茲茹茶茗荀茱
虔蚊蚪蚓蚤蚩蚌蚣衰衷袁袂記訐討
訌訕訊託訓訖豈豺豹財貢起躬軒軔
辱送逆迷退洒迴逃追逅邕郡酒配酌
釘針釗釜閃院陣陡陘陝除隻飢馬骨
高鬥鬲鬼

11劃

乾偕偽停假偃偌做偉健偶偎偕偵側
偷偏倏兜冕凰剪副勒務勘動匐匏匙
匿區匾參曼商啪啦啄啞啡啃啊唱啖

問啕唯啤唸售啜唬啣唳圈國域堅堊
堆埠埤基堂堵執培夠奢娶妻婉婦婪
婀娼婢婚婆婊孰寇寅寄寂宿密尉專
將屠屜崇崆崎崛崖崢崑崩崔崙巢常
帶帳帷康庸庶庵庚張強彗彬彩彫得
徙從徘御惡患悉悠您惋悴怗悽情悻
恨惜悼惘惕惆惟悸惚戚戛扈掠控捲
掖探接捷捧掘措捱掩掉掃掛捫推掄
授掙採掬排掏掀捻捩捨敝敖救教敗
啟敏敘斜斬族旋旌旎晝晚晤晨晦曹
勗望梁梯梢梓梵桿桶梱梧梗械梃棄
梭梆梅梔條梨梟欲殺毫氫涎涼淳淙
液淡淌淤添淺清淇淋涯淑涮淞淹涸
混淵淅淒渚涵淚淫淘淪深淮淨淆淄
烹焉焊烽爽牽犁猜猛猖猓猙率琅琊
球理現琍瓠瓶瓷甜產略畦畢異疏痊
痔痕疵皎盔盒盛眷眾眼眶眸眺硫硃
祥票祭移窒窕笠笨笛第符笙答粒粗

絆 絃 統 絮 紹 緋 絀 細 紳 組 累 終 缽 羞 羚
翌 翎 習 粔 聊 聆 脯 脖 脣 脫 脩 春 舵 舷 舶
船 莎 莞 莘 莩 莢 莖 莽 莫 莒 莊 莓 莉 莠 荷
荻 茶 處 彪 蛇 蛀 蚶 蛄 蚵 蛆 蛋 蚱 蚯 術 袞
袈 被 袒 袖 袍 袋 覓 規 訪 訝 訣 訥 許 設 訟
訛 豉 豚 販 責 貫 貨 貪 貧 赦 赧 趾 軛 軟 這
逍 通 逗 連 速 逝 逐 逕 逞 造 透 逢 逖 逛 途
部 郭 都 酖 野 釵 釦 釣 釧 閉 陪 陵 陳 陸 陰
陴 陶 陷 雀 雪 章 竟 頂 頃 魚 鳥 鹿 麥 麻

12劃

傢 傍 傅 備 傑 傀 傖 傘 最 凱 割 剴 創 剩 勞
勝 勛 博 厥 啻 喀 喧 啼 喊 喝 喘 喂 喜 喪 喔
喇 喋 喃 喳 啺 唾 喲 喚 喻 喬 喱 啾 喉 圍
堯 堪 場 堤 堰 報 堡 壹 壺 奠 婷 媚 婿 媒 媛
孳 孱 寒 富 寓 寐 尊 尋 就 嵌 嵐 巽 幅 帽 幀
幾 廊 廁 廂 弼 彭 復 循 徨 惑 惡 悲 悶 惠 愜
愣 惺 愕 惰 惻 惴 慨 惱 復 惶 愉 愀 戟 扉 掣
掌 描 揀 揩 揉 揆 揍 插 揣 提 握 揖 揭 揮 捶

援揪換摒揚敞敦敢散斑斐斯普晰晴
晶景暑智曾替期朝棺棕棠棘棗椅棟
棵森棧椁棒棲棣棋棍植椒椎棉棚欵
欺欽殘殖殼毯氫氯港游湔渡渲湧湊
渠渥渣減湛湘渤湖溼渭渦湯渴湍渺
測湃渝渾滋溉渙焙焚焦焰無然煮牌
犄犀猶猥猴猩琺琪琳琢琥琵琶琴甥
甦畫番痢痛痣痙痘痞登發皖皓皴盜
睏短硝硬硯稍稈程稅稀窘窗窖童竣
等策筆筐筒答筍筏粟粥絞結絨絕
紫絮絲絡給絢善翔翕肅腕腔腋腑腎
脹腆脾舒舜菩萃菸萍菠菅蔞菁華菱
菴著萊菰萌菌菽菲菊萸萎萄菜虛蛟
蛙蛭蚵蛛蛤街裁裂袱覃視註詠評詞
証詰詔詛詐詆訴診象貂貯貼貳貽貢
費賀貴買貶貿貸越超趁跎距跋跚跑
跌跛跆軻軸軼辜逮逵週逸進鄂郵鄉
酣酥量鈔鈣鈕鈉鈞鈍鈴閔閏開閑間

閒 隊 階 隋 陽 隅 隆 隍 陲 雁 雅 雄 集 雇 雯
雲 靭 項 順 須 飧 飪 飯 飩 飲 飭 馮 馭 黃 黍
黑

13劃

亂 傭 債 傲 傳 僅 傾 催 傷 傻 傯 剿 劃 剽 募
勦 勤 勢 匯 嗟 嗨 嗓 嗦 嗎 嗜 嗇 嗑 嗣 嗤 嗯
嗚 嗡 嗅 嗆 嗥 園 圓 塞 塑 塘 塗 塚 塔 填 塌
塭 塊 塢 奧 嫁 嫉 嫌 媾 媽 媼 媳 嫂 媲 嵩 幌
幹 廉 廈 弑 彙 徬 微 愚 意 慈 感 想 愛 惹 愁
愈 慎 慌 慄 慍 愫 愴 愧 戡 戢 搓 搾 搞 搪 搭
搽 搬 搏 搜 搔 損 搶 搖 搗 敬 斟 新 暗 暉 暇
暈 暖 會 椰 業 楚 楷 楠 楔 極 椰 概 楊 楨 楫
楞 楓 楹 榆 歇 歲 毀 殿 毓 毽 溢 溯 滓 溶 滂
源 溝 滇 滅 溥 溘 溼 溺 溫 滑 準 溜 滄 滔 溪
煎 煙 煩 煤 煉 照 煜 煬 煦 煌 煥 煞 爺 牒 猷
獅 猿 猾 瑯 瑚 瑕 瑟 瑞 瑁 琿 瑙 瑛 瑜 當 畸
瘀 痰 瘁 痲 痱 痺 痿 痴 盞 盟 睛 睫 睦 睞 督
睹 睪 睬 睜 睥 睨 矮 碎 碰 碗 碘 碌 碉 硼 碑

祺祿禁萬禽稜稚稠稔稟窟窠筷節筠
粱粳粵經絹緗綁綏置罩罪署義羨群
聖聘肆肄腱腰腸腥腮腳腫腹腺腦舅
艇蒂葷落萱葵葦葫葉葬葛萼萬葡董
葩虜虞號蛹蜓蜈蛋蜀蛾蛻蜂蜃衙裟
裔裙補裘裝裡袅裕解詫該詳試詩詰
誇詼詣誠話誅詭詢詮詬詹豢貂貉賊
資賈賄貲貫賂賅跡跟跨路跳跺跪躲
較載軾輕辟農運遊道遂達逼違遐遇
遏過遍遑逾遁鄒酬酪酩釉鈷鉗鈸鈰
鉀鈾鉛鉋鉤鉑鈴閘隘隔隕雋雍雉雷
電雹零靖靴靶預頑頓項頒頌飼飴飽
飾馳馱馴鳩麂鼎鼓鼠

14劃

僧僮僥僖僭僚僕像僑僱兢凳劃匱厭
嗾嘀嘛嘗嗽嘔嘆嘉嘍嘎嗷嘖嘟嘈團
圖塵塾境墓墊塹墅壽夥夢奩奪奩嫡
嫦嫩嫗嫖嫘嫣孵寞寧寡寥實寨寢寤

察 對 屢 嶄 嘔 嶂 幣 幕 幗 幔 廓 廖 弊 弊 彰
徹 愨 愿 態 慷 慢 慣 慟 慚 慘 截 撇 摘 摔 撤
摸 摟 摺 摑 摧 敲 斡 旗 旖 暢 暨 榜 榨 榕 槁
榮 槓 構 榛 榷 榻 樺 榴 槐 槍 榭 槌 歎 歌 氳
漳 演 滾 漓 滴 漩 漾 漠 漬 漏 漂 漢 滿 滯 漆
漱 漸 漲 漣 漕 漫 潔 潊 漪 滬 漁 滲 滌 熔 熙
煽 熊 熄 爾 犒 舉 獄 獐 瑤 瑣 瑪 瑰 甄 疑 瘧
瘍 瘋 瘉 瘓 盡 監 瞄 睽 睿 睡 磁 碟 碧 碳 碩
禎 福 禍 種 稱 窪 窩 竭 端 管 箕 箋 筵 算 箝
箔 箏 粹 粽 精 綻 綰 綜 綽 綾 綠 緊 綴 網 綱
綺 綢 綿 綵 綸 維 緒 緇 罰 翠 翡 翟 聞 聚 肇
腐 膀 膏 膈 膊 腿 臧 臺 與 舔 舞 蓉 蒿 蓆 蓄
蒙 蒞 蒲 蒜 蓋 蒸 蓀 蓓 蒐 蒼 蜿 蜜 蜻 蜢 蜥
蜴 蜘 蝕 裳 褂 裴 裹 裸 製 裨 褚 誦 誌 語 誣
認 誠 誓 誤 說 誥 誨 誘 誑 豪 貍 貌 賓 賑 賒
赫 趙 趕 踴 輔 輒 輕 輓 辣 遠 遷 遜 遣 遙 遞
鄙 酵 酸 酷 鉸 銬 銀 銅 銘 銖 銘 銓 銜 閡 閨
閩 閣 閥 閤 隙 障 際 雌 需 靼 鞅 韶 頗 領 颯

颱餃餅餌飼駁骯殻髦魁魂鳴鳶鳳麼
鼻齊

15劃

億儀僻僵價儂會儉凜劇劈劉劍厲嘮
嘻嘹嘲嘿嘩噓噎噗噴嘶嘯嘰嘴墀墟
增墳墜墮嬉嫻嬋嫵嬌寮寬審寫層履
嶝幢幟廢廚廟廝廣廠彈影德徵慶慧
慮慝慕憂感慰慫慾憧憐憫憎憬憚憤
憔戮摩摯摹撞撲撈撐撰撥撓撕撩撒
撮播撫撚撬敵敷數暮暫暴樣樟槲椿
樞標槽模樓樊槳樂樅歐殤毅毆漿潼
澄潑潦潔澆潭潛濆潮澎潺潰潤澗潘
熟熬熱熨牖犛獎獗瑩璋璃瘠瘩瘟瘤
瘦瘡瞪皺盤瞎瞇瞌瞑磋磅確磊碾磕
碼磐稿稼穀稽稷稻窯窮箭箱範箴篆
篇篁糊締練緯緻緘緬緝編緣線緞緩
縋罵罷羯翩膛膜膝膠膚蔗蔽蔚蓮蔬
蔭蔓蔑蔣蔡葡蓬蔥蓿螂蝴蝶蝠蝦蝸

蝨 蝙 蝗 蝌 衛 衝 褐 複 褒 褓 誼 諒 談 諄 誕
請 諸 課 諉 諂 調 誰 論 諍 豌 豎 豬 賠 賞 賦
賤 賬 賭 賢 賣 賜 質 赭 趙 趣 踫 踐 踝 踢 踏
踩 踟 躺 輝 輛 輟 輩 輦 輪 輻 適 遮 遨 遭 遷
鄰 鄭 鄧 鄱 醇 醉 醋 醃 鋅 銻 銷 鋪 鋤 鋁 銳
銼 鋒 閭 閱 霄 霆 震 霉 靠 鞍 鞋 鞏 頡 颳 養
餓 餒 餘 駝 駐 馴 駛 駕 駕 駒 駙 骷 髮 髯 鬧
魅 魄 魷 魯 鳩 鴉 麩 麾 黎 墨 齒

16 劃

儒 儘 儔 儐 冀 凝 劑 噙 噫 噹 噩 噤 噸 噪 器
噥 嚎 嚶 噬 噢 壁 墾 壇 壅 奮 嬡 嬴 學 導 憲
憑 憩 憊 懍 憶 憾 懊 懈 戰 擅 擁 擋 撻 撼 據
擄 擇 播 操 撿 擒 擔 整 曆 曉 暹 樽 樸 樺 橙
橫 橘 樹 橄 橢 橡 橋 櫨 樵 機 歙 歷 濂 澱 澡
濃 澤 濁 澧 澳 激 澹 熾 燉 燐 燒 燈 燕 熹 燎
燙 燜 燃 燄 獨 璜 璣 瓢 甌 瘴 瘸 盧 盥 瞠 瞞
瞭 瞥 磨 磚 磬 禦 積 穎 穆 穌 窺 篙 簑 築 篤
篛 篡 篩 糕 糖 縊 縑 縈 縛 縣 罹 羲 翰 翱 膳

臌 膨 臻 興 艘 蕊 蕙 蕈 蕨 蕩 蕃 蕉 蕭 蕪
螃 螟 螞 螢 融 衡 褪 褲 褥 褫 親 覦 諦 諺 諫
諱 謀 諜 諧 諮 諾 謁 謂 諷 諭 豫 貓 賴 蹄 踱
踴 踩 踹 踵 輻 輯 輸 辨 辦 遵 遴 選 遲 遼 遺
醒 錠 錶 鋸 錳 錯 錢 鋼 錫 錄 錚 錐 錦 閣 隧
隨 險 雕 霎 霑 霖 霍 霓 霏 靛 靜 靦 鞘 頰 頸
頻 頷 頭 頰 頤 餐 館 餞 餛 餡 駭 駢 駱 骸 骼
髻 髭 鬨 鮑 鮀 鴣 鴦 鴨 鴒 鴛 默 黔 龍 龜

17 劃

優 償 儡 儲 勵 嚎 嚀 嚐 嚅 嚇 嚏 壕 壓 壑 嬰
嬪 嬤 孺 尷 嶼 嶺 嶽 幫 彌 徽 懂 應 懇 懦 戲
戴 擎 擊 擎 擠 擰 擦 擬 擱 斂 斃 曙 曖 檀 檔
橄 檢 檜 櫛 殮 濘 濱 濟 濠 濛 濤 濫 濯 澀 潴
濡 燧 營 燮 燦 燥 燭 燬 燴 爵 牆 獰 獲 璨 環
璦 癆 療 癌 盪 瞳 瞪 瞰 瞬 瞧 瞭 矯 磷 磺 磴
磯 礁 禧 禪 穗 簇 簍 篾 篷 糠 糜 糞 糢 糟 糙
縮 績 繆 縷 縲 繃 縫 總 縱 縹 繁 罄 翳 翼 聱
聲 聰 聯 聳 臆 臃 膺 臂 臀 膿 膽 臉 檜 臨 舉

艱 薪 薄 蕾 薛 薑 薔 薯 薛 薇 虧 蟀 蟑 螳 蟒
蟆 螫 螻 螺 蟈 蟋 褻 褶 襄 褸 覬 謎 謗 謙 講
謊 謠 謝 膾 谿 豁 賺 賽 購 趨 蹉 蹋 蹈 蹊 轄
輾 轂 轅 輿 避 遽 還 邁 邂 邀 鄢 醣 醞 醜 鍍
鎂 錨 鍵 鍊 鍥 鍋 錘 鍾 鍬 鍛 鍰 闊 闋 闌 闈
闆 隱 隸 雖 霜 霞 鞠 韓 顆 颶 餿 聘 駿 鮮 鮫
鮪 鴻 鴿 麋 黏 點 黜 黝 黛 鼾 齋

18 劃

叢 嚕 嚮 壙 壘 嬸 彝 懑 戳 擴 擲 擾 撑 擺 撒
斷 朦 檳 檬 櫃 檻 檸 櫂 欸 歸 殯 瀉 瀋 濾 瀆
濺 瀑 瀏 燻 獷 獵 璧 甕 癖 瘸 癒 瞽 瞿 瞻 礎
禮 穡 穢 竄 竅 簫 簧 簪 簞 簣 簡 糧 織 繕 繞
繚 繡 罈 翹 翻 職 聶 臍 臏 舊 藏 薩 藍 藐 藉
薰 蟯 蟬 蟲 覆 觀 觴 謨 謹 謬 豐 贅 蹙 蹣 蹦
蹤 軀 轉 轍 邇 醫 醬 鳌 鎔 鎊 鎖 鎢 鎳 鎮 闔
闖 闡 雜 雙 雛 雞 離 鞣 鞦 鞭 額 顏 題 顎 顓
颺 館 餿 餲 馥 騎 鬃 鬆 魏 鯊 鯉 鯽 鵑 鵝 鵠
黠 鼕 鼬

19 劃

嚥 嚨 壞 壟 壢 寵 龐 廬 懲 懷 懶 憎 攀 攏 曠
曝 樹 橫 櫚 櫓 瀛 瀟 瀨 瀚 瀝 瀕 爆 爍 牘 犢
獸 獺 璽 瓊 瓣 疇 疆 矇 礙 禱 穫 穩 簾 簿 簸
簽 簷 繫 繭 繹 繩 繪 羅 羶 羹 贏 臘 藩 藝 藪
藕 藤 藥 蟻 蠅 蠍 蟹 襠 襟 襖 譁 譜 識 證 譚
譎 譏 贈 贊 蹼 蹲 蹯 蹶 蹬 蹺 轔 轎 辭 邊 鏡
鏑 鏟 鏃 鏈 鏜 鏝 鏖 鏢 鏍 鏘 鏤 鏗 關 隴 難
瀅 霧 靡 韜 韻 類 願 顛 颼 饅 騖 騙 髻 鯨 鯧
鶉 鶊 鵲 鵪 鵬 麒 麗 麓 麵

20 劃

勸 嚷 嚶 嚴 嚼 壤 孀 孽 寶 懸 懺 攘 攔 攙 曦
朧 瀾 瀰 爐 獻 瓏 癢 癥 礦 礪 礬 礫 竇 競 籌
籃 籍 糯 辮 繽 繼 纂 耀 臚 艦 藻 藹 蘑 蘭 蘆
蘋 蘇 蘊 蠔 蠕 襤 覺 觸 議 譬 警 譯 贏 贍 薹
躁 躅 躂 釋 鐘 鐃 鏽 闡 飄 饒 饑 馨 騫 騰 騷
鰓 鰍 鹹 麵 黨 齟 齣 齡

21 劃

儷 囁 囀 囂 夔 屬 巍 懼 懾 攝 攜 櫻 欄 殲 灌
爛 犧 癩 矓 籐 纏 續 蘖 蘭 蘚 蠣 蠢 蠡 蠟 襪
覽 譴 護 譽 贓 躊 躍 轟 辯 醺 鐮 鐳 鐵 鐺 鐸
鐲 闢 霸 霹 露 響 顧 驅 驃 驀 騾 髏 魔 鰭 鰈
鶯 鶴 鷂 麝 黯 鼙 齜 齦

22 劃

儼 囈 囊 囉 孌 巔 彎 彎 懿 攤 權 歡 灑 灘 玀
疊 癮 癬 籠 籟 聾 聽 臟 襲 襯 讀 贖 贗 躑 巒
鑄 鑑 鑒 霽 霾 轡 疆 顫 驕 驊 鬚 鱉 鰱 鰾 鰻
鷓 鷗 鼴 鼯 齪 龔

23 劃

嚇 巖 戀 攣 攪 竊 籤 纓 纖 蘸 蘿 蠱 變 邐
邏 鑣 鑠 曆 顯 饜 驚 驛 驗 髓 體 鱔 鱗 鱖 鷥
麟 黴

24 劃

囑 壩 攬 癱 癲 矗 罐 羈 蠶 蠹 衢 讓 讒 讖 贛

釀 歷 靈 霭 轡 驟 鬢 魘 鷹 鷺 鹼 鹽 黿 齷

齲

25劃

廳 欖 灣 籬 籮 蠻 觀 躡 籲 鑲 鑰 顱 饞

26劃

灤 矚 讚 驢 驥

27劃

纜 躪 鑽 鑾 鑼 鼉 鱸 黷

28劃

豔 鑿 鸚

29劃

爨 驪 鬱

30劃

鸞

32劃

籲

附表：六十四卦速見暨旬空表（文老師設計）

下卦＼上卦	乾—戌 為—申 天—午	兌‥未 為—酉 澤—亥	離—巳 為‥未 火—酉	震‥戌 為—申 雷—午	巽—卯 為‥巳 風‥未	坎‥子 為—戌 水‥申	艮—寅 為‥子 山‥戌	坤‥酉 為‥亥 地‥丑
乾—辰 為—寅 天—子	6 世 乾為 天金應 屬3	5 世 澤天 夬屬2 土應	3 世 火天 大屬6 有金應	4 世 雷天 大屬1 壯土應	1 世 風天 小屬4 畜木應	4 世 水天 需屬1 土應	2 世 山天 大屬5 畜土應	3 世 地天 泰屬6 土應
兌‥丑 為—卯 澤—巳	5 世 天澤 履屬2 土應	6 世 兌為 澤金應 屬3	4 世 火澤 睽屬1 土應	3 世 雷澤 歸屬6 妹金應	4 世 風澤 中屬1 孚木應	3 世 水澤 節屬4 水應	3 世 山澤 損屬6 土應	2 世 地澤 臨屬5 土應
離—亥 為‥丑 火—卯	3 世 天火 同屬6 人火應	4 世 澤火 革屬1 水應	5 世 離為 火屬3 火應	5 世 雷火 豐屬2 水應	2 世 風火 家屬5 人木應	3 世 水火 既屬6 濟水應	1 世 山火 賁屬4 土應	4 世 地火 明屬1 夷水應
震‥辰 為‥寅 雷—子	4 世 天雷 無屬1 妄木應	3 世 澤雷 隨屬6 木應	5 世 火雷 噬屬2 嗑木應	6 世 震為 雷屬3 木應	2 世 風雷 益屬6 木應	2 世 水雷 屯屬5 水應	4 世 山雷 頤屬1 木應	4 世 地雷 復屬4 土應
巽—酉 為—亥 風‥丑	1 世 天風 姤屬4 金應	4 世 澤風 大屬1 過木應	2 世 火風 鼎屬5 火應	3 世 雷風 恒屬6 木應	6 世 巽為 風屬3 應	3 世 水風 井屬2 木應	3 世 山風 蠱屬6 木應	4 世 地風 升屬1 木應
坎‥午 為—辰 水‥寅	4 世 天水 訟屬1 火應	1 世 澤水 困屬6 金應	3 世 火水 未屬6 濟火應	2 世 雷水 解屬2 木應	5 世 風水 渙屬5 火應	6 世 坎為 水屬4 水應	4 世 山水 蒙屬1 火應	3 世 地水 師屬6 水應
艮—申 為‥午 山‥辰	2 世 天山 遯屬5 金應	3 世 澤山 咸屬6 金應	1 世 火山 旅屬4 火應	4 世 雷山 小屬1 過金應	3 世 風山 漸屬5 土應	4 世 水山 蹇屬1 金應	6 世 艮為 山屬3 土應	6 世 地山 謙屬2 金應
坤‥卯 為‥巳 地‥未	3 世 天地 否屬6 金應	2 世 澤地 萃屬5 金應	4 世 火地 晉屬1 金應	1 世 雷地 豫屬4 木應	4 世 風地 觀屬1 金應	4 世 水地 比屬6 土應	5 世 山地 剝屬2 金應	6 世 坤為 地屬3 土應

甲子	乙丑	丙寅	丁卯	戊辰	己巳	庚午	辛未	壬申	癸酉	戌亥
甲戌	乙亥	丙子	丁丑	戊寅	己卯	庚辰	辛巳	壬午	癸未	申酉
甲申	乙酉	丙戌	丁亥	戊子	己丑	庚寅	辛卯	壬辰	癸巳	午未
甲午	乙未	丙申	丁酉	戊戌	己亥	庚子	辛丑	壬寅	癸卯	辰巳
甲辰	乙巳	丙午	丁未	戊申	己酉	庚戌	辛亥	壬子	癸丑	寅卯
甲寅	乙卯	丙辰	丁巳	戊午	己未	庚申	辛酉	壬戌	癸亥	子丑

大元書局出版叢書目錄

108 台北市萬華區南寧路 35 號 1 樓　訂購專線 02-23087171　手機 0934008755　NO. 1

編號	命 理 叢 書	作者	定價	編號	命 理 叢 書	作者	定價
001	術數文化與宗教	鄭志明等	300	1068	十二星座人相學	黃家騁	500
002	天星擇日會通	白漢忠	400	1069	九宮數愛情學	謝宏茂	350
003	七政四餘快易通	白漢忠	300	1070	東方人相與女相	黃家騁	500
004	八字占星與中醫	白漢忠	350	1071	八字必讀 3000 句	潘強華	500
007	祿命法論命術(B5 開本)	郭先機	2500	1072	九宮數財運學	謝宏茂	350
008	考試文昌必勝大全	余雪鴻等	300	1073	增撰洪範易知	黃家騁	700
009	易算與彩票選碼	郭俊義	380	1074	風鑑啟悟(上下)	吳慕亮	1500
010	歷代帝王名臣命譜	韓雨墨	480	1075	占卜求財靈動數	顏兆鴻	300
011	八字經典命譜詩評	韓雨墨	480	1076	盲派算命秘術	劉威吾	400
012	安神位安公媽開運大法	黃春霖等	400	1077	研究占星學的第一本書	黃家騁	600
014	最新八字命譜總覽(上下冊)	韓雨墨	1200	1078	皇極大數‧易學集成	黃家騁	700
015	韓雨墨典	韓雨墨	600	1079	易經管理學	丁潤生	600
016	命理傳燈錄	顏兆鴻	400	1080	九宮數行銷管理學	謝宏茂	350
017	現代人面相八字	韓雨墨	600	1081	盲派算命金鉗訣	劉威吾	400
018	大衍索隱與易卦圖陣蠡窺	孟昭瑋	500	1083	盲派算命深造	劉威吾	400
019	鄭氏易譜	鄭時達	500	1084	盲派算命高段秘卷	劉威吾	400
020	男命女命前定數	顏兆鴻	400	1085	周易通鑑(4 巨冊)	吳慕亮	3200
021	命理傳燈續錄	顏兆鴻	400	1087	盲派算命藏經秘卷	劉威吾	400
022	曆書(上下冊)	陳怡魁	1500	1089	周易卦爻闡微	黃來鎰	800
023	華山希夷飛星棋譜秘傳	吳慕亮	500	1090	盲派算命母法秘傳	劉威吾	400
024	現代圖解易經講義(B5 開本)	紫陽居士	1200	1091	命理入門與命譜詩評	韓雨墨	400
025	易學與醫學	黃家騁	600	1093	五行精紀新編	廖中 郭先機	1200
026	樂透開運必勝大全	顏兆鴻	300	1095	盲派算命獨門秘笈	劉威吾	400
027	天機大要‧董公選	申泰三	300	1096	盲派算命流星奧語	劉威吾	400
028	姓氏探源	吳慕亮	500	1097	增廣切夢刀	丁成勳	700
029	測字姓名學	吳慕亮	500	1098	命理易知新編	黃家騁編	500
030	六書姓名學	吳慕亮	800	1099	增補神精華	王心田	600
031	八字推論	林進興	400	1102	天文干支萬年曆	黃家騁編	800
035	六十甲子論命術	陳宥潞	600	1103	盲派算命一言九鼎	劉威吾	400
036	天星斗數學	陳怡魁	500	1104	盲派算命實務集成	劉威吾	400
037	正宗最新小孔明姓名學	小孔明	400	1108	奇門秘竅通甲演義符應經	甘時望等	600
038	高級擇日全書	陳怡誠	600	1109	六柱十二字推命法	文衛富	500
039	奇門通甲擇日學	陳怡誠	500	1110	周易演義	紀有ನ	300
040	實用三合擇日學	陳怡誠	700	1111	民間算命實務精典	劉威吾	500
041	三元日課格局詳解	陳怡誠	900	1112	神壼‧孔廟之探索(4 巨冊)	吳慕亮	2800
042	實用三元擇日學(上中下)	陳怡誠	2500	1113	天文星曆表(上下冊)	黃家騁編著	2000
043	茶道與易道	黃來鎰	300	1114	民間算命實務實典	劉威吾	500
044	十二生肖名人八字解碼	韓雨墨‧羅德	300	1115	陳怡魁開運學	陳怡魁	800
045	周易 64 卦詮釋及占卜實務	陳漢聲	450	1116	周易兩讀	李楷林	250
046	八字十二宮推論	翁秀花	500	1117	增補周易兩讀	黃家騁編	600
047	三世相法大全集	袁天罡	500	1118	書經破譯	黃家騁編	700
048	小子說易	小子	300	1119	增補乙巳占	黃家騁增補	800
049	研究太陽星座的第一本書	黃家騁	400	1120	增校周易本義	黃家騁校	700
050	研究月亮星座的第一本書	黃家騁	400	1121	命宮星座人相學	黃家騁編著	550
051	韓雨墨萬年曆	韓雨墨	400	1122	命運的變奏曲	邱秋美	350
1052	皇極經世、太乙神數圖解	黃家騁	700	1123	六爻神卦推運法	文衛富	500
1053	易學提要	黃家騁	600	1124	星海詞林(六冊,平裝普及版)	黃家騁增校	6000
1054	十八飛星策天紫微斗數全集精鈔本	陳希夷	600	1125	占星初體驗	謝之迪	350
1055	研究上升星座的第一本書	黃家騁	600	1126	博思心靈易經卜卦	邱秋美	450
1056	占星運用要訣	白漢忠	300	1127	周易演義續集	紀有ನ	700
1057	增補道藏紫微斗數	黃家騁	500	1128	予凡易經八字姓名學	林予凡	350
1058	增補中西星要	倪月培	800	1129	六爻文字學開運法	文衛富	500
1059	研究金星座的第一本書	黃家騁	500	1130	來因宮與紫微斗數 144 訣	吳中誠‧邱秋美	500
1060	面相男權寶鑑	林吉成	500	1131	予凡八字轉運站	林予凡	500
1061	面相女權寶鑑	林吉成	500	1132	節氣朔望弦及日月食表	潘強華	500
1062	相理觀商機合訂本	林吉成	500	1133	紫微曉迷	無塵居士	350
1063	災凶厄難大圖鑑	林吉成	500	1134	陳怡魁食物改運	陳怡魁	500
1064	男氣色大全	林吉成	500	1135	陳怡魁卜筮改運	陳怡魁	500
1065	女氣色大全	林吉成	500	1136	八字宮星精論	林永裕	500
1066	婚姻與創業之成敗(上下冊)	林吉成	1000	1137	易經星象學精要(A4,上下冊)	黃家騁編著	4000
1067	小子解易	小子	500	1138	周易本義註解與應用,附米卦沖訊秘本	柯一男	400

大元書局出版叢書目錄

108 台北市萬華區南寧路 35 號 1 樓　訂購專線 02-23087171　手機 0934008755　NO. 2

編號	命理叢書	作者	定價
1139	彩色圖解命理大全	廖尉掬	800
1140	大六壬占卜解碼	李長春	1000
1141	梅花易數三部曲	文衡富	500

編號	農民曆	作者	定價
D001	開運聖經農民曆	大元	200

編號	堪輿叢書	作者	定價
2001	陽宅改局實證	翁秀花	360
2002	陳怡魁風水改運成功學	陳怡魁	350
2003	陽宅學（上下冊）	陳怡魁	1200
2004	廿四山放水法、宅長煞與天賊煞	李建築	300
2005	地氣與採氣秘笈	韓雨墨	450
2006	陽宅生基 512 套範例	韓雨墨	300
2007	台灣風水集錦	韓雨墨	300
2010	增校羅經圖解	吳天洪	300
2011	地理末學	紀大奎	600
2014	萬年通用風水佈局	潘強華	800
2015	三合法地理秘旨全書	陳怡誠	1000
2016	三元六十四卦用爻法	陳怡誠	500
2017	三元地理六十四卦運用	陳怡誠	600
2018	三元地理連山歸藏	陳怡誠	600
2019	三元地理明師盤線秘旨	陳怡誠	500
2020	玄空九星地理學	陳怡誠	400
2021	九星法地理秘旨全書	陳怡誠	500
2022	無意神觀龍法流	戴仁	300
2023	堪輿鐵盤燈	戴仁	300
2024	南洋尋龍（彩色）	林進興	800
2025	地理辨正秘傳補述	黃家騁	600
2026	風水正訣與斷驗	黃家騁	500
2027	正宗開運陽宅學	黃家騁	500
2028	永樂大典風水珍鈔補述	黃家騁	700

編號	堪輿叢書	作者	定價
2029	三元玄空挨星破譯	許秉庸	500
2030	形巒龍穴大法	余勝唐	500
2031	玄空六法些子真訣	余勝唐	400
2032	玄空秘旨註解	梁正卿	300
2033	中國帝王風水學	黃家騁編著	800
2034	玄空大卦些子法真訣	余勝唐	400
2035	生存風水學	陳怡魁論著	500
2036	形家長眼法陰宅大全	劉威吾	500
2037	形家長眼法陽宅大全	劉威吾	500
2038	住宅生態環境精典	謝之迪	350
2039	象界風水與易經	白閩材・白昇永	600
2040	象界風水談理象數一體	白閩材・白昇永	600

編號	生活叢書	作者	定價
3001	Day Trader 匯市勝訣	賴峰亮	300
3002	匯市勝訣 2	賴峰亮	350

編號	養生叢書	作者	定價
5001	仙家修養大法	韓雨墨	500
5002	醫海探賾總覽（上下冊）	吳棊亮	1800
5003	圖解經穴學	陳怡魁	600
5004	健康指壓與聊相	編輯部	400
5005	千古靜坐秘笈	韓雨墨	450
5006	傷寒明理論	成無己	400
5007	千金寶要	郭思	300
5008	脈經	王叔和	400
5009	人體生命節律	黃家騁編著	500
5010	達摩拳術服氣圖說	黃家騁編著	550
5011	十二星座養生學	黃家騁編著	600
5012	葉天士臨證指南醫案	葉天士著	500
5013	古今名醫臨證醫案	白漢忠編著	300
5014	華陀仙翁秘方	本社輯	100
5015	醫經秘錄	華陀	400

編號	宗教叢書	作者	定價
6001	宗教與民俗醫療	鄭志明	350
6002	宗教的醫療觀與生命教育	鄭志明	350
6003	宗教組織的發展趨勢	鄭志明	350
6004	台灣傳統信仰的鬼神崇拜	鄭志明	350
6005	台灣傳統信仰的宗教詮釋	鄭志明	350
6006	宗教神話與崇拜的起源	鄭志明	350
6007	宗教神話與巫術儀式	鄭志明	350
6008	宗教的生命關懷	鄭志明	350
6009	宗教思潮與對話	鄭志明	350
6010	傳統宗教的傳播	鄭志明	350
6011	宗教與生命教育	鄭志明等	350
6012	台灣靈乩的宗教型態	鄭志明	350
6013	從陽宅學說談婚配理論	鄭志明	300
6014	佛教臨終關懷社會功能性	鄭志明	300
6015	「雜阿含經」的瞻病關懷	鄭志明	300
6016	台灣宗教社會觀察	吳惠巧	250
6017	印度六派哲學	孫晶	400

大元書局出版叢書目錄　108 台北市萬華區南寧路 35 號 1 樓　訂購專線 02-23087171　手機 0934008755　NO.3

編號	宗教叢書	作者	定價

編號	教學DVD	作者	定價
9001	傳統醫學與掌相（12片）	張法涵	6000
9002	實用陽宅初中階（12片）	陳國楨	6000
9003	占驗八字推命學（33堂，隨身碟）	陳啟銓	15000
9004	風水與巒頭心法（10堂，隨身碟）	陳啟銓	6000
9006	六十甲子論命術（11片）	陳宥潞	6000
9007	活學活用易經64卦（36片）	黃輝石	9000
9008	陽宅風水影音課程全集(124堂，4片)	大漢	特6000
9009	命相姓名影音課程全集(147堂，4片)	大漢	絕版
9010	占卦玄學影音課程全集(147堂，4片)	大漢	特6000
9024	三合派與形家風水會通(8堂，隨身碟)	於光泰	7000
9025	梁湘潤八字大破譯(21堂，隨身碟)	於光泰	9000
9026	梁湘潤陽宅內局大解碼(8堂，隨身碟)	於光泰	6000
9027	梁湘潤八字基礎整合課程(15堂，隨身碟版)	於光泰	8000
9028	於光泰擇日會通課程(10堂，隨身碟版)	於光泰	7000
9029	天魁夫人斗數教學課程(96堂，隨身碟版)	天魁夫人	35000
9030	梁湘潤八字流年法典課程(10堂，隨身碟版)	於光泰	7000
9031	黃家騁占星學種子課程(60堂，隨身碟版)	黃家騁	30000

編號	原典叢書	作者	定價
2001	儒學必讀七經：「語孟孝易詩書禮」原典大全	夢溪老人	500

編號	大學用書	作者	定價
7001	人與宗教	吳惠巧	400
7002	政治學新論	吳惠巧	400
7003	公共行政學導論	吳惠巧	450
7004	社會問題分析	吳惠巧	450
7005	都市規劃與區域發展	吳惠巧	650
7006	政府與企業導論	吳惠巧	700

編號	學術論叢	作者	定價
7001	台灣臨濟宗派與法脈	薛華中	250

編號	文學叢書	作者	定價
8001	殺狗仙講古	殺狗仙	400
8002	讀寫說教半生情	李蓬齡	300
8003	暴怒中國	福來臨	300

編號	文創叢書	作者	定價
A001	給亞亞的信(小說)	馬戩彬	300
A002	樓鳥(小說)	吳威邑	300
A003	宰日(小說)	吳威邑	300
A004	石頭的詩(詩)	姚詩聰	300
A005	阿魚的鄉思組曲(散文)	顏國民	300
A006	黑爪(小說)	吳威邑	400
A007	紅皮(小說)	吳威邑	400
A008	通向火光的雪地(小說)	文西	350
A009	鐘聲再響——我在慕光的日子(散文)	曾慶昌	200
A010	呼日勒的自行車(小說)	何君華	300
A011	一生懸命(小說)	吳威邑	400
A012	我的臉書文章(散文)	王建裕	300
A013	阿魚隨想集(散文)	顏國民	380
A014	臺灣紀行：大陸女孩在臺灣	董玥	300
A015	九天講古與湘夫人文集	顏湘芬	300
A016	西窗抒懷(散文)	王建裕	300
A017	凡塵悲歌(小說)	陳長慶	250
A018	四季花海(詩)	黃其海	350
A018	古曆聚攏的時光(散文)	顏湘芬	300
A019	筆虹吟曲(散文)	王建裕	300
A021	寫給古曆的情書(散文)	顏湘芬	300
A022	金秋進行曲(散文)	蔡明松	300
A023	筆下春秋(評論)	王建裕	300
A024	古曆與節氣之歌(散文)	顏湘芬	350

編號	羅盤	作者	定價
B001	星象家開運羅盤 8吋6 綜合盤	大元	8600
B002	星象家開運羅盤 7吋2 綜合盤	大元	7200
B003	星象家開運羅盤 6吋2 綜合盤	大元	6200
B004	星象家開運羅盤 5吋2 綜合盤	大元	5200
B005	星象家開運羅盤 3吋2 綜合盤	大元	3200

國家圖書館出版品預行編目(CIP)資料

梅花易數三部曲　　文衡富／著

大元書局，2025年 08 初版.台北市
502面； 21×14.7公分.----(命理叢書1141)
　ISBN 978-626-99282-8-6　　　(平裝)

1. 易占

292.1　　　　　　　　　　　　　　114011909

命理叢書1141

梅花易數三部曲

作者／文衡富
出版／大元書局
發行人／顏國民
地址／10851台北市萬華區南寧路35號1樓
電話／（02）23087171，傳真：(02)23080055
郵政劃撥帳號19634769大元書局
網址／www.life16888.com.tw
E-mail／aia.wl68@msa.hinet.net
總經銷／旭昇圖書有限公司
地址／235新北市中和區中山路二段352號2樓
電話／(02)22451480　　傳真／(02)22451479
定價／500元
初版／2025年8月
ISBN 978-626-99282-8-6　　(平裝)　　版權所有・翻印必究

博客來、金石堂、PChome等網路書店及全國各大書店有售